析法明理

广西万益律师事务所论文集

（2009—2018年）

广西万益律师事务所◎组织编写

知识产权出版社
全国百佳图书出版单位

图书在版编目（CIP）数据

析法明理：广西万益律师事务所论文集．2009—2018 年/广西万益律师事务所组织编写．—北京：知识产权出版社，2019.9

ISBN 978-7-5130-6411-8

Ⅰ.①析… Ⅱ.①广… Ⅲ.①律师业务—广西—文集 Ⅳ.①D926.5-53

中国版本图书馆 CIP 数据核字（2019）第 182721 号

内容提要

本书汇编了万益律师 2009—2018 年所撰写的优秀论文，是律师在提供法律服务过程中，对有关法律的理论与实务问题的研析而形成的论文，论文往往结合当时的社会热点焦点问题、法律疑难问题、审判实务等问题展开，析法明理。以论文内容涉及领域的不同，论文集共分为 7 编，依次为民商法编，知识产权法编，刑法编，行政法、社会法编，诉讼法编，涉外编，律师行业编。

读者对象：律师以及法官、检察官、警察、仲裁员、公证员等法律从业人员，从事法学教育的教师或相关专业大学生，对法律感兴趣的民众等。

责任编辑：张利萍　程足芬　　**责任校对：**潘凤越
封面设计：邵建文　马倬麟　　**责任印制：**刘译文

析法明理
——广西万益律师事务所论文集（2009—2018 年）
广西万益律师事务所　组织编写

出版发行：	知识产权出版社有限责任公司	**网　　址：**	http://www.ipph.cn
社　　址：	北京市海淀区气象路 50 号院	**邮　　编：**	100081
责编电话：	010-82000860 转 8387	**责编邮箱：**	65109211@qq.com
发行电话：	010-82000860 转 8101/8102	**发行传真：**	010-82000893/82005070/82000270
印　　刷：	三河市国英印务有限公司	**经　　销：**	各大网上书店、新华书店及相关专业书店
开　　本：	880mm×1230mm　1/32	**印　　张：**	11.75
版　　次：	2019 年 9 月第 1 版	**印　　次：**	2019 年 9 月第 1 次印刷
字　　数：	300 千字	**定　　价：**	42.00 元

ISBN 978-7-5130-6411-8

编委会

序

世人眼中的律师，“脑瓜子”“嘴巴子”“笔杆子”三“子”俱全，谓之，“铁肩担道义，妙笔写人生”。在文字上，律师善于“散打”，而缺乏“套路”。诉讼及非讼法律文书，属律师规定动作，事关自身饭碗，经常要写，也不得不写。案例及论文，或因生活琐事分神，或因工作繁忙劳心，原因不一而足，往往“述而不作”。

万益创始合伙人王莹文、莫远海等，或学者出身，或名校毕业，对刀笔文章，常有所提倡。自然而然，养成习惯，形成文化。万益律师结合工作，有所思，有所得，形成文字，论坛获奖有之，期刊发表有之，所刊分享有之。目的是大家共同提高，提供优质法律服务，提升律师社会美誉度。

所汇编文章，形式不一定合乎学术规范，内容可能因情势变更而欠缺参考价值，深度更不可能与严格意义的论文相提并论，但其在某种程度上记录了万益律师在一定时期的思考与探索，建言及献策。从这个意义上讲，筛选部分论文，结集出版，除敝帚自珍、聊以自慰之外，对于同行、对于学子、对于研究律师的学者等，抑或有些许参考的意义。

“道也，进乎技矣”，顺应、总结发展规律才能“游刃必有余地”。希望万益律师以此为契机，写出更多、更好的文章，走得更高、更远！

凌斌

（广西律师协会副会长、广西万益律师事务所管委会主任）

2019 年 4 月于南宁

目　录

民商法编

股东优先购买权在继承和赠与案件中的
　　适用探讨 …………………………… 莫远海　龙晓晓/3
论主物与从物
　　——兼评《物权法》第115条之规定 …………… 凌　斌/8
“开瓶费”解读
　　——从经济学与法学的视角 ……………………… 凌　斌/18
管理层收购存在的法律问题及对策 ……………………… 凌　斌/29
企业申请重整条件浅析 ……………………… 凌　斌　裴康杰/38
广西银行民商事诉讼案件大数据
　　分析报告 ……………………………… 张曼琳　潘海清/41
2015年度广西道路交通事故责任纠纷案件大数据
　　分析报告（假肢损失篇）　…………… 潘鹏赛　郭建强/52
2015年度广西道路交通事故责任纠纷案件大数据
　　分析报告（伤残重新鉴定篇）　……… 潘鹏赛　郭建强/65
夫妻共同债务的承担问题 ……………………………… 廖可军/71
户籍改革背景下对“同命同价”问题的
　　思考 ………………………………… 韦俏妮　郭建强/75

无效商品房预售合同纠纷诉讼与非诉讼衔接问题的
探讨 …………………………………………………… 宁其龙/83

知识产权法编

区块链技术在商标司法保护中的运用初探 …………… 何　宇/93
商标侵权纠纷中对混淆性近似的认定
——评帅某诉广西北部湾银行股份有限公司侵害
商标权纠纷案 ……………………………… 何　宇/100
技术合作后研究成果认定及其专利申请权归属浅析
——以一个专利申请权权属纠纷案件为例 …… 凌　斌/107
中国—东盟博览会知识产权管理初探 ……………… 凌　斌/113
中国—东盟博览会知识产权证券化探析 …………… 凌　斌/120
中小企业创业板融资知识产权信息披露
初探 ………………………………… 凌　斌　张　莎/127
专利侵权判定的标准
——浅析全面覆盖原则 …………………… 凌　斌/135
破产企业知识产权管理探析 ………………………… 凌　斌/142
广西商标质押贷款现状、问题及其对策 …………… 凌　斌/149

刑法编

行受贿犯罪中有关自首与立功认定疑难问题探析
——以李某行贿案为例 ……………… 周化冰　周华荣/159
广西贿赂案件量刑趋势分析及应对策略 … 周化冰　零阳川/167
辩护策略：贩毒人员住所等处查获毒品类
贩毒案件 …………………………………… 闫宏伟/175

行政法、社会法编

关于改进社会团体管理的探讨 …………………… 李颖健/185
互联网医疗相关法律问题研究 …………………… 郭建强/191
党委政府法律顾问工作的现状与思路 ……………… 唐　劲/198

诉讼法编

微信证据实证分析与西部法律服务 ……… 王　舒　黄　坚/207
浅论信息时代背景下个人信息权侵权举证责任的分配
——以庞理鹏诉趣拿公司、东航公司案
为切入点 ……………………………………… 袁翠微/215
律师调解员资质条件探析 ………………………… 袁翠微/224
论广西房地产行业调解组织的发展与建议 ………… 宁其龙/233

涉外编

浅析“一带一路”背景下中国—东盟自由贸易区民商事
司法协助制度的构建 ……………………………… 潘海清/243
中外合资经营企业合营合同谈判
——以中方小股东权益保护为视角 ……………… 潘海清/252
中国—东盟自由贸易区投资争端解决机制
构建浅析 …………………… 凌　斌　潘海清　张　莎/260
涉外海商事案件中离岸关联企业人格混同的法律
责任探讨 ………………………………………… 覃　晴/266
“一带一路”背景下，提升国际仲裁法律
服务初探 ………………………………………… 王　琼/274

律师行业编

中国律师涉东盟法律服务面临的机遇、问题
及其对策 …………………………………………… 凌　斌/283
中等规模律师事务所发展的困惑与思考
——万益探索和实践 ………………………………… 凌　斌/292
中新互联互通南向通道建设中的西部涉外律师法律
服务机会 …………………………………………… 潘海清/298
从互联网营销角度探讨青年律师的成长 … 袁翠微　张海波/305
互联网律师业务发展瓶颈问题原因的
探究 ………………………………………… 袁翠微　潘海清/312
浅谈律师协会如何搭建青年律师发展平台 ………… 袁翠微/322
旅游业对法律服务的新需求与律师业务拓展的
思考 ………………………………………………… 黄小娜/330
大数据对律师业务的帮助与挑战 ………… 莫云云　张曼琳/336
青年律师的成长与发展 ……………………………… 思博译/343
青年律师如何做好职业规划 ………………………… 杨渭凯/349
律师如何应对AI法律时代的挑战 ………………… 丘金泉/357

民商法编

股东优先购买权在继承和赠与案件中的适用探讨

莫远海　龙晓晓[1]

股东优先购买权制度作为限制有限责任公司股权对外转让的第二道防线。是不是在所有的股权转让情况下，其他股东都可以主张优先购买权？本文主要从股权继承、股东赠与的角度分析股东优先购买权的特殊适用，并结合公司章程对股权优先购买权的自由规定权，对继承与赠与情况下优先购买权的章程设计，提出自己的一些想法。

一、股权及股权转让

我国《公司法》第4条对股权进行了规定：公司股东依法享有资产收益、参与重大决策和选择管理者等权利。

关于股权的性质，我国主流观点是“社员权说”。笔者也赞同“社员权说”，认为股权具有的财产属性使得股权可以被转让，股权具有的人身属性使得股权资格能被继承。

对于股权转让的理解，笔者认为不能狭隘地理解为股权的协

[1] 莫远海，男，广西万益律师事务所副主任、高级合伙人，专业领域：金融、房地产、知识产权等民事、经济案件，联系电话：13807718019；龙晓晓，女，广西万益律师事务所专职律师，婚姻家事与财富传承部部长，专业领域：婚姻家事与财富传承、公司法律顾问，联系电话：15077101428。

议转让，应从广义上去把握“转让”，如无对价的赠与转让、无偿对外转让及因继承死亡股东股权导致的股权转移，都应该属于股权的对外转让。

股权对外转让实行的是强行限制，但同时允许公司章程作特别约定。体现出的逻辑层次表现为：优先遵循公司章程就股权转让的特别规定；股权在股东内部之间可以自由流转；股权对外流转须取得过半数以上股东的同意；在同等条件下，其他可以优先购买。

二、股东优先购买权

股东优先购买权既可以来源于公司法的规定，也可以来源于公司章程规定。根据上述对股权转让的逻辑分析，可以确认股东购买股权的适用原则为：优先适用公司章程的规定，公司章程没有规定的，则按法律规定执行。

《公司法》对股东优先购买权的规定过于原则性，有限公司对优先购买权作特别规定的情况又不多，这些都给司法实务带来了比较大的挑战。本文以股权继承和股权赠与为例，探讨股东优先购买权的特别适用。

三、特殊转让情形下的股东优先购买权适用

（一）股权继承案件中，股东优先购买权的适用

对于股权继承时，股东优先购买权的适用，在理论界存在两种不同的观点。

一种观点认为，其他股东可以行使优先购买权。因为股权继承的过程，在本质上就是死亡股东的股权转让给继承人的过程。所以与一般的股权对外转让的适用相同，经同意后，其他股东享有优先购买权。

另一种观点认为，股权继承是当然性的继承，无须履行其他程序，其他股东没有优先购买权。

笔者认同第二种观点，并在该观点的基础上进行补充。结合《继承法》及相关法律可以确定，股权的财产性权益可以作为遗产被继承。《公司法》对股权的人身性权利的继承问题也作出规定，自然人的股东资格可以被继承。股权继承是对股权财产性和人身性权利的当然继承。所以笔者认为，股东资格继承时，不能优先购买权的适用。可以理解为股权继承的适用，即章程规定可以穿透法律规定，在股权继承中适用股东优先购买权。所以股权继承时优先购买权的适用关键在于公司章程是否有限制性的规定。

笔者认为值得一提的是，在死亡股东的合法继承人放弃继承股东资格时，如果该继承人通过将被继承股权对外转让来实现该部分股权财产利益的，笔者认为此种情况与一般的股权对外转让情况相同，优先购买权的适用也相同。

（二）股权赠与案件中，股东优先购买权的适用

《公司法》就股权赠与未作任何规定，但是也没有对股东对外无偿赠与作出禁止限定性规定。股权赠与时其他股东优先购买权的适用，理论界对此看法也存在较大差异。

有人认为，赠与是一种无偿转让行为，因为受赠人不需要支付对价，不存在“同等条件”，因此不应适用优先购买权；也有人认为，不管有偿还是无偿，只要股东将股权转让给第三人，其他股东应该享有优先购买权。

笔者同意第二种观点，认为第一种观点过于绝对。笔者认为不能只从“同等条件”中的转让价格来评判是否适用优先购买权，而应该从股权赠与产生的法律后果来考虑。通过接受赠与，受赠人没有付出任何代价就能取得股权所代表的物质利益，进而

获取股东资格成为公司股东，加入公司。由于未经过股东的同意，赠与人的加入打破了公司原有的信赖，也改变了公司的环境，甚至会影响公司的稳定持续发展。所以，笔者认为应该允许其他股东行使优先购买权。

四、股东优先购买权的行使建议

综合以上分析可以看出，公司章程的规定，对股东优先购买权的行使起着关键作用。由于《公司法》中关于股东优先购买权的规定属于任意性法律规范，所以公司章程可对股东优先购买权的行使条件进行规定。但是在公司实务中，绝大多数的有限责任公司在设立时，公司的章程都是按照工商模板拟定的，并没有对股东优先购买权进行个性化规定。导致公司存在被动接受第三人加入的后果。为更好地维护公司的人合性，笔者对公司章程中股东优先购买权的设计提出以下想法：

（1）由于《公司法》对股权赠与没有任何规定，公司章程可以限制股东对外赠与股权，也可以完全禁止赠与股权。公司章程可以将公司的净资产作为确定股权转让的价格依据，当公司净资产为正值时，可以限制受赠与人必须经过半数股东同意，才能取得股东资格成为公司股东，或者规定赠与人的股东资格取得按照股东向第三人转让的条件进行，其他股东可以优先购买；当公司的净资产为负值时，为避免股东通过赠与股权逃避债务，应禁止股权赠与。

（2）由于股权继承具有法定性，司法实践中也可能会产生一些隐患，如继承人不愿继承股东资格、继承人身份特殊不能继承股东资格、继承人为无行为能力人或限制行为能力人等问题，严重的甚至导致公司僵局，所以对发生股权继承时股东优先购买权的设定可以相对细致一些。公司章程可以直接禁止死亡股东的继承人继承股东资格，其他股东对被继承股权具有优先购买权；

如果不禁止死亡股东的继承人继承股东资格的，在不剥夺继承人对股权财产性权益进行继承的前提下，可以规定继承人的股东资格取得按照股东向第三人转让的条件进行，或者限制继承人须经过半数股东同意才能取得股东资格成为公司股东，还可以规定发生继承时，继承人应满足一定的能力要求，如必须为完全行为能力人、需具备公司治理能力等。

五、结论

股东优先购买权在继承案件的适用上，原则上股东不能行使优先购买权；股东优先购买权在赠与案件的适用上，股东可以行使优先购买权。为更好地实现有限责任公司中具有优先购买权的其他股东之利益、作为股权转让人的股东之利益、作为受让人的第三人之利益以及公司之利益的平衡，公司章程可以而且应该就股东优先购买权的行使作出个性化规定。

【完稿时间 2017 年】

参考文献

[1] 周海博，卢政锋．股东制度疑难问题研究［M］．北京：化学工业出版社，2015.

[2] 国务院法制办公室．中华人民共和国公司法（含最新司法解释）注解与配套［M］．北京：中国法制出版社，2015.

[3] 朱慈蕴．公司法原论［M］．北京：清华大学出版社，2011.

[4] 孙学亮．有限责任公司股权转让限制研究［D］．天津：天津商业大学，2013.

[5] 徐敏敏．论股东优先购买权的行使及法律救济［J］．企业导报，2014(8).

[6] 巩启兵．我国有限责任公司股东优先购买权的行使［D］．上海：华东政法大学，2013.

论主物与从物

——兼评《物权法》第 115 条之规定

凌　斌[1]

主物与从物不仅是物的分类理论上非常重要的概念，在各国的物权立法上一般也都有规定。在没有特别约定的情况下，所有人对主物的处分及于从物，即我们常说的“从物随主物”。我国《物权法》第 115 条规定：“主物转让的，从物随主物转让，但当事人另有约定的除外。”这一规定非常简单，没有言明从物的构成要件是什么，也没有说明“从物随主物”原则该怎样适用、效力如何。因此，本文认为必须要深化对主物与从物理论的研究，以对《物权法》第 115 条有关主物与从物关系的规定准确理解和适用。

一、从物的认定

我国学界通说认为认定从物应有三个标准：第一，非主物的构成成分；第二，经常辅助主物的使用；第三，须与主物同属一人。对于第一个标准，其主要目的是将从物与物的组成部分区别开来，强调的是从物也是一个独立的物，具有独立性，能够成立

[1] 凌斌，男，西南政法大学法学博士后，广西万益律师事务所主任、高级合伙人，专业领域：知识产权、并购、破产与重整、清算、建设工程与房地产，联系电话：13307719383。

独立的物权。实践中如何判断是从物还是物的组成部分，一般可从两个方面考虑。对于第二个标准，所谓“辅助”一般指使主物发挥效用。需要注意的是“经常辅助”根据的是整个社会的一般状况，不仅仅是根据具体实践而具体判断。对第三个标准，即主物、从物须同属于一个主体，尽管是学界通说，但仍有不同认识，各国立法实践也不一致。

其实，主物、从物的分类是对两个独立的物之间关系的判断，标准应根据两个物之间的客观状况来确立，与这两个物归属何人所有是没有关系的。物的归属发生改变时，并不会改变物与物之间的客观联系。因此，我们认为不能将“同属于一个主体所有”作为主物、从物认定的标准。

有些国家之所以要求主物、从物同属于一人，是为了修正“从物随主物”原则的法理效果，因为“如果二物不属于一人，则从物随主物的转移而转移，将会严重损害第三人的利益”。所以，为了保护从物所有人的所有权，不得不将从物限定为与主物同属于一人。但这种为了迁就“从物随主”的法律效果而改变从物认定标准的做法非常不可取，会破坏标准的客观性与统一性，也是有违逻辑的。我们认为应该是先要判断出物之间的主从关系，再设计主从物之间关系的法律效果——“从物随主物”，而不能根据主从物法律效果的设计反推主从物关系的认定。

此外，除了上述三个标准，还有两个有关从物认定的问题较为重要，其一就是有些国家和地区立法将“没有从物不随主物处分的交易习惯”作为认定从物的标准，如德国和我国台湾地区。据此，有学者认为认定从物时“须交易上无特别习惯”。我们认为将“须交易上无特别习惯”作为认定从物的标准，是与上述将“须与主物同属于一人”作为认定标准犯了同样的错误，破坏了标准的客观性与统一性，也违背了逻辑性。其二是认定从物时是否要考虑从物价值的大小。学者们多认为车库为房屋从物，然而现实社会由于土地的紧缺，很多地方车库的价值甚至要大于房屋的价值，那么此时车库是否还可以成为房屋的从物？学者们对此鲜有论述，各国立法也没有规定。我们认为，主物、从物只是对两个物之间关系的考察，与两个物的价值大小没有关系，不论两个物之间价值比是多少，只要它们之间存在分开处分就会损害各自效用的关系，这两个物之间就应该有主从关系。而且我们认为，两个物之间的价值大小也不能成为判断它们何物为主、何物为从的依据，主与从应根据交易的目的来确定，看具体交易主要是为了获得何物的效用。

综上，从物的认定标准应是客观的，只能从是否为主物的构成成分和是否经常辅助主物的使用两方面来考察。但客观的标准并不排斥司法实践中的主观价值判断，实践中法官仍应根据具体情况具体判断主从物关系，但有个原则，就是要紧紧把握主物从物划分的意义——发挥物的效用，只要分别处分会影响到物的效用的，就应判定有主从关系，起辅助作用的系从物；反之，则可认定无主从关系。

二、“从物随主物”原则的适用

（一）适用的情形

首先，准确理解《物权法》第 115 条规定的“转让”。物权法只规定了从物的转让要实行“从物随主物”，这里的“转让”是指所有权的变更，所有权变更的方式不仅仅是买卖，还包括赠与、互易等一切发生所有权转移的行为。

其次，“从物随主物”不限于所有权的转让。关于从物随主物的适用情形，各国民法都规定不仅仅限于所有权的转让，还适用于其他的处分行为，如设定负担。《德国民法典》第 311c 条规定：“某人有义务让与物或者以权利对物设定负担的，有疑义时，这一义务也及于物的从物。”各国的立法在描述从物随主物时一般都使用“处分”而不是“转让”。“处分”要比“转让”的外延大得多，“处分”包括所有权的转让，也包括设定用益物权、担保物权等。我国司法解释也规定了从物随主物不限于所有权的转让，如《最高人民法院关于适用〈中华人民共和国担保法〉若干问题的解释》第63条规定：“抵押权设定前为抵押物的从物的，抵押权的效力及于抵押物的从物。但是，抵押物与其从物为两个以上的人分别所有时，抵押权的效力不及于抵押物的从物。”可见对主物设定的抵押权也可能适用于从物。

综上，应对“转让”两字做扩大解释，其不仅仅指所有权的转移，应理解为对主物权利的处分。

（二）适用的条件

从物随主物的原则首先是在当事人没有约定的情况下才考虑适用的，但是在当事人没有约定的情况下适用这一原则仍然要注意下列几个方面：

1. 应遵循交易习惯

《物权法》第115条的规定，从字面理解是只要当事人没有约定就适用从物随主物的规定，没有强调要遵循交易习惯，这是有欠科学的。尊重交易习惯是现代民法的一项基本原则，许多国家或地区民法都规定从物随主物应止于有特别交易习惯的场合。如前述德国、日本、瑞士、意大利、我国台湾地区等，只是各国或地区规定的表述方式不同。德国民法和我国台湾地区“民法”将没有特别交易习惯作为从物的认定标准，有特别交易习惯从物不随主物处分时，从物便不再是从物了；日本、瑞士、意大利民法则只是规定有特别交易习惯时不适用从物随主物，而没有将特别交易习惯作为从物的认定标准。

我们认为，日本、瑞士等国的规定较为合理。因为，判断主物、从物的标准应是客观的、相对统一的，应只能根据物之间的相互从属关系来确定；而且按照逻辑顺序，应是先有主物、从物关系的认定再考虑是否适用从物随主物原则，而不能倒过来根据从物是否随主物处分来确定两个物之间的主从关系。

综上，不能将是否有特别的交易习惯作为认定从物的依据，只能将特别交易习惯作为是否适用从物随主物原则的依据。应将《物权法》第 115 条解释为：主物转让的，从物随主物转让，但当事人另有约定或有特别习惯的除外。

2. 应遵循公平、等价有偿原则

《物权法》第 115 条关于从物随主物转让的规定，没有言明主物的受让人是否应支付从物的对价，这是一个非常重大的问题，此后司法解释有必要作出明确的解释。我国学者普遍认为取得从物权利时不需要支付相应的对价。司法实践中一般也认定不需要支付相应的对价，只是在从物的价值较大时才会运用公平原则，要求主物受让人支付相应的对价。

《物权法》第 115 条规定的实质是，在所有人没有对从物权利作出处分意思表示时，法律便强制性地剥夺从物所有人的权利。这本是有违常理的，通常情况都是对权利的处分必须有所有人的明确意思表示，所有人没有处分权利的意思表示时，法律要维护权利的本来状况。法律为什么要不顾从物所有人的利益，做如此违反常理的规定？因为，这样规定是为了发挥物的最大效用，主物与从物若分离，则主物的经济价值或功用会受损，从物也会失去其价值或功用，两方面都受损，进而导致社会财富的浪费。因此，从最大化地促使物的有效利用的社会本位出发，法律强制“从物随主物”。

综上，“从物随主物”原则不是无偿剥夺从物的所有权，而是有偿的转让。法律效果强调的重点不是对从物所有人所有权的剥夺，而是对其交易自由权的剥夺，即从物必须随主物一体转让。

3. 应只适用于同属于一人的主物、从物

如前所述，主物、从物同属于一人不是判断主、从物的标准，分属于不同主体的两物也存在主物、从物关系。但是“从物随主物”原则只能在同属于一个主体的主、从物之间适用。这是因为，首先，对所有权的保护是法律最中心的价值所在，法律不能仅仅为了发挥物的效用就对所有权做最严重的剥夺，这样会严重损害从物所有人的利益；其次，“从物随主物”原则适用于不同主体的两物，也有违合同的相对性原则。根据合同的相对性原则，合同只能约束订立合同的当事人双方，不能约束合同以外的第三人。主物所有人处分主物的合同效力若及于从物，则意味着主物所有人订立的合同约束了从物所有人，这与合同相对性原则是相违背的。

（三）适用的发展

每一个制度的产生都有它特定的社会历史条件，从物随主物原则产生于罗马法，从罗马法到现代民法沿袭了几千年，一直被各国民法作为处理主物、从物关系的基本准则。近代民法继承和借鉴了罗马法的所有权观念，强调所有权的绝对性，“为巩固资产阶级革命的成果，适应自由竞争的资本主义的需要，近代资本主义物权法理念和法律主张所有权的神圣与不可侵犯，所有权成为宪法所保障的中心权利”。因此，主物、从物理论顺理成章地被近代民法继承下来。

现代民法由个人本位转向以社会为本位，强调“社会性的所有权”，所有权绝对性弱化，社会本位在物权法上的表现为：由“以所有为中心”转变为“以利用为中心”。此时从物随主物原则存在的依据才逐渐地由保障主物所有人的所有权，转变到发挥物的最大效用，或者两者兼而有之。

但随着社会的发展、科技的进步，上述支撑主物、从物理论的两点理由还能否有十足的说服力？特别是随着社会分工的细化，产品的规模化和标准化的发展，市场经济的繁荣，每个物都几乎可以被同样的物替代，每个物也基本都能很容易从市场上购得。舟与橹、马与鞍、车与备胎等传统的必须一体买卖的物，现在都已经可以分别购买了。因此，不论是主物还是从物，实际上都已不是唯一的、必须一体处分的了。主物的所有人可以不必强求原来的从物，其可以从市场上重新购置一个从物，从物也不再是离开主物就完全丧失自身价值了，其所有权人既可以出卖也可以重新为其配备主物，此时，没有从物的主物所有权就再也不是不完整的所有权了，从物不随主物也不会损害物的最大效用。

综上，在今天这样一个分工细化、市场经济高度发达的社会，适用从物随主物原则时一定要谨慎，要考虑从物与主物分离是否真的影响到主物所有权人的利益，是否确实会损害物的效用的发挥，对能够在市场购得的物可以不要求必须从物随主。因此，在具体适用《物权法》第115条的规定时，要更多地运用效用发挥的价值判断，结合从物与主物的事实关系来考察。

三、“从物随主物”适用的效力

根据我国物权法的相关规定，物权的变动模式是债权形式主义，即合同的成立生效并不立即引起物权的变动，物权变动需要另行登记或者交付。在这一物权变动模式下，分析“从物随主物”的适用，就需要分别分析处分主物的协议是否及于从物和主物权发生变动是否及于从物权。而《物权法》第115条规定的“主物转让”，没有言明是主物处分协议还是主物权的变动，需要进一步的解释。

第一，主物处分的协议是否及于从物。根据债权形式主义的物权变动模式，合法的物权变动也需要有有效的债权协议，债权协议是物权变动的原因。因此“主物转让及于从物”若想实现，则必须要求主物转让的协议及于从物。此时主物转让的协议中转让的标的不需言明包括从物，法律强制转让的标的当然包括从物，但需体现公平、等价有偿原则，主物的转让价格中应包含从物价值。若没有包含从物价值，此时协议效力仍及于从物，从物所有人得请求另行支付从物价值，否则从物所有人得行使抗辩权。

第二，主物权的变动是否及于从物权。物权的变动需要交付或登记，若主物与从物同时交付或登记，则不存疑问。若只有主物的交付或登记，从物没有交付或登记，此时主物的交付或登记效力是否及于从物呢？即是否要再行进行从物的交付或登记才发生从物权的变动呢？这一问题需要区分动产与不动产来分别考察。

就动产而言，我们认为主物的交付效力应及于从物，不需要再行从物的交付。因为，首先，主物交付的效力不及于从物，则受让人只享有要求从物所有人交付从物的债权，此对受让人来说明显不利；主物由受让人享有，从物由原所有人享有的局面，也会使物权法规定的从物随主物原则丧失意义，不能实现从物随主物原则所追求的保障主物所有人的所有权和发挥物的效用的目标。其次，若主物交付的效力不及于从物，则从物所有人仍享有所有权，其可以将从物再行转让予第三人，不管该第三人是否为善意或恶意，其都能取得从物的所有权，这是对“法律不保护恶意行为”原则的背叛。而交付的效力及于从物，则原所有人的转让属于无权处分，适用无权处分的规定，第三人只在善意的情况下才能取得从物所有权。再次，主物交付的效力及于从物不是对“一物一权”原则的违反。主物、从物毕竟是两个独立的物，根据一物一权原则，从物也是有所有权的，从物权若发生变动，也应要履行从物的交付或登记的物权变动要件。但我们认为，一物一权原则不是要求每一个物权的变动必须有实际的交付行为，法律也可以规定有观念上的交付，即“视为交付”，可以将在主物上的交付行为复制到从物上来，观念上视为从物也已经交付。就不动产来说，登记是物权变动的要件，登记的公示公信力原则要求登记记载的权利人即为真权利人。因此，不动产从物的变动必须履行登记，主物登记而从物未登记的，主物登记的效力不及于从物，除非从物不需登记或在登记簿上无法登记。

四、结语

本文最后以提出《物权法》第 115 条规定的司法解释为结语，希望能对物权法的司法解释工作提供帮助。

第一，应规定主物、从物分属于两个以上主体所有的，主物所有人对主物的处分不及于从物。

第二，这里的“转让”应包括买卖、赠与、互易等发生所有权转移的行为，也应包括对主物设定用益物权或担保物权等处分行为。

第三，应规定“从物随主物”原则不适用于有特别交易习惯的情形。

第四，应规定适用“从物随主物”原则时，要遵循公平、等价有偿原则，支付从物相应对价，否则从物权利人可以行使抗辩权或留置权。

第五，应规定若从物可以从公开市场购得或售出，且与主物分离不损害主物和从物效用的，可以不适用“从物随主物”的规定。

第六，应规定处分主物的协议和交付主物的行为的效力及于从物，从物为不动产的，主物登记的效力不及于从物，从物必须另行登记，从物不能登记或不需登记的除外。

【发表于《理论界》2009 年 12 期】

参考文献

[1] 梁慧星，陈华彬．物权法［M］．北京：法律出版社，2002.
[2] 孙宪忠．民法总论［M］．北京：社会科学文献出版社，2004.
[3] 王利明．物权法论（修订本）［M］．北京：中国政法大学出版社，2003.
[4] 王泽鉴．民法总则（增订版）［M］．北京：中国政法大学出版社，2001.
[5] 屈茂辉．物权法·总则［M］．北京：中国法制出版社，2005.
[6] 史尚宽．民法总论［M］．北京：中国政法大学出版社，2000.
[7] 王利明．物权法研究［M］．北京：中国人民大学出版社，2002.
[8] 李建伟．司法考试专题讲座：民法60讲［M］．北京：人民法院出版社，2005.
[9] 张双根．物的概念若干问题［J］．华东政法学院学报，2006（4）.
[10] 钱明星．近现代物权法的发展趋势与我国物权法的制定［J］．中外法学，1999（3）.
[11] 彼德罗·彭梵得．罗马法教科书［M］．黄风，译．北京：中国政法大学出版社，1992.
[12] 周枏．罗马法原论（上）［M］．北京：商务印书馆，1994.
[13] 郑云瑞．论西方物权法理念与我国物权法的制定［J］．上海财经大学学报，2006（6）.
[14] 马俊驹，尹梅．论物权法的发展与我国物权法体系的完善［J］．武汉大学学报（哲学社会科学版），1996（5）.
[15] 张双根．物的概念若干问题［J］．华东政法学院学报，2006（4）.

“开瓶费”解读

——从经济学与法学的视角

凌　斌[1]

一、问题的提出

自2001年全国首宗“开瓶费”案开始，至2006年的北京首起“开瓶费”案，伴随着消费者的屡屡胜诉，社会舆论呈现“一边倒”倾向，“开瓶费”收取者——各种经济类型的餐饮企业（以下简称餐企）一度成为众矢之的。何为“开瓶费”？笔者认为，其作为一种产生并流行于当今社会的通俗用语，是指因消费者自带酒水，餐企根据自带酒水的数量，向消费者收取的一定数额的费用。

此种费用的收取是否合理、合法？社会不同的利益群体各执一词。坚持收取的餐企与坚决声讨的消费者几乎走到了对立面。毫无疑问，在餐企谢绝自带酒水和收取“开瓶费”的背后，有着难以割舍的暴利诱惑，消费者也正是因为不能承受消费如此之重而呼吁强制取消“开瓶费”。要化解这场论争，笔者认为有必要首先明晰以下两个容易混淆的问题：第一，“开瓶费”是否可

---

[1] 凌斌，男，西南政法大学法学博士后，广西万益律师事务所主任、高级合伙人，专业领域：知识产权、并购、破产与重整、清算、建设工程与房地产，联系电话：13307719383。

以收取是一种价值判断，即它是对“开瓶费”进行“定性”的问题，它取决于立法者的立法政策，与餐企是否因此取得暴利不具有必然联系；第二，“开瓶费”如何收取，其数额是否属于暴利更大程度上是一种事实判断，即它是对“开瓶费”进行“定量”的问题，它因各地社会经济发展状况的不同而有不同。

简言之，对于“开瓶费”，可否收取与收取多少是不同层面的问题，我们应区别对待。本文拟分别从经济学与法学的视角对“开瓶费”进行解读，以期有助于社会形成对此问题的理性认识。

二、“开瓶费”的经济学解读

在可否收取“开瓶费”的问题上，从经济学的视角观察，这涉及对消费环境的价值的认识问题。一般看来，餐企为消费者提供的商品主要有两大类：一是其所烹调的特色化饮食；二是其所营造的特色化饮食环境（主要包括由硬件设施等构成的物质环境和由服务质量等构成的软环境两个方面）。这也正是消费者是否选择在餐企消费，及选择在哪家餐企消费的主要因素。对于消费者在这两方面的消费，前者是非常容易被确认、计量和监督的，而对后者则是相当困难了。因此，作为经营者的餐企一方，为收回营造特色化饮食环境（例如，考究的餐具、富丽堂皇的装饰、令人舒心的服务等）所支出的成本，都无一例外地将其计入了饮食消费的价格。消费者在餐企消费中支付的价款表面上看仅仅是菜肴和酒水的价值，实际上包括了餐企提供的各项服务产生的费用，如服务员的劳动、就餐环境、空调、照明、卫生间、餐巾纸等产生的房租、折旧、工资、电费等，在此基础上附以一定的税费和利润，构成了最终消费价格。这也是餐企的物品通常比自己加工或购买的物品贵，而且餐企档次越高饮食（当然包括酒水）价格就越高的原因所在。因此，应当认为餐企的消费环境具有一定的附加值，而且这种附加值可以粗略地表示为在餐企消费的物品价格与市场价格的差值，差值越大意味着餐企消费环境的附加值越大。

“开瓶费”的问题也正是在这样的情境下产生的。在市场经济体制下，以获取利润最大化为目标是对以营利为目的的企业的合理假设。消费者如果自带酒水，一方面餐企在酒水方面的预期利润将降为零，另一方面因消费者饮用自带酒水而产生的对餐企服务设施的损耗、服务人员的占用、消费时间的延长及从而导致的餐企机会成本的增加等不利益，将由餐企独自承担，消费者则可以在酒水方面对餐企的消费环境进行“搭便车”使用。在此时，餐企为弥补其预期利润和减少不利益，有两种营业模式可以选择：一是通过提高其他消费品的价格或按照用餐时间收取一定的服务费用；二是根据自带酒水的数量向消费者收取一定数额的费用。在餐企预期利润不变的前提下，两种模式的最终结果是消费者支付了大致相同的价款，享受了大致相同的服务，经营者取得了大致相同的收益，其真正差别只是消费者支出格局和经营者收益格局的改变。但是，在第一种模式下，如何计量将成为问题，无疑将增加餐企和消费者双方的交易成本，因此必然减损双方的福利。因此，对于消费者自带酒水，“根据自带酒水的数量向消费者收取一定数额的费用”是在关于理性选择的科学——经济学视角审视下的，符合市场经济本质的简便选择。这种“一定数额的费用”，便在现今社会被通俗地称为“开瓶费”。其体现了餐企消费环境的附加价值。但是通过上述分析，笔者认为“开瓶费”这种称谓并不恰当，其并未客观、准确地表达“一定数额的费用”的实质内容，容易使人误解这种费用的性质。因此，笔者建议应将因自带酒水而交付的此类费用称为“酒水服务费”。

通过上述对“开瓶费”的经济学分析，我们不难得出结论：

“开瓶费”存在其合理性，是可以收取的。既然是“可以收取”的，便意味着“是否收取”是餐企的自由权利，也同时意味着餐企可以根据自己的经营策略选择行使权利或放弃权利。仍然从经济学的角度予以分析，或许可以给餐企是否行使权利提供一种“参考答案”。从餐企的生存现状来看，可以认为餐企市场属于充分竞争的市场。这种市场状态下，餐企之间的竞争异常激烈，相对而言消费者对在哪家餐企消费具有较大的自主选择权。对收取“开瓶费”的餐企，消费者可能难以形成“交易成本适宜”的认同观，而宁愿选择不收“开瓶费”的餐企消费。收取“开瓶费”的餐企虽然使其账面收入增加，但餐企的客源由此将减少，从长远的经营角度看，餐企可能是得不偿失的。这正符合经济学中的“机会成本原理”。由于机会成本并没有实际发生，故在会计记录中没有任何反映，也因此经常被决策者忽略。因此，在“开瓶费”收取与否的问题上，如果餐企将机会成本考虑进去，通过不收（或少收）“开瓶费”，达到逐步建立良好的消费者满意度甚至忠诚度的目的，其可能会得到比“开瓶费”价值更大的收益。

三、“开瓶费”的法学解读

上述对“开瓶费”的经济学解读，客观地展现了收取“开瓶费”的内在经济动因，并在肯定收取“开瓶费”合理性的基础上，从“机会成本原理”出发建议经营者不收（或少收）“开瓶费”，为消费者营造一个和谐消费、共赢消费的消费环境。在此基础上，下文将从法学的视角对“开瓶费”进行解读，以助人们形成对有关“开瓶费”法权关系的正确认识。

（一）“开瓶费”是否具有违法性

收取“开瓶费”是否合法在我国目前法律中没有明确规定，

认为该行为违法的观点主要以下列规定为法律依据：第一，其违反了《消费者权益保护法》，侵犯了消费者的知悉真情权、公平交易权和自主选择权；第二，其违反了《民法通则》及《合同法》中规定的“民事活动应当遵循自愿、公平、等价有偿、诚实信用的原则”；第三，涉嫌违反了《价格法》中“不得在标价之外收取任何未予标明的费用”的规定；第四，违反了《合同法》第40条的规定。由于对于“开瓶费”的收取，在实际生活中，餐企大多通过“价目表”“告示”“通知”等形式告知消费者，这些形式在法律上即被称为格式条款（格式合同），《合同法》第39条规定：“采用格式条款订立合同的，提供格式条款的一方应当遵循公平原则确定当事人之间的权利和义务，并采取合理的方式提请对方注意免除或者限制其责任的条款，按照对方的要求，对该条款予以说明。”《合同法》第40条规定：“格式条款具有本法第52条和第53条规定情形的，或者提供格式条款一方免除其责任、加重对方责任、排除对方主要权利的，该条款无效。”基于此，有人认为收取“开瓶费”显失公平，将加重消费者责任，属于无效的格式条款。

格式合同合法的形式要件要求是告知，包括文件外形、提示方法、清晰程度、提示时间、提示程度和相关问题的解释等，在《消费者权益保护法》中对应的就是要满足消费者的知悉真情权；实质要件是格式合同条款内容不得违反法律规定，不得有失公平，在《消费者权益保护法》中对应的就是要满足消费者的自主选择权和公平交易权。

以此作为判断收取“开瓶费”是否合法的标准，我们能得出如下结论：首先，如果餐企在消费者消费前，通过明显通知、告示将拒绝自带酒水、自带酒水饮用收取开瓶费这一信息传递给消费者，在形式上就是符合格式合同条款要求的，同时也就意味着满足了消费者的知悉真情权。其次，消费者可以自由选择一家收“开瓶费”的餐企消费，也可以选择饮用自带酒，此种情况就意味着消费者选择了在享用餐企环境、使用餐企餐具和接受餐企服务的条件下饮用自带酒，这一部分服务对餐企来说是增加了成本，相应地享有自主经营权的餐企可以决定是否增收额外费用，包括成本和利润。如同乘飞机、火车行李超重要收额外费用一样，这不属于经营者的强制交易行为。市场经济条件下，享受“上帝”资格的消费者也是以支付金钱作为代价的。这种情况下，消费者实现了自身的选择权，经营者的经营权也得到了保障。最后，如果餐企收取的“开瓶费”（服务成本和利润）在该地区是合理的话，就满足了消费者的公平交易权。综上所述，满足明确公示、消费者自愿选择、收费合理的“开瓶费”格式条款就是合法有效的，反之则是非法无效的。

对于收取“开瓶费”是否违反了《民法通则》及《合同法》中规定的“民事活动应当遵循自愿、公平、等价有偿、诚实信用的原则”，笔者认为关键点在于根据民法的基本原则来判断在两种权利互相冲突时如何处理，即消费者的自主选择权和公平交易权与餐企的自主经营权冲突时，法律如何平衡矛盾的问题。消费者的权利与经营者的权利在不冲突时都是受法律保护的权利，对二者予以保护都是法律所追求的目标。冲突时保护哪种权利或优先保护哪种权利，不是二选一的简单取舍，要以民事活动的基本准则公平、合理作为判定依据，不是在任何情况下都优先保护哪一方利益的。无论消费者还是经营者均应知晓，任何民事权利行使都不是没有限度的，都应限定在合法与适度的范围之内。换言之，如收取“开瓶费”事先已告知且数额合理，不能谓之其违反公平、等价有偿、诚信原则。即使如《消费者权益保护法》，其规定的消费者的权利也不是在任何情况下都凌驾于其他权利之上的。

对于收取“开瓶费”是否违反了《价格法》，关键是对“不得在标价之外收取任何未予标明的费用”做正确的理解。根据国家已经颁布的价格法及关于明码标价的规定，除了政府定价目录之外的市场调节价，是政府赋予各经营者的权利，经营者在遵守相关法律法规的基础上，有权按照自己经营服务的状况来确定自己的服务项目和收费标准。只有在餐企没有对“开瓶费”进行明码标价，而向消费者收取的情况下才属违规行为，消费者可以拒付，而物价部门也可以根据法规进行查处。但在餐企已对收取价格进行了告知的情况下，以违反价格法否定收取“开瓶费”，从法律角度看就比较牵强了。

（二）“开瓶费”与格式条款

在肯定餐企在现有法律规定基础上可以收取“开瓶费”的同时，必须考虑到该类格式合同在分类中属于消费领域的格式合同，不同于商业领域的格式合同，更应强调对交易中弱势群体消费者的权利保护。所以，“开瓶费”条款由谁拟定、拟定哪些内容等问题，都应按照倾斜保护消费者权利，兼顾经营者权利的原则进行。

（1）条款由谁来拟定的问题。格式条款虽然由当事人为了重复使用而预先拟定，但这并不是说格式条款只能由该当事人单方拟定，其他人均无权参与。实践中格式条款拟定主要有四种方式：第一种是由企业或企业团体（如行业协会）拟定；第二种是由企业或企业团体与代表消费者利益的团体共同拟定；第三种是对于上述两种方式拟定的格式条款，需要经由国家主管机关予以核准；第四种是由不代表任何一方利益的公正中立的第三人拟定，此种方式主要应用于专业性较强或对消费者利益影响过大的领域。“开瓶费”的格式条款比较简单，对消费者利益影响与保险、房地产等比较起来不是很大，用第四种方式有浪费社会人力、物力之嫌。采用第一种方式不能体现对消费者权利的倾斜保护。采用第三种方式也有不妥之处，既容易增加行政机关的负担，同时也容易使消费者感觉行政机关是支持经营者的，产生逆反心理，不利于社会稳定和条款执行。所以在目前条件下对“开瓶费”的拟定采取第二种方式是最佳选择。因为一方面有企业参与，便于体现该行业交易中共同遵守的习惯和国际惯例；另一方面有消协参与，为消费者代言，使条款拟定有利于保护消费者权益。

（2）条款应该拟定哪些内容。“开瓶费”格式条款应在符合现有法律规定和交易习惯的条件下予以拟定，其应包含以下内容：第一，条款形式。“开瓶费”条款应采用书面的形式，而不能采用口头告知的形式，这是最基本的要求。第二，公示方式、时间、地点。根据惯例应以足够清晰醒目的通知形式在消费者进入餐企前就预先告知消费者，可以在店堂入口处公示，同时最好在每张餐桌上再一次公示，餐企服务人员也有义务提醒消费者注意。第三，公示内容。包括是否拒绝自带酒水，如果自带要收取“开瓶费”以及收取的标准。对于“开瓶费”收取标准现在是社会各界人士争论比较大的一点，虽然餐企作为经营者有服务项目和收费标准自定权，但为避免出现行业暴利经营，笔者认为“开瓶费”不能以酒的单价按照固定百分比收取，因为消费者不论喝什么酒，所接受的服务都是一样的，不能酒贵服务费也高，否则对消费者来说是不公平、不合理的。最合理的收费方式应按瓶数收取，按餐企不同档次确定标准。第四，对“开瓶费”条款应该明确属于行业任意性条款，不是强制性条款。所有餐企可以根据自身情况自主决定是否规定。这一点规定在实践中非常重要，一方面避免形成行业协议的垄断局面，保持了行业间的竞争。因为部分中小餐企就是以不收取“开瓶费”作为吸引客源的一个重要手段，如果将“开瓶费”条款约定为强制性条款，间接上增加了大餐企的利润，减少了中小餐企的竞争力，人为地造成了同行业的不公平竞争。另一方面又给了消费者自主选择是否接受“开瓶费”这一条款的机会。否则，所有餐企都有该规定，消费者也就失去了行使选择权的条件，变相地侵犯了消费者的权益。

（3）条款拟定有误时的规制。虽然有消协代表消费者参与拟定“开瓶费”条款，但也不能完全保证公正。因为消协在参与“开瓶费”条款拟定时，可能受到各种团体的压力、地方政府机构的干扰，更可能受到政治影响而使消协无法公平、公正地执行职务。这时就需要事后通过一定的规制手段来纠正偏差。格式合同条款一般主要通过立法、行政、司法的途径规制。在立法规制欠缺、行政规制具有非终局性特点的情况下，司法途径是消费者最有效、最经济的选择。

（三）“开瓶费”与行规

在对“开瓶费”问题的法学解读中，我们必须对相关行规予以关注。2003年5月，中国旅游饭店协会制定颁布的《中国旅游饭店行业规范》中提出“饭店可以谢绝客人自带酒水和食品进入餐厅等场所享用”的条文，从此“谢绝自带酒水”从餐饮业的潜规则演变成了行规。2006年3月成都餐饮同业公会也出台了类似的规定，并明确企业可以收取“开瓶费”，但由于争议极大，相关条款后改为“顾客与企业协商处置”。在北京首起“开瓶费”案法院一审判决后的第三天，温州市区23家酒店，在温州市鹿城区餐饮业协会的牵头下，联合向消费者作出声明：“2007年元旦起，到我们酒店就餐时，请不要自带酒水。”紧接着，2006年12月27日，中国烹饪协会、北京市烹饪协会、北京市饮食行业协会、北京西餐业协会四大饮食协会及北京60家餐饮业的代表召开研讨会，力挺收取“开瓶费”。

此处我们应如何认识行规的效力？行规就是行业规范，一般由行业协会制定，对行业协会成员的行为进行规范。在市场经济体制之下，行业协会制定行规的行为是“国家立法、行业立规、社会立德”的多元化法制建设的重要环节之一。但是，行规不得违反宪法及其他法律和法规，遵守法律和法规是行规发生法律效力的基础。同时，行规必须遵循自愿、平等、公平、诚实信用的原则，自愿原则是指经营者与消费者之间在市场交易中，根据自己的意志从事交易活动，不受他人欺诈、胁迫；平等原则是指经营者与消费者之间在市场交易中，彼此法律地位平等，平等地享受权利和承担义务，平等地受到法律保护；公平原则是指经营者与消费者之间在市场交易中，应当合情合理、正当地行使权利，尊重他人利益和社会公共利益；诚实信用原则是指经营者与消费者在市场交易中，应当坦诚相待、恪守信用，不得弄虚作假和损人利己。笔者认为，最重要的是，行规不能侵犯消费者权益。行规的制定者是行业协会，行规的性质是自律规则，行规的目的是对行业协会的成员即经营者的行为进行规范。作为行业协会成员的经营者如果不遵守行规，就要根据行业协会章程的规定承担相应的不利后果。

对于“开瓶费”的收取，虽然笔者认为不具有违法性，但是，当餐企通过行规的形式联合起来，都无一例外地收取“开瓶费”时，消费者的自由选择权显然是无法实现的。因此，笔者认为，餐企的联合组织不应对应否收取“开瓶费”进行规定，而应交由具体的经营者根据其个体的经营状况，作出最适合自己的经营策略。

四、结语

与本文所持的观点相一致，2006 年的北京首起“开瓶费”案的终审判决认为：“对于加重消费者义务的重要条款，提供合同方如果没有以一些特别标示出现或出现于一些特别显著醒目的位置，则无法推定消费者已经明知。因此，确定湘水之珠酒楼没有证据证明事前明示消费者收取开瓶服务费，其行为侵犯了消费者的知情及公平交易权，应当就此承担相应的侵权责任。”笔者认为，本案的判决是非常恰当的，通过上述对“开瓶费”的经济学和法学解读，我们可以清楚地认识到：收取“开瓶费”是餐企的权利，但是，此种权利的行使必须符合法律规定的相关形式，即必须符合《合同法》对格式条款的规定，充分履行《消费者权益保护法》规定的告知义务，否则，消费者有权拒绝交纳“开瓶费”。

【发表于《理论界》2009 年第 8 期】

参考文献

［1］李桂祥. 全国首宗“开瓶费”诉讼立案——广州“天鲜阁”酒楼惹官司［J］. 广东质量，2001（9）：10－12.

［2］北京“开瓶费案”终审宣判［EB/OL］.（2007－06－27）. http：//rmfyb. chinacourt. org/public/detail. php？ id＝110135.

［3］白战林，韦明炯 . 搜索京城酒水暴力王［J］. 中国质量万里行，2007（3）：44－47.

［4］王鹏. “自带酒水”的法经济学分析［EB/OL］.（2007－05－08）. http：//rmfyb. chinacourt. org/public/detail. php？ id＝108356.

［5］魏雅华. “开瓶费”挑战法治中国［N］. 民主与法制时报，2005－09－20（6）.

［6］王寻. 开瓶费诉讼：如何填补《消法》空白［J］. 政府法制，2007（3）：4－5.

管理层收购存在的法律问题及对策

凌　斌[1]

一、管理层收购（MBO）的起源

管理层收购即 Management Buy – Outs（简称 MBO），是指目标公司的管理层利用自有资金或外部融资购买本公司股份，从而改变本公司所有者结构、控制权结构和资产结构，进而达到重组本公司的目的，并获得预期收益的一种收购行为。

管理层收购在短时间内在世界范围内兴起的基础是当时出现的第四次并购浪潮。这股并购浪潮主要由两部分组成：首先是为了改善混合兼并浪潮后，西方企业普遍出现的业务过渡多元化、部门繁多、效率低下的“大企业病”而出现的在回归主业和专注于主业的主导认识下进行的业务剥离、分拆、分离和出售、破产；其次就是经济转型国家的国有民营化运动。而代理成本理论、产权激励理论、公司治理结构理论、企业家精神理论和新出现的防剥夺理论为管理层收购提供了理论支持。这些理论使大家普遍认为：管理层收购可以完善公司治理结构，使其由“股东至上”模式转向“共同治理”模式，可以明晰产权，从而产生一

---

❶ 凌斌，男，西南政法大学法学博士后，广西万益律师事务所主任、高级合伙人，专业领域：知识产权、并购、破产与重整、清算、建设工程与房地产，联系电话：13307719383。

种激励，“激励人们有效地利用资源，包括外部资源和自身的资源，以提高效率，增加社会的总产出。”并且，管理层收购能有效避免所有者与管理层之间越来越严重的信息不对称和由此产生的道德风险，保护管理层为企业所做的贡献的剩余价值不受股东和其他相关利益者剥夺等。

二、我国公司管理层收购的现状及其问题

在我国，20 世纪 90 年代初，管理层收购只是改造、挽救在市场竞争中面临破产的小型国有企业的一种途径，影响很小。1993 年颁布的《关于建立社会主义市场经济体制若干问题的决定》提出现代企业制度的目标后，管理层收购作为改善公司治理、明晰公司产权的一种手段，在随后的“国退民进”浪潮中受到广泛的关注。这段时期，四通、粤美、宇通、强生控股等一系列的管理层收购实例让理论及实务界都认为管理层收购作为国有资产退出的重要途径之一具有广阔的发展前景。但是随着管理层收购中非法融资、转移侵吞国有资产的黑幕不断曝光，法律制度的漏洞日渐明显，管理层收购被不少人认为是“瓜分国有资产的最后一次晚餐”，中国香港中文大学教授郎咸平甚至发出了：“中国在法制化未完善前一切 MBO 都该停止”的呼声，导致原本就很谨慎的政策更加小心翼翼。无论是 2003 年的《关于规范国有企业改制工作意见的通知》，还是 2004 年中央企业负责人会议，都透露出中小企业管理层收购仍有很大发展空间的信号。但是国资委对中小企业的认定标准是：企业职工人数 2000 人以下，或销售额 30000 万元以下，或资产总额为 40000 万元以下。如果按这个标准来衡量，目前几乎所有的上市公司都超出了中小企业的标准范围，普遍认为是政府对管理层收购下了禁令。2005 年《企业国有产权向管理层转让暂行规定》（下称《暂行规定》）对管理层收购实践中存在的争议进行了规定，这无疑具有重要的指

导意义。

目前我国始终没有对管理层收购行为作出法律层次的规范。只有《公司法》《证券法》《上市公司收购管理办法》（下称《收购办法》）、《股票发行与交易管理暂行条例》（下称《暂行条例》）、《贷款通则》等几部法律法规中有关公司治理和并购的条款对此有所涉及。指导管理层收购操作的主要是财政部、国资委等部门规章，如《企业国有产权转让管理暂行办法》（下称《暂行办法》）、《暂行规定》，其法律效力低，在很多具体操作细节上，如收购主体设立、融资等环节，都有与现行法律法规相抵触之处。

（一）受让主体的合法性问题

目前，我国已经或正在实施管理层收购的收购主体的确定主要有四种方式，但均存在一定程度的法律障碍：

（1）以管理层个人身份完成管理层收购存在法律上的限制。

现阶段以管理层个人身份完成管理层收购的很少，主要受以下原因的限制：首先，人数的限制。如果管理层收购的对象是有限责任公司，就要受到《公司法》有限责任公司的股东人数在50人以下规定的限制。其次，融资条件的限制。要取得企业控制权，管理层必须付出巨额的资金，单靠个人自有资金不能解决。我国融资渠道又很狭窄，银行对个人贷款限制很多，个人要取得大额的银行贷款难度很大。而且由于《暂行条例》第46条对“任何个人不得持有一个上市公司千分之五以上的发行在外的普通股”的规定，使得管理层以个人身份联合在流通股市场进行收购，取得控制地位根本不可能。

（2）以职工持股会完成管理层收购的合法性存在异议。

以管理层和职工共同收购的案例多采用职工持股会的做法。但是根据我国《社会团体登记管理条例》等法规的规定，社会团体是不以营利为目的的机构，职工持股会作为社会团体法人，自然也不能从事营利性活动。而职工持股会作为收购主体进行的投资收购行为显然是以营利为目的的，故其作为收购主体与前述规定是相冲突的。

（3）管理层组建“项目公司”作为受让主体存在法律障碍。

由管理层组成项目公司出面收购国有产权进而控制目标企业，是目前比较受欢迎的收购方式。但是这种管理层收购方式在我国面临着以下法律难题：首先，按照我国《公司法》规定，公司成立后因正当理由超过 6 个月未开业的，或者开业后自行停业连续 6 个月以上的，由公司登记机关吊销其公司营业执照。而一般情况下，收购的期限都超过了这个期限，就使得为收购而设立的项目公司，面临着一种被吊销执照的风险。其次，在税收方面，所设立的项目公司的唯一目的就是进行收购，其收益完全来自子公司，子公司的税后利润合并为投资公司的所得，这样就使得作为投资公司的股东的管理层的收益受到损失。

（4）管理层通过信托或委托完成收购的法律障碍。

《暂行规定》没有出台前，实践中有很多管理层采用向信托投资公司融资或将筹措的资金委托给信托公司，由信托投资公司出面收购目标公司，再按约定条件在一定时间内由管理层回购的案例。但随着《暂行规定》的出台以及现实中一些信托收购被叫停，以信托方式进行间接收购就被明令禁止了。

（二）融资渠道的法律问题

管理层收购是杠杆收购的一种，它需要借助于融资手段来完成这一收购过程。在收购交易中，管理层自身资金数量是相当有限的，超过 80% 的收购资金需要向外融资取得。而我国的资本市场发展时间较短，资本市场机制还不完善，金融工具单一，融资渠道的不通畅在很大程度上成为管理层收购发展的瓶颈。首先，《贷款通则》规定不得用银行资金从事股本权益性投资或有价证券经营。此外，管理层要取得银行贷款须提供不动产作抵押。在管理层缺乏抵押资产的情况下，向银行融资具有可操作性。其次，《公司法》《证券法》《收购办法》《关于实施〈担保法〉若干问题的解释》等法律规章都限制或禁止管理层用公司的资产或股权为管理层收购的收购主体提供担保。再次，我国证券发行实行的审批制，通过发行股票或债券进行管理层收购融资有较大行政风险。国内尚无通过在资本市场上公开发行股票或债券进行融资的上市公司管理层收购。保险基金、养老基金只能投资于证券投资基金和国债，无法直接参与管理层收购的融资活动。实践中大多数管理层收购都采取了某些隐蔽的或者迂回的融资手段，有暗箱操作之嫌。

《暂行规定》出台后，以国有企业资产为管理层融资提供保证、抵押、质押、贴现，或将职工安置费等有关费用从净资产中抵扣等方式也被禁止。“管理层受让企业国有产权时应该提供受让资金来源的相关证明”的强制规定也使管理层采用迂回的融资方式难度增大，管理层收购的空间大受限制。

（三）转让定价的法律问题

目前我国国有资产的转让定价方式主要有两种：净资产定价法和市场定价法。学者对这两种定价方式的合理性存在着争论。有学者基于资产的价值取决于未来的收益和资产动态盈利能力而非历史成本对净资产定价法发起诘难；而市场定价法虽然避开了此类问题，却因受国有股转让定价不低于每股净资产规定的限制，而陷入困境。

（四）其他问题

管理层收购的兴起表明其是对现代企业所有者与经营者相分

离产生的巨大代理成本的一种平衡，但新的矛盾是管理者和所有者的一体化，在一定程度上又削弱了公司的监管力度，可能会使得全体股东尤其是非管理者股东没有获得减少代理成本的好处。另外，管理层收购缺乏战略投资者和机构投资者参与，难以对管理层形成有效的外部监督，从而容易产生新的内部人控制问题，可能成为滋生道德风险的温床，使管理层更有条件做出不利于广大中小投资者的行为，侵吞中小股东利益将更为便捷。而管理层收购完成后资金的偿还主要集中在收购后企业经营活动产生的现金流上，管理层收购成功后管理层存在的强烈的分红冲动也加大了公司的财务风险，降低了公司的资产质量。公司的经营风险与财务风险交织在一起，使公司风险进一步加大。

三、规范公司管理层收购之对策

由于管理层收购对于我国经济改革和现代企业制度建立的重要作用，我们必须重视管理层收购在我国的发展环境，针对管理层收购存在的具体问题，笔者拟提出下列建议，以供参考。

（一）明确管理层收购主体的合法地位

（1）借鉴美国在《公司法》之外单独制定《投资公司法》的立法模式，对纯粹为实施管理层收购而设立的项目公司进行专门的单独立法，以区别于《公司法》中的投资公司和控股公司。在特别立法中，对于项目公司的注册资本、经营范围、对外投资比例、营业期限以及公司内部治理结构等问题逐一加以规范。

（2）明确工会可以作为职工持股的法律组织，解决我国职工持股试点工作中上市公司出现的职工持股会、工会、职工互助会、持股联合会、股份管理委员会等职工持股组织的名单作为管理层收购的收购主体合规性问题。

（3）细化、完善我国信托法律规范，为信托公司介入管理层收购培育良好的制度环境。在发达国家，职工持股信托是员工持股的主流方式。利用信托公司作为持股平台，可以有效解决持股主体的法人地位问题、持股管理问题、购股融资问题以及避税等问题。因此，利用信托制度和信托工具解决管理层收购的诸多难题，将是管理层收购未来发展的一个重要趋势。

（二）扩展融资渠道的政策

（1）放松对银行贷款用途的限制。在发达国家，银行不但在公司的资金运作方面起着重要作用，而且有的国家的银行还参与公司的治理活动。在银行具有一定风险控制能力的前提下，将银行贷款用途扩大到股本权益性投资，是管理层融资渠道的主要方式之一。

（2）根据我国实际情况，进行金融工具的创新，扩大权益性融资主体的范围，放宽公司债券发行的主体和条件，积极推进混合性融资工具的施行，引进国外有效的金融工具，尤其要重视战略性机构投资者的引入和私募基金的发展。

（三）完善国有资产转让定价机制

（1）建立公开的市场竞价制度。公开竞价方式不仅有利于收购程序的公开化，而且可以通过市场竞争机制来发现上市公司的价值，而不必使整个定价过程受到管理层控制。国有资产转让中，应当按照公开竞价机制，使其他潜在的收购人可以参与竞争，价高者得，这在一定程度上可以缓解管理层收购过程中的国有资产流失问题。立法可以规定在公司管理层提出实行收购要求的时候须经国资管理部门发布公告，允许其他投资者参与竞价，国有股转让价格在法定评估机构评估价格的基础上集中竞价，至于管理层对公司的发展做出的主要贡献，可以给予其一定的奖励，以体现公平原则。

（2）加强中介机构的作用。《暂行办法》规定："在清产核资和审计的基础上，转让方应当委托具有相关资质的资产评估机构依照国家有关规定进行资产评估。评估报告经核准或者备案后，作为确定企业国有产权转让价格的参考依据。"由于中介机构的评估是国有资产转让价格的重要参考，因此应规范资产评估、审计、律师等中介机构的行为，使利益相关群体共同监督收购定价过程的公平、公开、公正。

（四）加强管理层收购相关信息的披露

信息经济学认为，信息不对称是生成道德风险问题的根由，因此必须加强管理层收购相关信息的披露。首先，要扩大披露信息的范围。管理层不但要披露收购目的、收购价格、定价依据、收购资金的来源等具体内容，还应将完成收购后的公司经营方向在公告中予以披露。其次，加大对违规行为的惩罚力度，现行《证券法》对披露虚假信息的上市公司处以最高额60 万元的罚款并不足以威慑违规行为。而美国法律中规定，对于虚假的陈述以及沉默可以构成犯罪，比照其立法原则，可以增加适当的惩处规则。再次，完善股东受到侵害时的救济措施，细化股东诉讼程序，实行股东诉讼举证责任的倒置。

【发表于《法制与经济》2009 年第 9 期】

参考文献

[1] Wright. M. Entrepreneurial Growth through Privatization：the Upside of Management Buy Outs [J]. Academy of Management Review，2000（4）：20 – 23.

[2] 魏建. 管理层收购的成功之路——管理层收购在中国的困境及突破 [M]. 北京：人民出版社，2005.

[3] 北京连城国际理财顾问有限公司. 2002 年上市公司董事会治理蓝皮

书：现状、问题及思考［M］. 北京：中国经济出版社，2002.

［4］郎咸平. 中国在法制化未完善前一切 MBO 都该停止［N/OL］.（2005 - 04 - 18）［2008 - 11 - 30］. http：//www. zjol. com. cn/05biz/system/2005/04/18/006093894. shtml.

［5］任自力. 管理层收购 MBO 的法律困境与出路［M］. 北京：法律出版社，2005.

［6］肖可. 建立通道寻觅资金蹊跷　伊利集团折戟 MBO 路［N/OL］.（2005 - 01 - 17）［2008 - 12 - 02］. http：//www. southcn. com/finance/picture/200501170150. htm.

［7］蒋靖怡. 中国国有企业管理层收购遭遇的法律困境与对策［D］. 北京：中国政法大学，2007.

［8］王莉萍，孟刚. 上市公司管理层收购的相关法律问题分析［J］. 法学评论，2003（5）：124.

［9］刘淑芳. 我国管理层收购的特点与完善措施［J］. 求索，2007（4）：69.

［10］廖艳华，陆赛钰. 我国上市公司实施 MBO 的现状与趋势分析［J］. 商业文化，2007（11）：68.

［11］张伟文. 我国上市公司管理层收购（MBO）的规范运作研究［D］. 厦门：厦门大学，2005.

［12］胡显莉. 管理层收购法律规制研究［D］. 成都：四川大学，2007.

企业申请重整条件浅析

凌　斌　裴康杰[1]

一、问题的提出

某企业因资不抵债，不能清偿到期债务，向人民法院申请重整，并在重整申请中承诺有重整意向方参与企业重整。法院审查后，认为该企业明显缺乏清偿债务的能力，符合《企业破产法》第2条的规定，在该企业提出重整申请并承诺有重整意向方参与重整的情况下，裁定受理该企业的重整申请，并依法指定管理人。

管理人接管该企业后，依法履行职责，查明该企业属于产能过剩行业企业，其生产线上的机器设备属于国家明令淘汰的机器设备，并在重整申请受理前已实际停产。管理人多次接洽重整意向方，但债务人与重整意向方均无法提供任何具有实质内容的重整计划草案；管理人受资金、技术、市场、产业政策等方面的限制，亦无法自行制定重整计划草案，导致第一次债权人会议中没有重整计划草案供债权人讨论。

---

[1] 凌斌，男，西南政法大学法学博士后，广西万益律师事务所主任、高级合伙人，专业领域：知识产权、并购、破产与重整、清算、建设工程与房地产，联系电话：13307719383；裴康杰，男，广西万益律师事务所专职律师，专业领域：企业常年法律顾问、并购重组与破产清算，联系电话：18587772044。

二、企业申请重整应当具备的条件

（一）企业申请重整应当具备的显性条件

根据《企业破产法》第2条，符合下列三种情形之一的，企业可以申请重整：①不能清偿到期债务，并且资产不足以清偿全部债务；②不能清偿到期债务，并且明显缺乏清偿能力；③有明显丧失清偿能力可能的。

《最高人民法院关于适用〈中华人民共和国企业破产法〉若干问题的规定（一）》第2条、第3条、第4条对企业申请重整条件进一步明确，给出了各个条件判断的具体标准。亦即，债务人不能清偿到期债务的标准是：①债权债务关系依法成立；②债务履行期限已经届满；③债务人未完全清偿债务。且前述三种情形，需同时具备。债务人资产不足以清偿全部债务的标准是：债务人的资产负债表，或者审计报告、资产评估报告等显示其全部资产不足以偿付全部负债的；有相反证据足以证明债务人资产能够偿付全部负债的除外。明显缺乏清偿能力的标准是：①因资金严重不足或者财产不能变现等原因，无法清偿债务；②法定代表人下落不明且无其他人员负责管理财产，无法清偿债务；③经人民法院强制执行，无法清偿债务；④长期亏损且经营扭亏困难，无法清偿债务；⑤导致债务人丧失清偿能力的其他情形。前述五种情形，有任一种情形即可。

前述法律及司法解释规定三个条件，表述明确，理解上鲜有歧义，可以认定是企业申请重整的必备的显性条件。

（二）企业申请重整应当具备的隐性条件

《企业破产法》第78条规定，在重整期间，当债务人的经营状况和财产状况继续恶化缺乏挽救的可能性时，经管理人或利害关系人请求，人民法院应当裁定终止重整程序。该条规定虽然界定适用的时间段为“重整期间”，但是其明确了重整的目的，即“挽救”；若自开始就没有挽救的可能性，自然就不应当给予挽救的机会，即不应当进入重整程序。因此，在审查企业申请重整时，应当坚持立法原意，将“有挽救的可能性”作为企业申请重整的必备条件。

司法实践中，“挽救的可能性”作为企业申请重整的必备条件之所以会引发争议，是因为其更多是主观的判断，而较难进行客观的界定。可以从国家产业政策、行业市场趋势、企业技术水平、企业财务状况、企业比较优势、企业生产现状等方面判断“挽救的可能性”。对于不符合国家产业政策、缺乏资金、技术等不具有发展前景的企业，应当认为缺乏“挽救的可能性”；而对于符合国家产业政策、具备品牌价值、某些特定的经营资质以及良好的生产线和供销渠道的企业，则可以认为具备“挽救的可能性”。

前述案例中，该企业属于产能过剩行业企业，在申请重整时已经停产，没有流动资金；其生产线上的机器设备属于国家明令淘汰的机器设备，且没有技术优势、能耗过大；其产品价格持续下降。显然，该企业缺乏“挽救的可能性”，不宜裁定进入重整程序。

（三）企业申请重整应当具备条件的表述修正

综合前述条件，企业申请重整应当具备的条件为：

（1）不能清偿到期债务，并且资产不足以清偿全部债务；但具有挽救的可能性。

（2）不能清偿到期债务，并且明显缺乏清偿能力；但具有挽救的可能性。

（3）有明显丧失清偿能力的可能，但具有挽救的可能性。

前述三个条件满足其一即可。

【完稿时间 2016 年】

广西银行民商事诉讼案件大数据分析报告

张曼琳　潘海清[1]

根据中国银监会发布的统计数据，截至2015年年末，中国银行业不良贷款余额已经连续17季度上升。而在经济结构调整过程中，银行业的资产质量还将保持较大的压力，因此快速有效地回收不良贷款是各大银行面对的重要任务之一。在实践中，回收不良贷款最常用的手段之一便是诉讼。在以上原因的共同作用下，各地银行不良资产诉讼案件数量急剧增加。为深入研究目前广西银行民商事案件情况，我们通过“中国裁判文书网”采集了广西范围内各级人民法院在2015年全年审结的银行案件生效并公布的诉讼文书，分类筛选并逐一阅读，编写了本文。由于篇幅及载体所限，此次投稿时删除了全部图表，并对报告中部分内容进行了删减。

一、案件数据来源

本文所有数据均来源于“中国裁判文书网”[2]。案件类型为

[1] 张曼琳，女，广西万益律师事务所专职律师，专业领域：公司法务、金融证券、企业破产与重组、劳动人事纠纷等，联系电话：18260869908；潘海清，女，广西万益律师事务所副主任、高级合伙人，专业领域：公司并购、涉外商事、银行金融等法律事务，联系电话：13978880931。

[2] 中国裁判文书网网址：http：//www. court. gov. cn/zgcpwsw/。

“民事案件”，截取的裁判时间为 2015 年 1 月 1 日至 12 月 31 日，统计截止日期为 2016 年 1 月 4 日。裁判地域及法院范围设定为“广西”，提取裁判法院为广西范围内高级、中级以及基层人民法院所审结的案件。以“银行”为当事人关键词筛选出 4152 条记录，以“信用”为当事人关键词筛选出 733 条记录。剔除人格权纠纷、婚姻家庭继承纠纷、劳动争议、人事争议案件等人身权益类案件，剔除提审、执行、保全、撤诉裁定文书，经删除重复项后剩余有效民商事一审、二审、再审诉讼案件及特别程序案件共 2810 件。我们对该 2810 件裁判文书逐一按照案件类型（案由）、涉诉主体、程序类型、裁判结果等分别进行了归类及数据统计。

二、案件的区域分布

本次统计广西区内各法院案件分布情况如下：

（1）对广西区内银行案件在各级别法院的分布情况做如下总结：

①高级人民法院极少审理此类案件。

②中级人民法院审理该类案件总数较少，且在各地市分布较均衡。

③大部分案件集中由基层人民法院进行裁判，可以看出银行的二审案件或由非基层法院进行一审的案件并不多，同时也反映出该类案件一审结案率较高。

（2）对各个地市基层法院，该类案件分布情况及原因总结如下：

①近三分之一案件由南宁市、柳州市两地法院审理，集中度较高，原因在于各大金融机构的广西总部均设于南宁市区域范围内，且在实践中，银行一般均将案件的管辖地约定为贷款人所在地，同时柳州市工业集中，经济发达，商业繁荣，企业、个人与

银行的经济往来密切。

②各市经济水平与案件数量基本成正相关，越是经济发达地区经济贸易往来越是密切，更加需要通过司法途径对经济往来中的纠纷进行调处和化解。

③县区法院与城区法院审理案件数量相当，原因在于近年来，由于国家监管政策向“三农”及小微企业信贷倾斜，市区周边各县银行网点数量增加，相应的案件数量也大幅度增加，与银行有关的民商事案件不再集中于主城区，逐渐向市区周边各县区及县级市发散。

三、案件类型结构分析

本次统计的2810件民事案件共涉及民事案由43种，我们将所有案由归为借贷类、储蓄卡票业务类、担保类、房地产类、损害赔偿类、合同权利类、其他业务类、执行保全类、管辖权异议类共九类案件，具体可对银行民商事案件结构做如下分析总结：

（1）从案件类型结构来看，传统型的借贷类纠纷占75%以上，仍然占据涉银行纠纷案件的第一位，纠纷内容多以借贷款项求偿为主。担保类案件和房地产类多由借贷案件衍生，多数为银行向保证人主张债权后，保证人向债务人进行追偿，或由于房地产贷款项目发生的纠纷，这些案件中银行多作为案件第三人。

（2）储蓄、票据、银行卡类这三项常规银行业务有关案件占比近20%，究其原因，一方面在于社会主体对自身还款能力认识错误，过度消费，信用意识缺失，社会征信体系有待完善；另一方面则是由于银行主体在授信过程中，评估不足，风险管控不到位。同时，社会经济下行，伴随互联网和新型消费模式的兴起和普及，信用卡盗刷、网银账户遭窃事件增多，新型的银行卡类纠纷也占有一定的比重。

（3）其他如保理、证券回购、委托理财类等新兴银行业务有关的纠纷案件极少，该现象与广西地区经济发展水平相关，银行金融类新兴业务在广西地区办理基数相对较少，且由于参与银行新类型业务的部分信托公司、券商等总部设在广西以外地区，故相关业务公司约定的管辖地不在广西，因此广西少见此类纠纷。随着广西境内的相关机构陆续取得独立牌照，业务量也将随之上升，在未来此类纠纷将逐渐增加。

（4）涉及银行的损害赔偿类、合同权利类诉讼案件数量不多，但从相关的裁判文书案情分析可知，部分案件中存在合同管理不完善、业务不规范等情况。

四、案件诉讼程序应用与裁判结果分析

（一）诉讼程序与裁判结果情况

经统计，2810件民商事案件分布于一审、二审、再审诉讼程序及特别程序中，各类程序中的案件裁判结果多种多样，可做以下分析：

（1）一审案件占本次统计案件的97.30%，诉讼请求得到法院全部支持的案件占78.75%，其原因在于银行所涉民商事纠纷中多以借贷关系案件为主，此类案件法律关系比较清晰，银行在《借款合同》中对借贷法律关系有关条款约定明确，操作成熟，案件争议不大，多以一审胜诉结案，进入二审及再审程序的案件较少。

（2）二审案件多数为一审中银行胜诉的案件，上诉人多为对担保连带责任、银行赔偿责任承担比例的判决不服而提起上诉，但90%的二审案件中法院维持一审全部判决。

（二）未支持诉讼请求分析

一审、二审、再审案件中未能得到法院支持的诉请往往与案

件争议焦点紧密相关，故对未支持的诉请进行分析能够促进对银行民商事案件中的争议事项、法律运用及法院倾向性态度的了解，以下我们对较为多发但未能得到法院支持的诉请进行分析：

（1）在未能得到法院支持的诉请中，与保证、抵押连带责任有关的案件出现次数最多，占诉请未得到全部支持的案件数量的 38.71%。发生的争议较多与保证责任承担、份额、保证合同效力、保证期间时效、抵押权效力、抵押担保范围、抵押预告登记效力等有关。不同地区法院对上述问题态度不同，甚至作出不同判决。例如就抵押预告登记是否具备物权效力这一问题上，在南宁市兴宁区人民法院作出的（2015）兴民二初字第 634 号判决书中认为尽管涉案抵押房屋已经办理预告登记，但由于抵押房屋尚未取得产权证并完成现实物权的本登记，抵押权人在未办理房屋抵押权登记之前，其享有的是当抵押登记条件成就或约定期限届满对抵押房屋办理抵押权登记的请求权，并可排他性地对抗他人针对抵押房屋的处分，但并非对抵押房屋已享有现实的抵押权，故已办理预告登记的房产抵押权尚未设立，抵押权人不享有对预告登记房屋行使抵押权并优先受偿的权利。在南宁市中级人民法院作出的（2015）南市民再终字第 2 号判决书也认为抵押权预告登记的目的，是为了将来设立抵押权，这种预告登记毕竟不是抵押权登记本身（本登记），不能产生预告登记的权利人取得抵押权的法律效果。而在南宁市青秀区人民法院作出的（2014）青民二初字第 2278 号判决书中则认为抵押预告登记虽不是正式的抵押登记，但权利人享有物权的排他权及物权的请求权，应可在一定条件下赋予权利人享有优先受偿权，且判决支持抵押权人关于优先权的诉讼请求，既符合预告登记制度设立的目的和作用，也维护了合法的金融债权及正常的金融秩序。

（2）信用卡纠纷案件中，由于涉嫌刑事犯罪致使民事案件被驳回起诉移送公安机关的案件 176 件，包括由于持卡人逾期，数额较大且经法律规定的催收程序拒不还款而涉嫌信用卡诈骗罪的案件，以及借款人涉嫌贷款诈骗犯罪的案件，不属经济纠纷案件而有经济犯罪嫌疑的案件，经法院审理后均裁定驳回起诉移送公安机关。需要指出的是，信用卡纠纷案件中，不同法院对于是否涉嫌信用卡诈骗罪的认定亦有差距，在欠款数额及催收条件同等时，有的法院仍旧作为民事案件进行判决，亦有法院认定涉嫌信用卡诈骗而驳回起诉。

（3）关于由案件被告承担原告发生的律师费、公告费等实现债权的费用的诉请，也是本次统计案件中争议较多的诉请之一。通常，法院均认可律师费、公告费等作为原告实现债权的费用的性质。法院支持该诉请需要具备的条件包括：①合同有明确约定由债务人承担律师费等债权人为实现债权的费用，部分法院对仅约定实现债权费用而未列明律师费等费用的不予支持；②原告与律师存在真实的委托代理关系，案件开庭时律师应当到庭；③律师代理费、公告费等费用实际发生且能够提供费用实际发生的证据。通常，能够满足前述条件的，律师费主张均能够得到法院支持。

（4）对于借贷关系中的本金、利息、罚息、违约金等费用的诉请，法院通常按照合同约定，在法律规定允许范畴内均可得到支持。但也有部分判决对不同费用的属性存在不同看法，如利息和罚息应按照合同约定还是人民银行流动资金同期贷款利率计算，如超过人民银行流动资金同期贷款利率四倍的利息是否应当得到支持，罚息和违约金属性是否相同，合同同时约定罚息和违约金时是否应当全部支持，再如债权人诉请中请求债务人偿付的利息应当清偿截至所有债务清偿之日止按照合同约定计付，还是应当按照在判决文书确定的履行期限内按照合同约定计付利息，履行期限届满后则依照《中华人民共和国民事诉讼法》第 253 条的规定加倍支付迟延履行期间的债务利息的方式计付，等等。

（5）在银行卡、储蓄账户中钱款被盗用的案件中，法院普遍认为：银行机构作为经营存贷款业务的专业金融机构，负有保证储户存取款安全的义务；储户使用卡办理业务负有谨慎保护密码的义务。银行和储户应当在其各自义务范围内承担举证责任。

（6）在夫妻是否应共同承担银行债务问题上，能够证明存在婚姻关系并提交证明材料，债务发生在婚姻关系存续期间，通常法院均认可夫妻应对债务共同承担清偿责任。而当夫妻一方作为保证人时，如未明确约定且经其配偶认可，其配偶并不承担连带责任。

五、案件担保情况分析

本次统计的2810件案件中，担保类型包括抵押、质押、保证，担保物涉及房屋、土地、设备、材料、汽车、股权等。以下我们主要通过案件情况、裁判结果等角度对担保情况分别进行分析。

（一）担保案件数量情况

本次统计数据中，有担保的案件为1887件，占统计总数的67.15%，说明银行在交易过程中，通过交易相对方提供担保的方式进行风险考评和规避已成为最常见且行之有效的方式。特别在不良贷款率集体上升的形势下，通过对担保关系主张权利实现债权，也是保障银行利益、维护金融稳定的重要手段。

（二）有担保案件程序类型及裁判结果情况

在存在担保的1887件案件中，程序类型及裁判结果情况如下：

（1）在一审有担保的1842件案件中，经法院裁判支持全部诉请的案件占80.24%，可见银行关于就担保物优先受偿的诉请均能够得到法院的支持。

（2）担保诉请未获支持的案件占诉请未得到法院全部支持的全部案件的 61.95%，可以证明在有担保的案件中，法律关系更为复杂，发生争议更多。

（三）有担保案件担保类型及客体情况

对有担保的案件中担保方式、担保标的和保证责任类型情况做如下分析：

（1）在本次统计的案件中，既有单一形式担保，也有多种类型担保并存的情况。多种担保同时适用，更利于银行保障债权，作为债权人可以通过更多的方式实现债权。在银行提供的借款合同文本中，一般均包含担保人放弃对债务人自身提供的物的担保的优先受偿顺序的约定，且均能够得到法院支持。部分银行使用的文本中未对此作出约定，导致法院判定保证人及其他担保人仅在债务人提供的物保范围以外承担责任。

（2）有保证人保证的案件均为连带保证，占所有有担保的案件的 74.72%。可见，在实务中，各银行在要求保证人提供保证时，均选择最有利于保障贷款人债权实现的连带保证方式，一般保证方式少有采用。但需要注意的是，在保证人为自然人且有多个保证人联保的情况下，当债务人债务逾期，债权人同时向债务人和保证人主张权利时，往往发生无法联系到全部保证人的情况，进入诉讼后由于无法联系到全部保证人而进行公告送达也会增加诉讼的时间成本。

（3）在抵押担保案件中，抵押物涉及房屋、土地、汽车、设备、材料、林木及林地等。在案件中少有以材料、机械作为抵押的案件，原因多在于动产抵押登记手续复杂，且无须交付，对于贷款方而言实施有效监管的难度较大。

（4）在质押担保案件中，标的较为单一，且一般均同时配合提供其他担保。究其原因，在于质押需要将质押物进行交付，虽利于债权人占有质押物并实现权利，但可以作为质押物的实物往往是借款人或第三人的生产资料，交付后可能影响到正常的生产运营，故以实物质押的情形少见。结合司法实践来看，在部分用于质押的动产为种类物的情况下，由于质押物未特定化且交由第三方保管，导致重复质押现象频发，给法院认定质押物权属及质押物是否实际交付带来较大的难度，影响质权的实现。另外，由于股权的价值受公司经营情况的影响较大且变现相对较难，银行一般不接受仅以股权质押作为唯一的担保方式。

（四）实现担保物权特别程序在广西的实施现状

新《民事诉讼法》第 196 条、第 197 条对实现担保物权特别程序进行规定，2015 年 2 月 4 日，最高人民法院发布的《关于适用〈中华人民共和国民事诉讼法〉的解释》中，在第十五章第七节第 361 ~374 条对实现担保物权特别程序进行了更为细致的规定。

担保物权实现程序的进一步推广实施将简化流程，在人民法院审查符合法律规定的情况下，可以直接对担保财产进行执行，无须诉讼审判程序，银行、小额贷款公司就担保物实现债权时将减轻负担，在缩短时间、节省花费的同时，债权实现的效率也将得到提高。

在本次统计过程中，可以看到广西多数银行就担保物实现债权时，仍通过法院诉讼确权方能执行，鲜有通过直接向法院申请拍卖、变卖担保财产的方式来实现其担保物权的，使得债权实现仍需承担高昂的时间、金钱成本。尽管广西已逐渐尝试适用该程序，但由于实现担保物权多牵涉债权债务法律关系，多存在债权债务关系尚不明确、担保人与债务人无法送达等情况，故法院在适用该程序时仍持审慎态度，有待进一步实践推广。

六、涉案业务类型及律师代理情况分析

（一）涉案业务类型分析

（1）对涉及银行业务案件的业务类型统计，其中 2223 件案件涉及借款业务，319 件涉及信用卡业务，可以看出广西区域内涉银行民商事案件有关的银行业务类型情况，借款和银行卡业务仍旧占据主要地位。

（2）借贷类业务有关案件占银行业务有关案件的 79.42%，本次统计范围内的案件借贷关系中，借款人最主要的借款用途为农业生产、企业经营、房屋和汽车消费。

（3）本次统计案件中，有 180 件案件中借款为最高额借款/担保方式，172 件案件中为联保方式，其余案件均为定额借款，常规担保方式。需要注意的是，银行在向借款人授信时往往要求多个自然人形成联保主体，在这种模式之下一人逾期，联保主体中其他人也相继逾期的现象也时有发生。

（4）在筛查裁判文书的过程中我们发现，在有抵押的案件中，抵押物如房屋、土地在办理抵押登记时，抵押登记部门均要求在抵押登记证书上登记担保的借款合同编号名称以及担保债权的数额，而此处的数额仅仅能够按照借款合同约定的借款本金数额登记，利息、其他费用等由于在借款之初仍处在不确定状态，无法进行预估，抵押登记部门也不允许计入债权数额进行登记。在使用最高额借款/担保方式的案件中，各法院均按照抵押登记证书登记的债权数额判定担保人在最高额限额之内对债务承担担保责任。而在定额借款案件中，抵押合同约定担保债务范围包括本金、利息及其他费用的，多数法院也均判定债权人就抵押物拍卖、变卖、折价所得优先受偿，并不因登记的债权数额限制债权人就抵押物实现债权的数额。但也有部分案件中，法院仍根据登

记的债权数额判定债权人就抵押物实现债权的限额，例如在南宁市青秀区人民法院作出的（2015）青民特字第8号裁定书，以及（2014）青民二初字第2359号判决书中，均按照抵押登记证书登记债权数额而非合同约定的担保数额判定抵押权人就抵押物行使优先受偿权实现债权的限额。

（二）律师代理情况分析

在本次统计过程中，我们对律师代理案件情况也进行了统计，并分析如下：

（1）律师代理案件占全部案件的45.73%，仍有一半以上案件由当事人自行参与诉讼，原因在于银行内部已有风险合规部门，部分案件由合规部门工作人员代理银行参与诉讼，律师在此类案件的专业法律服务还有待进一步扩大和深入。

（2）银行民商事案件多由银行发起诉讼，相应的律师代理案件中多数亦由银行委托律师代理，在代理银行作为原告、上诉人、申请人地位的案件中诉请多能够得到法院支持，在代理银行作为被告、被上诉人、被申请人地位的案件中亦能够发表辩论意见维护银行利益。律师能够提供专业的法律服务，并且对于法院更为了解，更擅长诉讼活动，有利于提高诉讼效率，最大限度维护委托人的利益。

以上即为我们经过对广西范围内银行案件的数据进行统计，并从案件区域分布、类型结构、程序应用及裁判结果等角度作出的相应分析研究。

本文仅用于了解广西范围内的银行案件概况，如数据发生变化，分析结论也将发生相应变化。

【完稿时间2016年】

2015 年度广西道路交通事故责任纠纷案件大数据分析报告（假肢损失篇）

潘鹏赛　郭建强[1]

一、装配假肢概况

发生交通事故后，因车辆变形挤压或者碾压等其他外力因素导致受害人四肢某一部位严重创伤，若未得到及时救治可能引起截肢的后果。肢体缺失会导致伤者劳动能力，甚至生活自理能力的部分丧失，进而产生配置假肢的需求。关于假肢装配的费用计算目前并无法律明确规定，《最高人民法院关于审理人身损害赔偿案件适用法律若干问题的解释》（下文简称《人身损害司法解释》）第 26 条规定："残疾辅助器具费按照普通适用器具的合理费用标准计算。伤情有特殊需要的，可以参照辅助器具配制机构的意见确定相应的合理费用标准。辅助器具的更换周期和赔偿期限参照配制机构的意见确定。"该规定成为目前指导假肢费用计算的重要依据。实践中，假肢费用主要由两部分组成，即假肢更换费用和维修费用，通过更换与维修次数来确定总损失金额。本报告将对该损失模型各变量因素做详细分析。

---

[1] 潘鹏赛，男，广西万益律师事务所副主任、高级合伙人，专业领域：交通事故业务，联系电话：15978183658；郭建强，男，广西万益律师事务所专职律师，专业领域：医疗卫生领域争议解决与疑难案件办理，联系电话：18677193682。

二、案例分析样本

案由：机动车交通事故责任纠纷

法院省份：广西

裁判年份：2015

关键词：假肢、义肢

案例来源：以假肢为关键词检索，中国裁判文书网有39个案例，在无讼案例中检索到50个（见图1）；以义肢为关键词，中国裁判文书网检索到案例19个（见图2）。经核实，截肢案例中有45个涉及截肢问题，其他5个为矫正器、轮椅等被予以剔除；与无讼案例对比整理后剔除重复选项总计摘录47个案例。

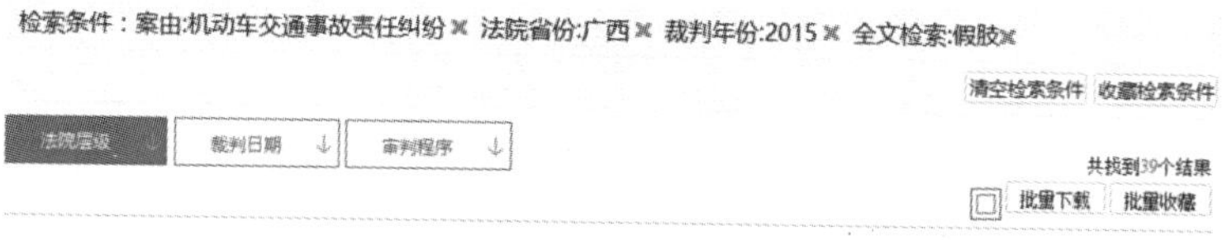

图1　中国裁判文书网截图（一）

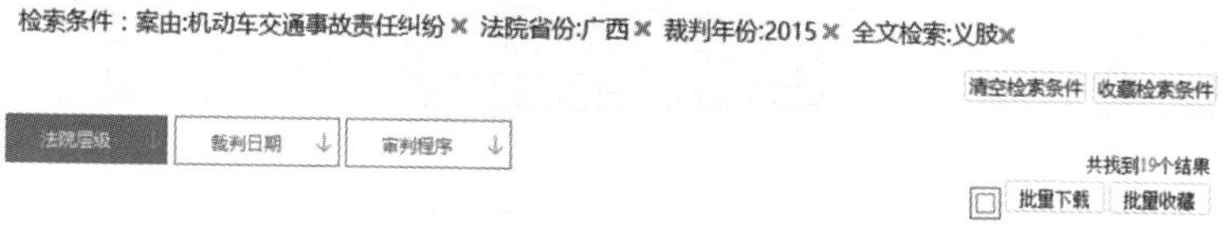

图2　中国裁判文书网截图（二）

在本次检索案例中，南宁地区案件量最多，其次是百色、柳州、桂林、玉林（见图3）。从审理阶段看，一审案件总计33例，占比70%，二审案件有12例，占比26%（见图4）。

在人体结构中，下肢主要承担负重与行走等基本功能，上肢侧重灵巧活动，所以下肢较上肢而言装配假肢的必要性更强；从本次案例搜集数据看，下肢截肢伤者数量远超过上肢，可能存在交通事故更容易导致下肢严重创伤以及截肢的情况。依据各部位案件量，本文分别从大腿、小腿、上肢和手掌四个方面分析（见表 1 和图 5）。

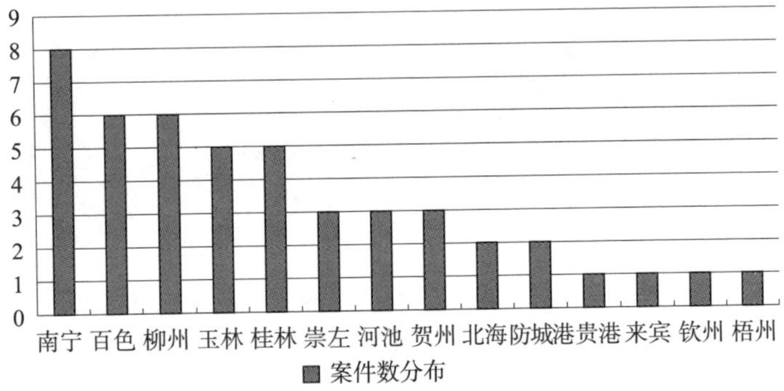

图 3　案件地域分布图

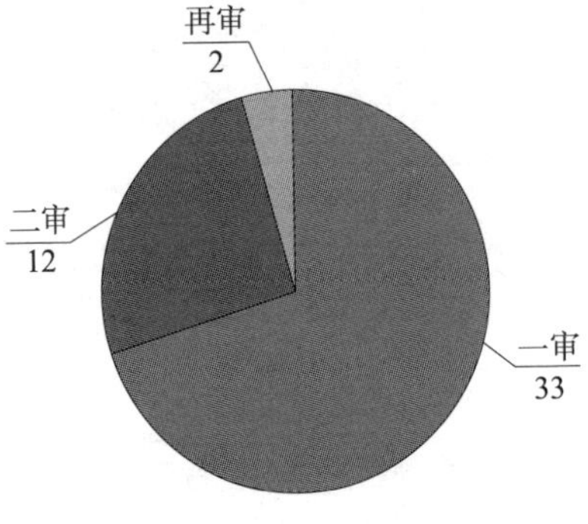

图 4　审理阶段分布图

表 1　部位分布表

部位	数量
大腿	21
小腿	12

续表

部位	数量
上肢	7
手掌	1

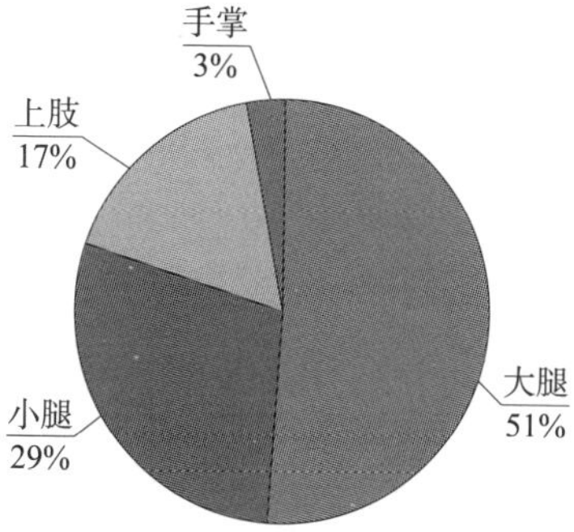

图 5　截肢部位分布图

在肢体缺失案件中，假肢装配单位的选择是一个重要内容。在本次案例统计中，总计出现了德林义肢矫型康复器材（深圳）有限公司（下文简称德林义肢）、南宁市助康假肢矫形器有限责任公司（下文简称南宁助康）、广西假肢康复中心、广西博尔特假肢矫形器有限公司（下文简称广西博尔特）、广西民政假肢矫形器司法鉴定所 5 家机构（见图 6），基本涵盖了区内主要鉴定与配制单位。因德林义肢在广西区内设有南宁、柳州、桂林和玉林等多家分支机构，网点广泛，市场占有率较高，本次统计案例中其出具的报告数量最多，占比 27%。本次统计发现同时存在司法鉴定机构出具残疾辅助器具鉴定报告的情况。

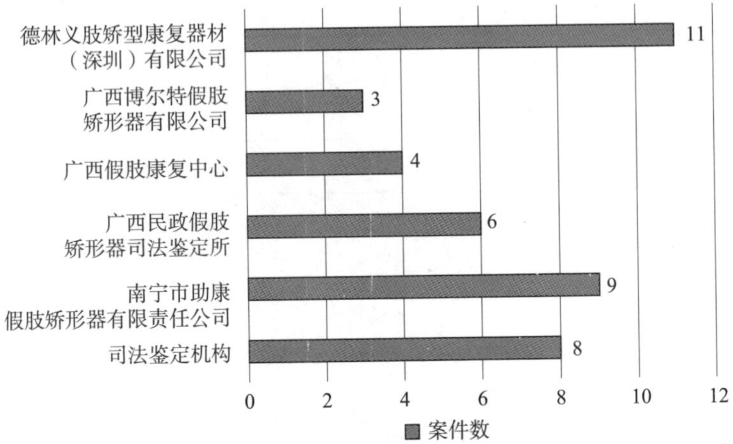

图 6　各机构案件量分布图

三、损失模型各因素探讨

（一）关于截止年龄的确定

在假肢费用计算中，更换假肢截止的年龄是大多数案件需要明确的。2015 年版《世界卫生统计》报告指出中国人口平均寿命为男性 74 岁，女性 77 岁。其他资料显示我国目前整体平均寿命为 74.83 岁。2014 年 12 月广西壮族自治区卫计委报告指出，全区群众平均寿命为 75.11 岁。在本次案例统计中，截止年龄最低 70 岁，最高 80 岁，72 岁比例最高（占比 46%），其次是 75 岁（占比 31%）（见图 7）。判决书中较少解释更换假肢截止年龄的计算依据。

（二）关于大腿假肢

总计 21 个涉及大腿假肢的案例中：儿童大腿假肢最低 15600 元，最高为 22400 元，均价 19000 元；成人大腿假肢价格最低为

12080元，最高为51320元，均价34156元（见图8）。从各机构大腿假肢均价看，最高是德林义肢39873元，最低是广西博尔特22000元（见图9）；因广西博尔特仅涉及一个案件，故数据方面代表性不强。

大腿假肢平均每5.5年更换一次，在统计中最少更换年限为4年，最多8年，两案例均出自德林义肢。不过5~6年更换一次是大腿假肢的普遍意见，占据了总案例的88%（见图10）。

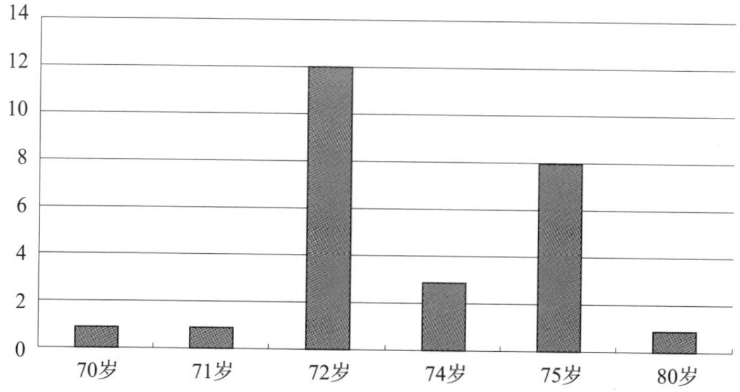

图7　截止年龄计算统计图

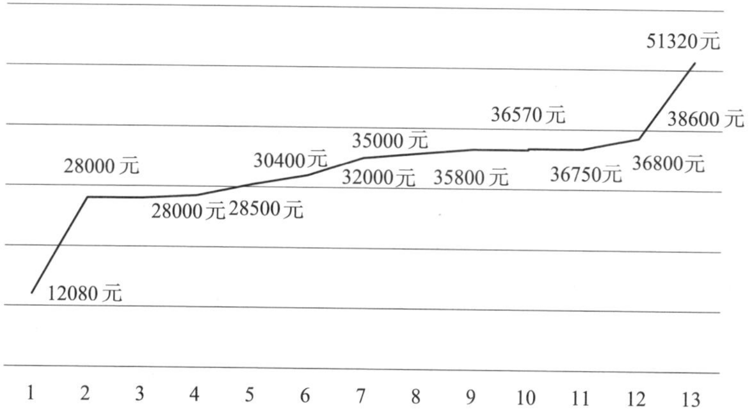

图8　大腿假肢单价（成年）分布图

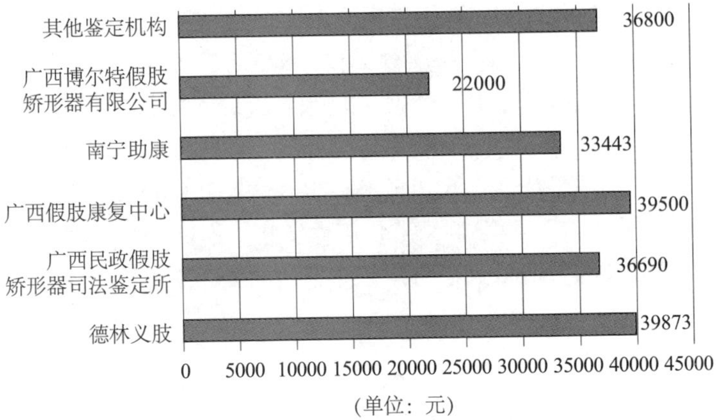

图 9　大腿假肢均价机构对比图

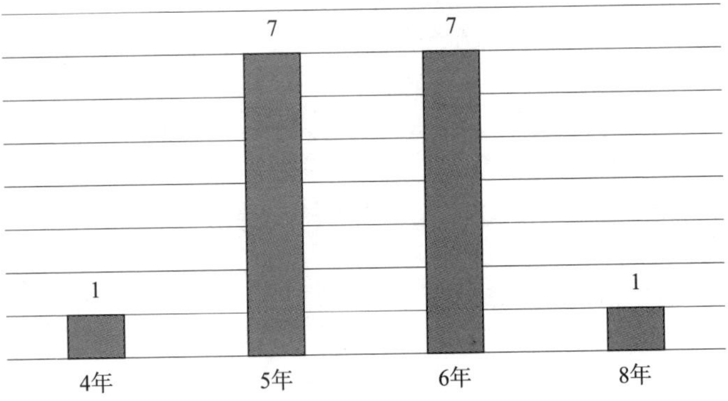

图 10　大腿假肢更换频率图

大腿假肢维修费用有两种计算方式。第一种是按照假肢费用的一定比例逐年计算，本次统计发现，大腿部位假肢出现了三个按照比例计算的案件，比例均为 5%；采用比例计算的机构为广西民政假肢矫形器司法鉴定所和南宁助康。第二种是分别确定单次维修金额和维修间隔期限（见图 11）。单次维修金额平均为 2944 元，平均间隔期限为 3 年，本次统计中最少 1 年，最多 7 年

（出自广西民政假肢矫形器司法鉴定所）。2～3 年维修一次是普遍意见，占比 83%（见图 12）。

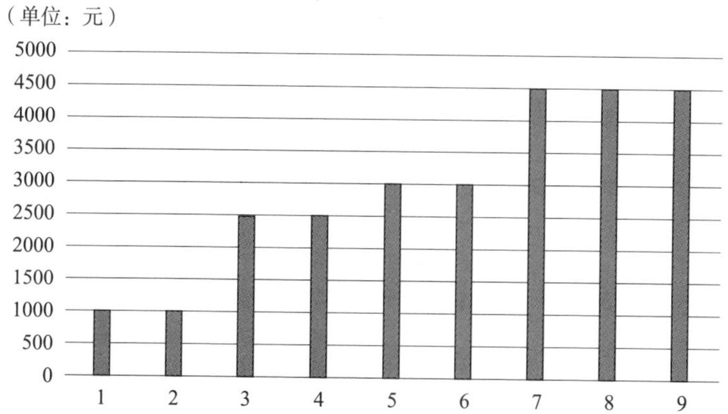

图 11　大腿假肢维修费用图

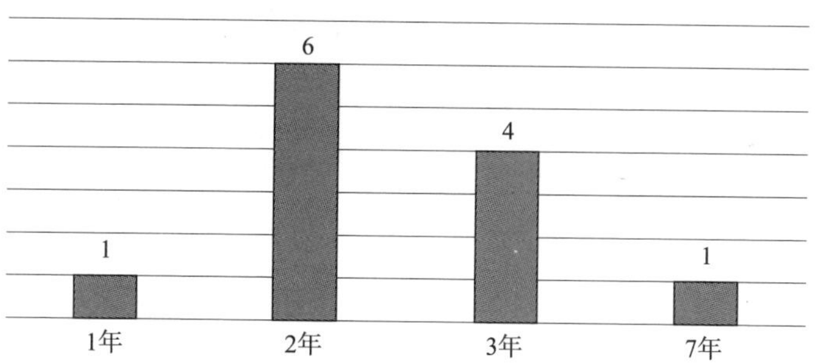

图 12　大腿假肢维修频率图

（三）关于小腿假肢

总计 13 个涉及小腿假肢的案例中：儿童小腿假肢均价 15600 元；成人小腿假肢价格最低为 14600 元，最高为 48750 元，均价 29522 元（见图 13）。从各机构小腿假肢均价看，最高是柳州市残疾人康复中心 35000 元，最低是广西民政假肢矫形器司法鉴定所 23800 元（见图 14）。

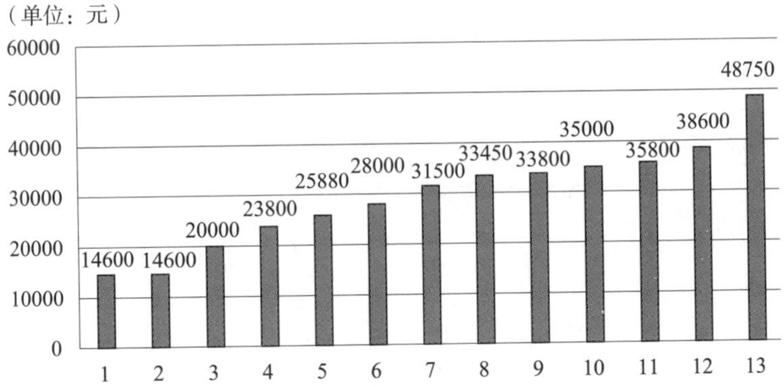

图 13　小腿假肢单价（成年）分布图

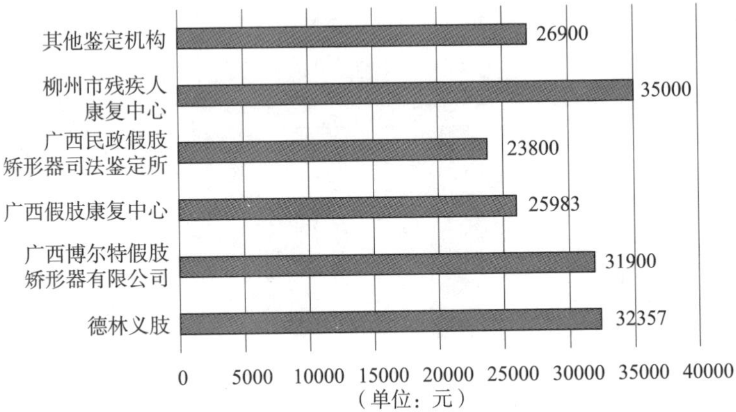

图 14　小腿假肢均价机构对比图

小腿假肢平均每 5. 1 年更换一次，在统计中最少更换年限为 4 年（出自广西博尔特），最多 6 年（均出自德林义肢）。5 年更换一次小腿假肢是多数意见，占据了总案例的 63%（见图 15）。

本次案例搜集显示，小腿假肢维修频率均为 3 年，未出现其他意见。单次维修最低价格为 2500 元，最高为 4500 元，均价 3500 元。

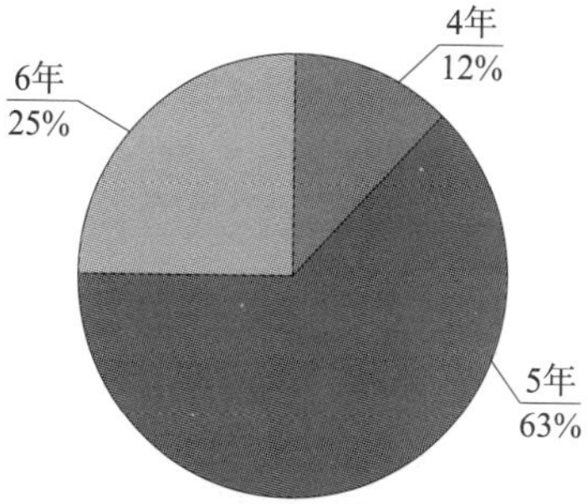

图 15　小腿假肢更换频率图

（四）关于手臂假肢

上肢截肢案例总计有 7 个。在手臂假肢分析中，发现较多判决书对损伤描述有限，无法进一步准确区分上臂和下臂，且上肢案例明显少于下肢案例，故上肢案例不区分上下臂而做整体分析。

成人手臂假肢价格最低为 28600 元，最高为 38000 元，均价 31350 元（见图 16）。从各机构手臂假肢均价看，最高是德林义肢 35000 元，最低是广西民政假肢矫形器司法鉴定所 28600 元（见图 17）。

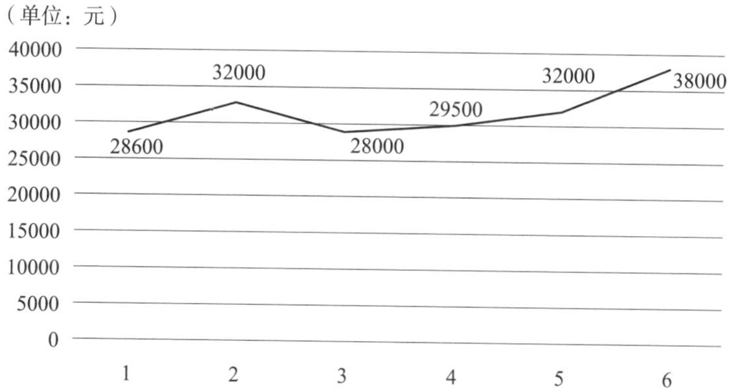

图 16　上肢假肢价格分布图

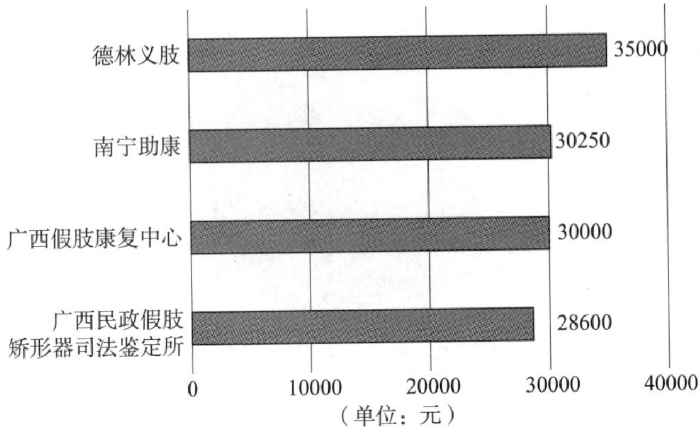

图 17　上肢假肢机构均价对比图

手臂假肢平均每 5.25 年更换一次，在统计中最少更换年限为 5 年，占比 75%，最多 6 年（见图 18）。

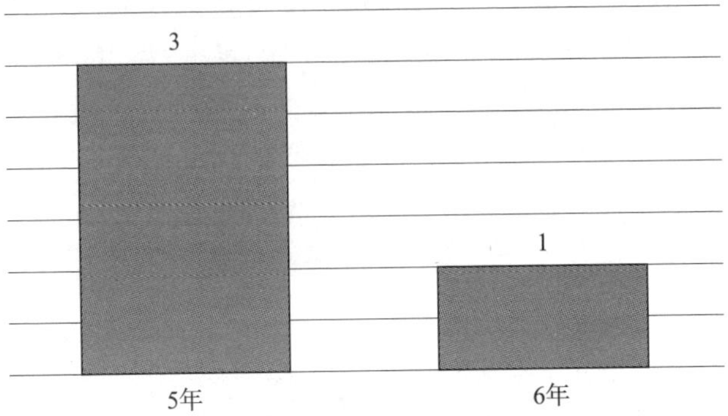

图 18　上肢假肢更换频率图

本次案例搜集显示，手臂假肢维修频率平均为 2 年，最少 1 年，最多 3 年（见图 19）。单次维修价格在 3000 ~4500 元。

（五）关于手掌用具

本次摘录案例中有较为少见的手掌残具，受害人两手指缺

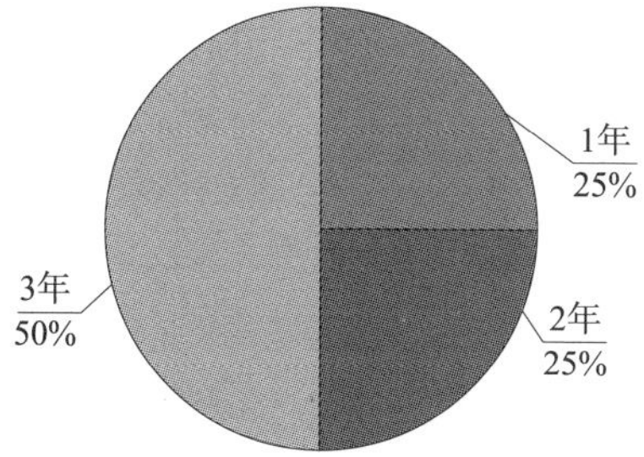

图 19　上肢维修频率图

失，根据机构意见配置“定制美观手掌”，单价 7500 元，平均 2 年更换一次，最终得到法院支持。手指缺失是否有必要更换手掌残具，本案鉴定意见值得商榷。

四、统一计算与阶段计算损失的分歧

因假肢单价较高，且更换维修成本较高，故该类型案件诉请金额往往较大。根据前文总结，原告主张往往都会将损失计算到 70 余岁，在法院判决方面存在支持与不支持两种意见。根据统计，大多数案件获得支持比例为 79%，有 14% 的案件未获得支持（见图 20）。

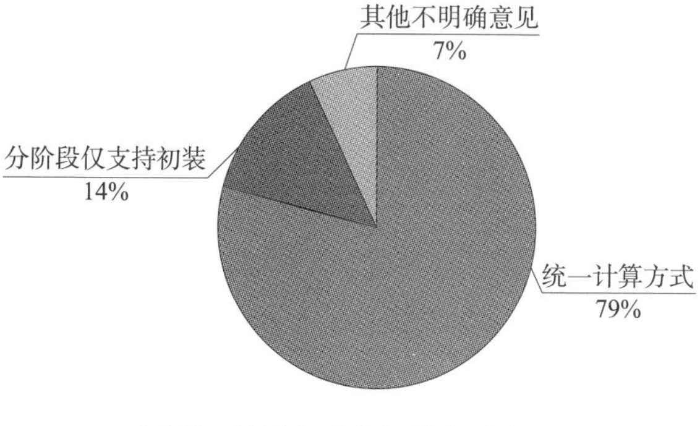

图 20　法院判决结果分布对比图

法院主张分阶段计算的主要依据有：①尚未实际发生需产生后再另行起诉；②暂定次数，一次性计算无法律依据。支持统一计算的依据主要有：减少当事人诉累；必然发生的损失项目等。

【完稿时间 2016 年】

2015年度广西道路交通事故责任纠纷案件大数据分析报告（伤残重新鉴定篇）

潘鹏赛　郭建强[1]

一、关于"重新鉴定"

在交通事故导致人员伤残的案件中，较多涉及伤残鉴定。鉴定依据的标准为《道路交通事故受伤人员伤残评定》（下文简称《道标》）（中华人民共和国国家标准 GB 18667—2002），它采用了伤残等级10级分类法，同时建立了多等级伤残和肢体功能丧失的综合计算数学方法，鉴定意见从第I级（100%）到第X级（10%）。在司法鉴定领域，《道标》在科学性和前瞻性方面较其他标准更受到鉴定人的推崇，但仍不可避免地因为鉴定程序或者其他原因，一方鉴定意见经常会被其他当事人质疑进而产生重新鉴定的分歧。近年来重新鉴定有明显增多的趋势，成为一个不能回避的问题。

二、案例分析样本

案由：机动车交通事故责任纠纷

法院省份：广西

---

[1] 潘鹏赛，男，广西万益律师事务所副主任、高级合伙人，专业领域：交通事故业务，联系电话：15978183658；郭建强，男，广西万益律师事务所专职律师，专业领域：医疗卫生领域争议解决与疑难案件办理，联系电话：18677193682。

裁判年份：2015

关键词：重新鉴定

案例来源：中国裁判文书网

经检索并删除干扰项，总计摘录案例 254 个。从地域分布看，桂林和贵港的重新鉴定案件最多，占比均为 16%，河池的重新鉴定量比南宁多，可见重新鉴定有着鲜明的地域特色，这是其他类型案件中较为罕见的（见图 1）。从审理程序和阶段看，二审占比 21%（见图 2）。

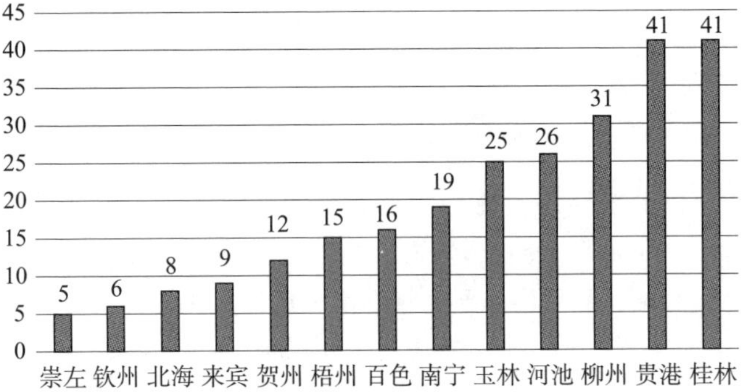

图 1　重新鉴定案件地域分布图

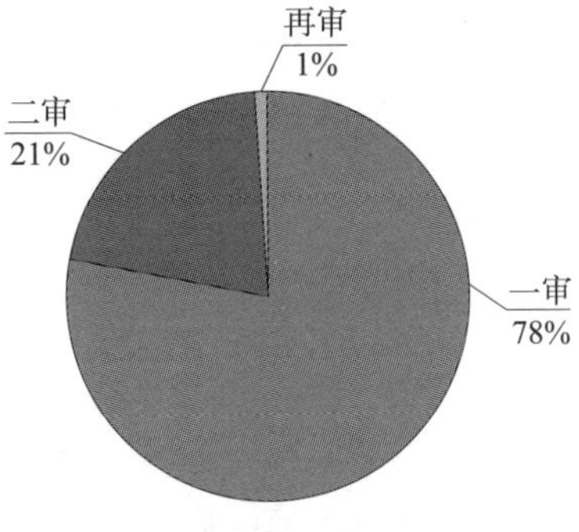

图 2　重新鉴定案件审理阶段分布图

三、重新鉴定的提出

提出重新鉴定有原告方、保险公司、其他被告三种情况。原告方较为少见，占比2%。本次统计原告申请案例多见于原始鉴定意见由法院委托完成，原告对鉴定结论有较大异议的情况。保险公司提出重新鉴定案件量最大，占比68%（见图3)。保险公司以外的其他被告申请占比29%，多见于无保险车辆出险的交通事故，或者保险保额明显低于原告损失导致保险公司不积极应诉的情况。

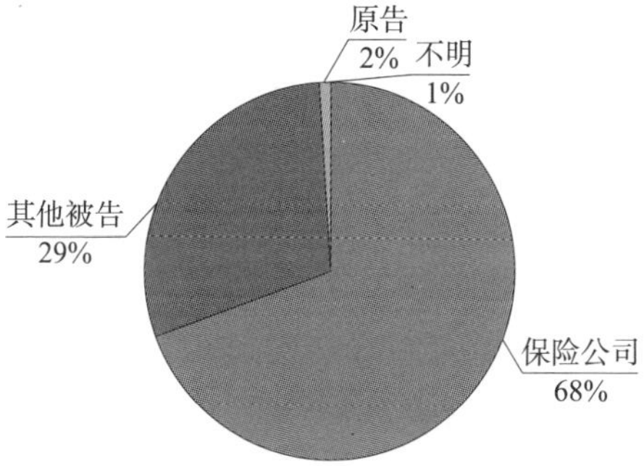

图3　重新鉴定提出方分布图

从保险公司申请数量看，人保、太保、平安申请量最大，分别占比35%、22%和14%（见图4)，基本与车险市场占有率一致。

关于重新鉴定申请理由主要有以下几个方面：①鉴定程序异议，对鉴定人资质以及鉴定单位是否有相关鉴定资质存在异议；②医学方面论述，如与病历记载不符，与医疗常识不符，缺少临床医学依据等；③单方面委托鉴定，未与其他当事人协商选择鉴定机构；④尚未治疗终结，鉴定时机不合适；⑤其他无明确依据，仅仅对鉴定结果有异议。经统计，在可以明确的申请理由

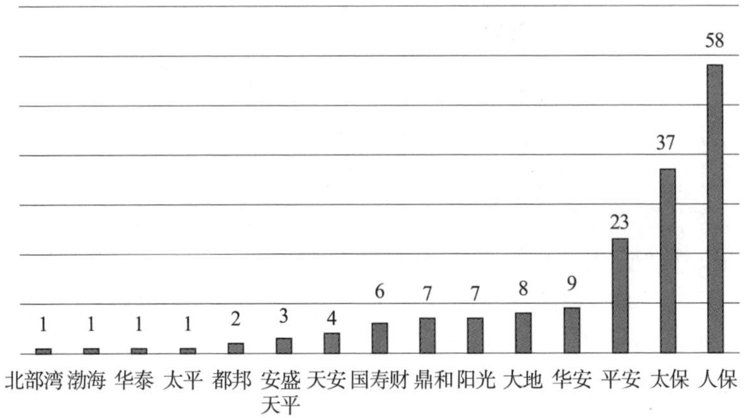

图 4　各保险公司申请重新鉴定案件量分布图

中，原告单方面委托鉴定情况最多，占比 39%；其次是与病历或者其他医学方面论述占比 29%；尚未治疗终结认为鉴定时机过早的比例为 25%（见图 5）。以上三个角度是最常见的申请理由。

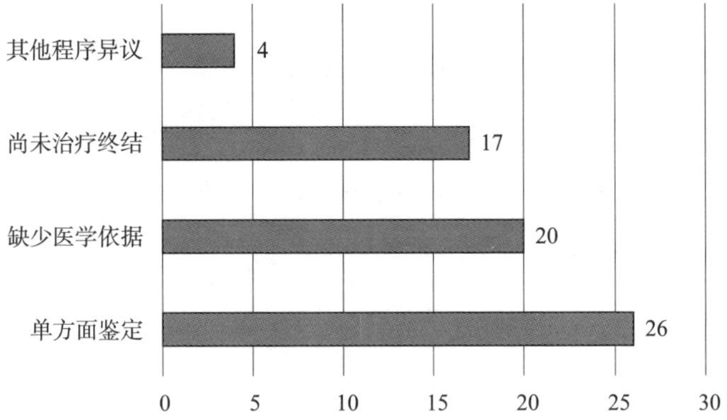

图 5　申请理由分布图

关于鉴定时机，在《道标》总则 3.2 条“评定时机”中表述为："评定时机应以事故直接所致的损伤或确因损伤所致的并发症治疗终结为准。对治疗终结意见不一致时，可由办案机关组织有关专业人员进行鉴定，确定其是否治疗终结。"目前对鉴定时机的把握分歧较大，对于四肢长骨植入内固定材料的伤者，有部分鉴定机构坚持认为需取出内固定材料，有较多鉴定机构认为内固定材料是否取出不是判断治疗终结的标志。

四、法院支持情况

经统计，明确支持或者不支持的案件总计 219 个。其中获得支持的有 147 个，占比 67%；不支持重新鉴定的主要理由有：①申请人未提供足以推翻该鉴定结论的有效证据；②过期缴费或者在举证期限后申请重新鉴定；③原始鉴定单位有资质；④原始鉴定依据充足。

从地域看，崇左地区支持比例最高（80%），其次是河池、南宁和桂林，梧州地区支持比例最低（仅有 20%），且与其他地市有明显差距（见表 1），可能梧州各法院对重新鉴定有较统一的认识。

表 1　重新鉴定地域分布表

地区	总案例	支持案例	支持比例
崇左	5	4	80%
河池	26	18	69%
南宁	19	13	68%
桂林	41	26	63%
百色	16	10	63%
柳州	31	19	61%
玉林	25	14	56%
来宾	9	5	56%
贵港	41	21	51%

续表

地区	总案例	支持案例	支持比例
北海	8	4	50%
贺州	12	6	50%
钦州	6	3	50%
梧州	15	3	20%

从审理程序看，二审支持重新鉴定的仅有 2 例，即上诉人以一审未支持重新鉴定请求二审开展重新鉴定情况较少。鉴定与重新鉴定的争议主要发生在一审阶段。

需要注意的是，在本次统计中发现被告对原告方鉴定意见质证的时候多有重新鉴定的意思表示，但经法院释明或者给予期限申请重新鉴定后，放弃或者变相放弃重新鉴定的现象占总案例数的 9%。

五、总结

伤残鉴定是一个专业性较强的领域，目前广西区内鉴定机构越来越多，鉴定与重新鉴定的分歧有扩大的趋势，这与鉴定人的理解与操作、被鉴定人的锻炼康复等多种因素有关。因鉴定结果差异，容易造成当事人的误解，且不断重复鉴定造成了司法资源的极大浪费。希望鉴定机构、保险公司以及相关行业协会对较多争议的问题进行会商，统一意见，逐渐降低重新鉴定比例，减少当事人诉累。

【完稿时间 2016 年】

夫妻共同债务的承担问题

廖可军[1]

一、关于夫妻共同债务概述

（一）夫妻共同债务的概念

不同于生活观念上的夫妻共同债务，法律上的夫妻共同债务，更多的是从法律角度对这一问题进行阐述。法律上的夫妻共同债务指的是，在夫妻关系存续期间，为满足夫妻共同生活需要所负的债务。

（二）共同债务的特征

（1）特定的期间。在构成夫妻共同债务的情况下，必然是处于夫妻关系存续期间。这种关系的存在保障了夫妻一方或者双方所负的债务是为了实现生活目的。使得债务具有双方共同的属性。如果尚未建立夫妻关系，或者在夫妻关系结束之后，那么双方或者一方的负债，只能算作一方的个人债务，因为没有共同的生活目的，所负的债务也不具有共同债务的属性。

（2）特定的目的。按照夫妻共同债务的概念，共同债务的

---

[1] 廖可军，男，广西万益律师事务所合伙人，专业领域：企业法律风险防范、合同风险防范、刑事辩护，联系电话：13557718503。

目的是为了共同生活。在结婚之后，双方具有了夫妻关系，按照我国的法律规定，夫妻之间具有相互扶助的义务。在此情况下一方为了实现生活目的而进行的借债并且用于生活的，为夫妻共同债务。

（3）特定的主体。夫妻共同债务的主体，是具有夫妻关系的双方或者一方。因为夫妻关系的存在，使得夫妻双方或者一方的借债在夫妻之间形成共有关系，债务是为了实现生活上的目的，所以，无论是夫妻关系存续期间的双方或者一方的债务，为生活目的的，都应该以夫妻共同债务对待。

（三）夫妻共同债务的承担方式

根据《中华人民共和国婚姻法》第 41 条规定："离婚时，原为夫妻共同生活所负的债务，应当共同偿还。共同财产不足清偿的，或财产归各自所有的，由双方协议清偿；协议不成时，由人民法院判决。"

首先明确的是，该债务是夫妻共同债务，在确定了这个前提之后，对于承担责任的方式，我国法律规定的是夫妻"共同偿还"，这种偿还方式属于连带的清偿责任，不论双方是否已经离婚，均得对共同债务以夫妻共同财产、自己所有的财产清偿。债权人有权向夫妻一方或双方要求清偿债务的部分或全部，它不分夫妻应承担的份额，也不分先后顺序，夫妻任何一方应根据债权人的要求全部或部分承担债务，一方财产不足以清偿时，另一方负有清偿责任。之所以这样规定，主要还是由夫妻共同债务的性质决定的。因为在夫妻关系存续期间，对第三人而言，将夫妻双方看作一个整体，无论双方或者其中一方谁进行的借债，都应该看作双方整体的共同债务，所以在对债务的偿还上，实施的是连带的清偿责任，这也是出于对债权人权利保护的角度。

二、共同债务和个人债务的区分

研究夫妻共同债务，首先要对共同债务和个人债务进行区分，明确哪些属于共同债务，哪些属于个人债务，从而在进行债务的清偿时，能够做到区别对待，将债务的偿还做到明确、具体。

夫妻个人债务是指夫妻约定为个人负担的债务或者一方从事无关家庭共同生活时所产生的债务。夫妻个人债务具有个人的属性。根据对个人债务的理解，夫妻个人债务的产生分为两种情况。一种情况是夫妻双方约定了债务的承担方为夫妻一方，在约定财产制下，这种约定债务的情况比较常见。另一种情况是一方从事的和家庭生活无关的事项所引发的债务，这种情况下，由于借债的目的主要是满足一方的生活目的，夫妻另一方没有实际享受到通过借债得到的利好，如果此时让其承担责任，明显对其不公平。

比较夫妻共同债务和个人债务的概念，可以看出共同债务和个人债务的最主要的区别在于举债的性质和债务产生的目的。首先，在目的上，对于个人债务，主要是为了个人的目的，为了个人的享受，或者是为了消费等，而夫妻共同债务，则是为了夫妻共同生活所必要的开支，因为是双方都受益的行为，所以在偿还上，应该由两者承担连带责任。其次，在性质上，共同债务主要还是法律规定的，具有强制的性质；而个人债务的产生，是由于双方约定，更多的是双方合意的体现。

三、关于最新司法解释的解读

2017 年 2 月 28 日，最高人民法院发布了《最高人民法院关于适用〈中华人民共和国婚姻法〉若干问题的解释（二）的补充规定》（下文简称补充规定），该补充规定中，在《最高人民法院关于适用〈中华人民共和国婚姻法〉若干问题的解释（二）》第 24 条的基础上增加两款，分别作为该条第 2 款和第 3 款：

“夫妻一方与第三人串通，虚构债务，第三人主张权利的，人民法院不予支持。

夫妻一方在从事赌博、吸毒等违法犯罪活动中所负债务，第三人主张权利的，人民法院不予支持。”

新增加的两款，是对于夫妻共同债务的补充规定。第一种虚构债务的情况，在实践中也是常见的，这种通过虚构债务的手段主张权利的，是对夫妻中另一方的欺诈行为，这种行为性质上是违法的，故而虚构债务进行欺诈的行为，不能被法院支持。第二种违法犯罪中所负的债务，因为引起债务发生的原因本身属于违法行为，这种行为导致的结果必然不能被法律保护。新的司法解释之所以将这两种情况进行规定，主要考虑的还是对夫妻共同债务制度的完善，因为我国《婚姻法》对于夫妻共同债务的偿还问题的规定还存在不足之处，虽然出台了相关的司法解释，但是现实中新情况的出现，仍然使得已有的规定不能够妥善解决现实问题，所以新的解释的出台显得尤为重要。但笔者依然认为，该补充规定在根本上无法弥补原《最高人民法院关于适用〈中华人民共和国婚姻法〉若干问题的解释（二）》第 24 条的缺陷，更无法有效解决配偶无端“被负债”的实际问题。

【发表于《职工法律天地》2017 年第 5 期】

参考文献

［1］裴桦．夫妻共同财产制研究［M］．北京：法律出版社，2009.
［2］张柄尧．法律专家：“24 条”与《婚姻法》存在冲突［J］．成都商报，2016.
［3］蒋月．夫妻的权利与义务［M］．北京：法律出版社，2001.

户籍改革背景下对“同命同价”问题的思考

韦俏妮　郭建强❶

“同命同价”是近年来社会舆论热衷探讨的话题。2005 年发生在重庆的“何源案”将这个复杂的问题首次带进公众视野。之后相类似的报道时见媒体，“同命不同价”被公众强烈质疑。舆论矛盾指向的是《最高人民法院关于审理人身损害赔偿案件适用法律若干问题的解释》（下文简称《人身损害司法解释》）第 29 条关于“死亡赔偿金”依据城镇居民和农村居民进行二元划分的规定，该条解释被广泛解读为“同命不同价条款”，甚至被冠以“恶法”之名。与社会舆论一边倒相对应的，是学界对此保持的客观与冷静。

一、死亡赔偿金性质的再探讨

每一个人的生命有且只有一次，是最高的人格利益，神圣不可侵犯。各国普遍通过刑法来保护生命权，究其原因为生命权不可替代、复制，具有终局意义上的不可救济属性。持“同命同

❶ 韦俏妮，女，广西万益律师事务所专职律师，专业领域：交通事故、人身损害赔偿、刑事案件、民商事案件，联系电话：18376696683；郭建强，男，广西万益律师事务所专职律师，专业领域：医疗卫生领域争议解决与疑难案件办理，联系电话：18677193682。

价”观点的人认为，生命权具有平等性，当受到侵犯的时候因户籍的差别导致赔偿的差异显然违背了宪法、民法所倡导的平等原则。也有人认为生命本身无价，一旦丧失任何赔偿均无法复原，任何一个法院无权也无能估算个体的生命价值。从权利主体和赔偿对象角度看，“死亡赔偿金”并非对“命价”的衡量与补偿，进而有学者指出“同命同价”本身就是一个伪命题。也有学者指出“同命同价”这种口号式的提法极不严谨，弊大利小，具有误导性。

关于“死亡赔偿金”的学理属性，通说认为属于受害人近亲属的“间接损失”，包括精神损害和财产损失两个方面。在财产损失中，又存在“抚养丧失说”和“继承丧失说”等理论。《人身损害司法解释》基于以上理论以及实务困境，并结合我国城乡差距的现实状况，根据居民收入确定赔偿标准，另外并存“精神损害抚慰金”“被抚养人生活费”进而保证了救济的全面性。可以说，该司法解释是相对科学和进步的，但对“居民收入”的二元划分过于简单，易被放大理解为“同命不同价”而饱受诟病。

笔者认为，作为群众的朴素善良的愿望，“同命同价”的诉求具有一定的合理性与正当性，符合正义、平等的基本价值取向和伦理要求，我们有必要对现行的死亡赔偿金制度进行反思。但因生命本身存在财产和精神两种价值属性，在户籍之外仍有侵害方式、受害人年龄、职业、教育背景、地区、国籍等差异，片面追求绝对的“同命同价”并不可取。

二、户籍改革持续推进对城乡二元结构以及死亡赔偿金制度的影响

（一）户籍改革与城镇化

我国户籍制度是计划经济时代的一项产物，以 1958 年颁布

的《户口登记条例》为创立标志。它出于社会管理的需要而诞生，成为控制人口流动的一种手段。伴随着社会经济的发展，户籍制度逐渐与社会保障和资源分配相关联，医疗、教育、住房、就业等领域均有明显的差别待遇，户籍制度进而具有了一种身份与阶级属性，形成了我国社会鲜明的城乡二元结构。这种将国民身份标签化的城乡壁垒政策直接影响了社会和谐。随着经济与社会的发展，以城乡二元结构为基础的户籍制度弊端逐渐显露，改革呼声不绝于耳。

早在 1992 年，中央便成立了户籍制度改革小组，针对户籍制度进行总体改革的方案，提出“取消农业、非农业二元户口性质，统一城乡户口登记制度”。2014 年 7 月 31 日，国务院公布的《关于进一步推进户籍制度改革的意见》（下文简称《户籍改革意见》）提出了建立城乡统一的户口登记制度。这不仅标志着我国实行了半个多世纪的“农业”和“非农业”二元户籍管理模式将退出历史舞台，同时也进一步调整户口迁移政策，进一步放开中小城市以及城镇的落户限制，有序引导农村人口在城镇定居、生活，新型的城镇化建设将持续推进。可以预见，城镇化仍然是未来城乡变革的主流。

根据国家统计局资料，截至 2014 年我国的城镇化率为 54.8%，如果根据户籍登记人口计算，2014 年城镇化率仅仅为 35.9%，前后相差 18.9%，其中主要构成部分为 2.5 亿左右的农民工。这一个庞大的群体在城镇打拼立足却持有农业户籍，其生存状况不容忽视。对此中央政策给出的解决方案是：统一完善居住证制度，扩大基本公共服务覆盖面。

（二）“唯户籍论”的进一步修正和完善

如果把《人身损害司法解释》第 29 条理解为简单粗暴的“唯户籍论”，其巨大的争议显而易见，在实务中必然会遭遇极大阻力，进一步地修正和完善不可避免。

2006年4月3日，最高人民法院民一庭针对云南高院《关于经常居住地在城镇的农村居民因交通事故伤亡如何计算赔偿费用的复函》称“（死亡赔偿金）应当根据案件的实际情况，结合受害人住所地、经常居住地等因素，确定适用城镇居民人均可支配收入”，由此“唯户籍论”开始演变为“居住地论”。同年，重庆高院《关于审理道路交通事故损害赔偿案件适用法律若干问题的指导意见》提出“居住+正当收入来源+一年以上”的意见；2009年十一届全国人大常委会在人民大会堂举行第十讲专题讲座，法工委副主任王胜明表示“统一标准不宜以城乡划界”。云南省高院《关于审理人身损害赔偿案件若干问题的会议纪要》第11条提出“居住+相对固定工作+一年以上”的意见；同为西部地区的广西颁布的《广西壮族自治区道路交通安全条例》再次肯定“居住地论”，广西高院于2014年印发《关于审理机动车交通事故责任纠纷案件有关问题的解答》第八问提出“工作或者居住或者学习+一年以上”的意见。在各地不断地摸索与突破中，第八次全国法院民事商事审判工作会议通过的会议纪要第三条明确了“死亡赔偿金应结合受害人住所地、经常居住地、主要收入来源等因素确定”的意见。从以上轨迹可以清晰看出，规则在适用的过程中逐渐宽松，但本质是围绕进城务工群体进行的。随着户籍改革的深化，居住证制度的进一步完善，在实务中居住在城镇范围内可以认为已接近实现“同命同价”。

三、统一城乡户口登记制度对死亡赔偿金判断的影响以及判例分析

因户籍改革的持续推进以及深入人心，城乡统一的户口登记制度已普遍实施，在涉及城乡赔偿标准争议的案件中已较多存在以此作为受害方争取适用城镇标准的请求依据。上文提到的“居

住地论”有进一步简化甚至被取代的趋势。笔者通过无讼案例，检索2016—2017年案由为侵权责任纠纷、法院观点部分涉及“户籍改革”的案例，总计有374个，其中进入二审程序的有216个，各地法院对此认识差距较大，甚至南辕北辙。

其中，贵州省内各级法院旗帜鲜明地站在统一标准的立场，上网案例多达226个，占比60%。以保险公司为代表的赔偿方进而上诉产生二审案件194个，占据本次检索样本二审案件总量的90%，可见对此争议双方观点分歧严重。但两级法院对于以上争议已经达成默契，判决说理也大同小异，如：“我省因户籍改革已经取消农业户口和非农业户口性质区分，统一登记为居民户口”。

贵州统一城乡赔偿标准的做法仅从判决书说理角度来看，显然回避了几个重要问题：统一为“居民户口”为何当然地理解为城镇居民？“就高不就低”的学理依据是什么？所谓“高标准计算死亡赔偿金更符合公平原则”无法自圆其说。已有学者指出：“高标准与公平之间并无必然联系，从保护弱者的角度来说，并不能武断地认为受害者一方是弱者而侵权人、保险公司处于强势地位。”同时，该说理也回避了与现行有效的司法解释相冲突的问题。

在贵州以外的地区，则存在更多元的观点。宁夏高院认为：政府关于户籍改革的相关文件不影响人民法院适用全国性的法律规范审理案件。山西高院认为：《户籍制改革意见》等文件从内容上看，系指导性意见，户籍制度改革处于起步阶段，山西户籍改革尚未进入具体实施阶段，要求认定其为城镇居民并按城镇人均可支配收入为标准计算相关赔偿数额证据不足。由此可见，山西高院并不直接将户籍改革等同于城镇标准，但也给未来留下了解释空间。

所以“户籍改革对于当下实务中认定赔偿标准方面有积极的

帮助”的观点是有待商榷的，甚至容易造成短期的混乱。仅仅统一城乡居民的称谓便认为赔偿标准就可以统一，无疑避重就轻，忽视了决定赔偿标准最根本的经济与社会发展规律。在以往的户口本首页上会有农业或者非农业的标记来作为参考，两者统一为“居民户口”后，如果法官认为需要区分城乡标准，那么区分的依据又是什么呢？北京二中院根据户口本中的职业登记“粮农”来确定。通过改革之前的户籍性质并结合职业登记来判断也许是一种可借鉴的思路。当然，我们更希望相关部门尽快对死亡赔偿金制度重新设计，从根本上解决争议。

四、死亡赔偿金制度的重构与展望

城乡二元划分过于机械和笼统，随着户籍改革的推进，城乡人口更广泛、深入地流动，社会构成愈加复杂，城乡二元划分方法已不能适应复杂的现实生活。是否可以设计一种更为个性化的赔偿方案？参考域外，日本存在个别化计算模式，以收入作为计算死亡赔偿金的重要参考，部分案例力图实现死亡赔偿额的“精确化”；美国则推行个别化与类型化相结合的计算模式，计算较为复杂，对裁判者提出了较高的要求。德国则根据职业和身份主张类型化计算模式，但考虑因素涉及非独立受雇人、独立者、教育阶段、家庭妇女等，比我国二元划分要细致、科学。

其实在我国其他领域，对死亡赔偿金计算也有过尝试，如最高人民法院印发的《关于审理涉外海上人身伤亡案件损害赔偿的具体规定》，提出了“根据死者生前的综合收入水平计算的收入损失，收入损失 = （年收入 – 年个人生活费） × 死亡时起至退休的年数 + 退休收入 ×10；死者年个人生活费占年收入的25% ~ 30%；最高限额为每人 80 万元人民币”。这种计算思路虽然强调了个性化，但对学生、未成年人的保护有所缺失，也容易造成赔偿畸高畸低。

笔者认为，我国可以尝试双轨计算的思路：针对有相对稳定工作的人员，用行业平均工资标准作为死亡赔偿金计算依据，其中务农可参考农林牧渔业标准；对特殊群体（学生、未成年人、家庭妇女、退休职工）做特殊规定，兼顾个性化和类型化赔偿思路，突出操作性。

当下户籍改革深入推进，统一登记为居民户口并不能简单地等同于统一赔偿标准。生命的财产与精神属性都不容忽视，在尊重与平衡共性与个性的前提下设计出来的赔偿模式才能更好地维护社会的公平正义。

【完稿时间 2017 年】

参考文献

[1] 赵焕. 重庆三少女遇车祸同命不同价——赔偿金相差一倍［J/OL］. 新京报，(2006-01-25). http://auto.sina.com.cn/news/2006-01-25/0922165507.shtml.

[2] 谢宝红. 司法解释与社会公平——对“同命不同价”的另类思考［J］. 学术探索，2006 (06)：56-61.

[3] 康玉梅. “同命同价”？——兼评《侵权责任法》第 17 条［J］. 兰州学刊，2013 (08)：164-169.

[4] 佟强. 论人身损害赔偿标准之确定——对“同命不同价”的解读［J］. 清华法学，2008，02 (01)：126-136.

[5] 最高人民法院民事审判第一庭. 最高人民法院人身损害赔偿司法解释的理解与适用［M］. 北京：人民法院出版社，2015.

[6] 朱佳. 新型城镇化进程中我国户籍制度改革研究［D］. 镇江：江苏大学，2016.

[7] 徐彰. 同命该如何同价——浅析《侵权责任法》第 17 条［J］. 东南大学学报（哲学社会科学版），2012，14 (S1)：126-129.

[8] 宁夏回族自治区高级人民法院.(2015) 宁民申字第 274 号民事裁定书［DB/OL］. http://wenshu.court.gov.cn/content/content? DocID =

5a72ebba - ddec - 45ee - ba10 - 405d58f2561d.

[9] 山西省高级人民法院.（2015）晋民申字第 1265 号案民事裁定书［DB/OL］. http://wenshu.court.gov.cn/content/content? DocID = 2a1d052c - 6918 - 40c6 - 83c3 - 5156f18a2daf.

[10] 北京市第二中级人民法院.（2017）京 02 民终 1494 号民事判决书［DB/OL］. http://www.bjcourt.gov.cn/cpws/paperView.htm? id = 100563623499.

[11] 孙鹏. 生命的价值——日本死亡损害赔偿的判例与学说［J］. 甘肃政法学院学报，2005（4）：58 - 68.

[12] 孙鹏，徐银波. 英美死亡损害赔偿制度及对我国的启示——以死亡损害赔偿额的计算为中心［J］. 甘肃政法学院学报，2012（1）：1 - 9.

[13] 王秀明. 死亡赔偿金问题研究［D］. 长春：吉林大学，2013.

无效商品房预售合同纠纷诉讼与非诉讼衔接问题的探讨

宁其龙[1]

纠纷解决方式是多元化的，在日常生活中大致可以分为诉讼与非诉讼，随着我国社会经济的发展，伴随而来的纠纷越来越多，仅依靠诉讼来解决纠纷，是无法满足社会发展需求的。按照《中共中央关于全面推进依法治国若干重大问题的决定》《关于完善矛盾纠纷多元化解机制的意见》和《关于人民法院进一步深化多元化纠纷解决机制改革的意见》规定，深入推进多元化纠纷解决机制改革，完善诉讼与非诉讼相衔接的纠纷解决机制，推动诉讼与非诉讼纠纷解决方式在程序安排、效力确认、法律指导等方面的有机衔接，加强以非诉讼方式解决纠纷，缓解诉讼压力。本文就笔者经办的一个典型案例，探讨无效商品房预售合同纠纷中诉讼与非诉讼衔接问题，并提出处理方式，希望对推进纠纷解决机制改革有所帮助。

一、无效商品房预售合同

在房地产市场上，无效商品房预售合同一般是指未取得商品房预售许可证而签订的商品房预售合同。《城市商品房预售管理

[1] 宁其龙，男，广西万益（防城港）律师事务所副主任、专职律师，专业领域：建设工程与房地产、民商事、刑事案件，联系电话：13481700725。

办法》第 6 条规定："商品房预售实行许可制度。开发企业进行商品房预售，应当向房地产管理部门申请预售许可，取得《商品房预售许可证》。未取得《商品房预售许可证》的，不得进行商品房预售。"虽然行政法规禁止未取得商品房预售许可的商品房预售，但一些开发商因为开发资金紧张、融资困难或其他原因，隐瞒商品房项目未取得商品房预售许可证的事实，与购房者签订商品房预售合同，违规预售收取购房款。此类现象在房地产市场上屡见不鲜，从而引发一系列的商品房预售合同纠纷。

二、无效商品房预售合同典型案例

2016 年 5 月，购房者吴某在朋友的推荐下与某房地产开发有限公司（以下简称房产公司）签订商品房预售合同，购买一套商品房，由于是朋友推荐，吴某未严格审查商品房的预售许可证等相关证件材料。签订合同后，随着吴某对商品房项目信息的逐渐了解，得知该商品房未取得预售许可证。

2016 年 11 月，吴某到售楼部与房产公司协商解除合同退还购房款，经多次协商，房产公司均不同意解除合同；其后，吴某向房产公司发出书面解除合同通知，房产公司未回复。

2016 年 12 月，吴某将房产公司的违规预售行为举报至房地产市场行政主管部门，请求行政主管部门对违规预售行为进行处罚并责令房产公司退还购房款。该行政主管部门调查后，并未作出行政处罚，亦未责令房产公司退还购房款，仅给吴某复函。函中确认该商品房未取得预售许可证，而购房款事宜属于民事纠纷，建议吴某通过司法途径解决。

2017 年 5 月，吴某购买商品房所在楼盘取得商品房预售许可证。

2017 年 6 月，吴某在多次要求退还购房款未果的情况下，将房产公司起诉至法院。最终，案件以调解方式结案。

三、问题探讨

根据《中华人民共和国合同法》（以下简称《合同法》）第56条“无效的合同或者被撤销的合同自始没有法律约束力”规定，在没有商品房预售许可证的情况下签订的商品房预售合同属于无效合同，按一般的法律逻辑，无效合同自始没有法律约束力，无须解除。但在商品房预售合同纠纷中存在特殊情形，没有商品房预售许可证的商品房预售合同并非自始至终无效。

根据《最高人民法院关于审理商品房买卖合同纠纷案件适用法律若干问题的解释》（以下简称《商品房买卖合同司法解释》）第2条规定，“出卖人未取得商品房预售许可证明，与买受人订立的商品房预售合同，应当认定无效，但是在起诉前取得商品房预售许可证明的，可以认定有效”，没有商品房预售许可证的商品房预售合同，只要开发商在购房者起诉之前取得商品房预售许可证，商品房预售合同违反行政法规强制性规定的无效情形已经消除，合同可以认定为有效。

据笔者了解，无商品房预售许可证的商品房预售合同纠纷案件，只要开发商在购房者起诉前取得商品房预售许可证，购房者依然起诉的，均为败诉，只有在开发商取得商品房预售许可证前起诉至法院才能胜诉，购房者书面通知解除合同或投诉至房地产市场行政主管部门是不起作用的。这也是本文典型案例中笔者努力通过调解方式解决纠纷的原因，因为如果不是调解的方式而是以判决的方式解决，根据现有的判例，购房者的诉求是不会得到法院支持的。但是，如果最终的判决是这样的一种败诉结果，笔者认为，对于购房者是不合理的，这并不是说法律条文存在错误，而是不完善的，在非诉讼与诉讼相衔接的法律规则设置上不完善。

（一）协商不成后与诉讼的衔接

出现此类商品房预售合同纠纷，根据现有的法律规则，购房者与开发商协商不成应及时诉讼，方能有效维权，但一些购房者会对诉讼成本（资金成本、时间成本等）产生顾虑，或对法律知识的认知有限，没有认识到及时诉讼的利害关系，从而没有及时诉讼，如同上述案例一样，想通过双方协商或其他方式处理，尽量节省成本，然而事情往往适得其反。虽然这些购房者的维权方式不符合当前的法律规则，但也符合我国当前全面推进依法治国、多元化解决纠纷的政策方针。因此，此类案件不应采取“一刀切”的方式处理问题，在以非诉讼方式解决纠纷方面应该给予弱者一方，即给予购房者一方更大的救济权利。

首先，合同是平等主体之间设立、变更、终止民事权利义务关系意思表示一致的协议，开发商与购房者虽然签订了商品房预售合同，但自始无效，在开发商未取得商品房预售许可证前，购房者已发出书面解除通知，此前签订的商品房预售合同不再是双方意思表示一致的协议。其次，《合同法》第 3 条规定“合同当事人的法律地位平等，一方不得将自己的意志强加给另一方”，购房者已发出书面解除通知，此前签订的商品房预售合同不再是双方意思表示一致的协议，开发商不愿解除合同的意志不能强加于购房者。另外，《合同法》第 4 条规定“当事人依法享有自愿订立合同的权利，任何单位和个人不得非法干预”，在合同无效时购房者已经明确表示解除合同，法院是审判机关，不能干预购房者自愿订立合同的权利。所以，此类案件不能机械地适用《商品房买卖合同司法解释》第 2 条进行裁判，在起诉前取得商品房预售许可证明的即认定商品房预售合同有效，如果那样就违背了合同法的立法本意，损害了弱者一方应有的救济权利，这肯定不是我们制定法律所追求的目的，不符合我国现在推进多元化纠纷解决机制改革的发展要求。

笔者认为，为完善此类无效商品房预售合同纠纷诉讼与非诉讼相衔接的纠纷解决机制，应对《商品房买卖合同司法解释》第2条的法律规则予以修改，建议把条文改为“出卖人未取得商品房预售许可证明，与买受人订立的商品房预售合同，应当认定无效，但是在起诉前取得商品房预售许可证明的，可以认定有效；出卖人取得商品房预售许可证明前，买受人已明确告知解除合同的，应当认定无效”，这里的“解除合同”为行业习惯的表述方式，无效合同不存在解除，严谨的表述应为“撤回订立合同的承诺”，在此不详细展开论述。把确认合同无效的时间节点从原有的“起诉前未取得商品房预售许可证明”前移至“买受人明确告知解除合同前未取得商品房预售许可证明”，诉讼时效期间从买受人明确告知解除合同之日起计算，如此，方能有效解决诉讼与非诉讼的纠纷解决机制衔接问题，给予当事人充分的时间以非诉讼方式解决纠纷。

（二）行政调解与诉讼的衔接

根据《城市房地产开发经营管理条例》第36条“违反本条例规定，擅自预售商品房的，由县级以上人民政府房地产开发主管部门责令停止违法行为，没收违法所得，可以并处已收取的预付款1%以下的罚款”的规定，房地产市场行政主管部门可以对开发商的违规预售行为作出行政处罚决定。但这个条款的规定也是存在问题的，责令停止违法行为和并处罚款都没问题，有异议的是没收违法所得，在这类案件中的违法所得显然就是开发商违规收取的购房款。如果购房款被行政主管部门没收了，开发商又如何退还购房者的购房款呢？显然是存在冲突的。笔者认为，该条款应改为“违反本条例规定，擅自预售商品房的，由县级以上人民政府房地产开发主管部门责令停止违法行为、退还已收取的预付款，可以并处已收取的预付款 1% 以下的罚款”更合理。

在本文案例商品房预售合同纠纷解决过程中，购房者在双方协商不成后举报至房地产市场行政主管部门，在此不评论行政主管部门是否尽职（因为现实中存在一些短期内无法完善的问题），我们探讨一下，行政主管部门在现有法律规则的框架下，应如何履行职责方能符合多元化纠纷解决机制改革的要求。

行政处罚是行政法律关系，而退还购房款是民事法律关系，行政机关对于民事法律关系纠纷只能基于行业行政主管部门职责进行行政调解，而不能以行政决定的方式调整民事关系。按照多元化纠纷解决机制改革的要求，购房者举报至房地产市场行政主管部门，不管房地产市场行政主管部门是否作出行政处罚决定，只要确认开发商擅自预售商品房的违法事实，主管部门均有责任主持行政调解，促使开发商退还已收取的购房款。主管部门主持行政调解后，开发商依然不同意返还的，要解决该纠纷势必会进入诉讼，那就涉及行政调解和诉讼相衔接的问题。

《商品房买卖合同司法解释》第 2 条规定“出卖人未取得商品房预售许可证明，与买受人订立的商品房预售合同，应当认定无效，但是在起诉前取得商品房预售许可证明的，可以认定有效”。虽然条文里是“可以认定有效”，不是“应当认定有效”，留给法官自由裁量的空间，但在实际的诉讼中，基本上是采取“一刀切”的方式，全部认定有效。倘若房地产市场行政主管部门已作出行政处罚决定，而开发商未退还购房款，购房者起诉前开发商又取得商品房预售许可证，那么法院对这种案情又该如何判处？这显然是在非诉讼和诉讼的纠纷解决机制衔接问题上出现了脱节。甚至像本文典型案例一样，行政主管部门连处罚决定都不作，仅是复函确认开发商未取得商品房预售许可证明，购房者的维权更加艰难，购房者的合法权益既得不到行政主管部门的保护，也有可能得不到司法审判机关的保护。

如果完成前文提到的修改，把《商品房买卖合同司法解释》第2条改为“出卖人未取得商品房预售许可证明，与买受人订立的商品房预售合同，应当认定无效，但是在起诉前取得商品房预售许可证明的，可以认定有效；出卖人取得商品房预售许可证明前，买受人已明确告知解除合同的，应当认定无效”，就能有效解决行政调解与诉讼的纠纷解决机制衔接问题。购房者举报至房地产市场行政主管部门后，不管行政主管部门是作出行政处罚决定，还是主持行政调解无果后出具确认无商品房预售许可证明的复函，都能证明开发商取得商品房预售许可证明前购房者已明确告知解除合同，法院据此可以判处商品房预售合同无效、返还已付购房款，从而有效地保护当事人的合法权益，而不会陷入既得不到行政主管部门保护也得不到司法审判机关保护的尴尬境地。

综上，在当前多元化纠纷解决机制改革的形势下，适当修改法律条文、调整法律规则，给予非诉讼方式纠纷解决机制更多的空间和保障，才能切实地推动诉讼与非诉讼纠纷解决方式在程序安排、效力确认、法律指导等方面的有机衔接，从而促进房地产市场健康有序地发展。

【完稿时间2018年】

知识产权法编

区块链技术在商标司法保护中的运用初探

何　宇[1]

2008年11月，一篇作者署名为中本聪的论文《比特币：一种点对点电子现金系统》（Bitcoin：A Peer - to - Peer Electronic Cash System）首次提出“区块链技术”，该技术作为“比特币”的底层核心技术随着“比特币”的火爆，也进入了人们的视野。随着区块链技术研究和开发的不断深入，区块链技术被运用在越来越多的场景之中。工信部指导下的中国区块链技术和产业发展论坛在2016年10月发布的《中国区块链技术和应用发展白皮书》中指出，目前，区块链的应用已从单一的数字货币应用，例如比特币，延伸到经济社会的各个领域。同时，白皮书还重点列出了金融服务、供应链管理、文化娱乐、智能制造、社会公益、教育就业六个行业的应用场景作为代表。商标的司法保护作为知识产权（IP）这一应用场景项下的子项，虽未在《中国区块链技术和应用发展白皮书》中有重点论述，但区块链技术在商标司法保护中确实存在发挥重要作用的可能。

---

[1] 何宇，男，广西万益律师事务所合伙人，专业领域：知识产权、公司治理、金融、民商事争议解决，联系电话：18777112299。

一、区块链技术的概念及特征

《中国区块链技术和应用发展白皮书》指出，狭义来讲，区块链是一种按照时间顺序将数据区块以顺序相连的方式组合成的一种链式数据结构，并以密码学方式保证的不可篡改和不可伪造的分布式账本。广义来讲，区块链技术是利用块链式数据结构来验证与存储数据、利用分布式节点共识算法来生成和更新数据、利用密码学的方式保证数据传输和访问的安全、利用由自动化脚本代码组成的智能合约来编程和操作数据的一种全新的分布式基础架构与计算范式。根据前述定义及区块链技术在其他应用场景中所展现的形式，区块链技术具有去中心化、不易篡改、具有时间戳及透明、灵活便利等特征。

（一）去中心化

去中心化是区块链技术的基石，也是区块链技术的最大优势所在。通过分布式的系统结构，并采用加密的算法来建立分布式节点，每个节点又都保存完整的数据库复制，各个节点之间采用点对点传输，共同存储和更新数据库。前述设计使得区块链技术与传统的中心化网络结构相比，不需要依赖任何中心机构和第三方平台。相对于传统的交易制度、管理制度，去中心化的区块链技术确立了基于集体监督、自我管理的新型信任模式。

（二）不易篡改

不易篡改是区块链技术的另一大特点。区块链系统中新生成的数据区块，均需要全网中其他节点的核对，并得到系统中多数节点的批准，才会添加到区块链，同时，数据一经添加，将永久保存，无法更改。根据区块链技术的设计原理，已添加到区块链上的数据不可随意进行修改。除非能够同时控制整个系统中超过

50% 的节点，否则单个节点上对数据的修改是无效的。

（三）具有时间戳

区块链将一段时间内生成的数据打包成一个区块，盖上时间戳，与上一个区块通过加密算法链接在一起，下一个区块的页首又包含了上一个区块的索引数据，然后再在本页中写入新的信息，从而形成新的区块，首尾相连，最终形成了区块链。因此，区块链技术可以客观地对相关数据的形成时间进行记录，形成时间戳。2018 年 9 月 6 日，最高人民法院公布的《最高人民法院关于互联网法院审理案件若干问题的规定》第 11 条第 2 款规定："当事人提交的电子数据，通过电子签名、可信时间戳、哈希值校验、区块链等证据收集、固定和防篡改的技术手段或者通过电子取证存证平台认证，能够证明其真实性的，互联网法院应当确认。"对区块链、时间戳等证据在司法实践中的证明效力予以了确认。

（四）透明、灵活便利

区块链技术采用的是点对点交易、分布式实时记账的方式，在区块链体系中的所有节点均可实时收到其他节点的交易情况或相关信息的变动情况，整个系统内的数据和信息均是公开透明的，这将使得交易更加便利且交易相关信息的公示效果也得到极大的提升。因此，区块链技术的使用将兼具公开透明和灵活便利的效果，进而提高了信息的可信度。

二、传统商标司法保护所面临的问题

商标作为帮助普通公众识别和区分商品来源的一种标识，普遍运用于各种商业活动中，其对企业的生存和发展均具有并发挥着重要的作用。按我国现行的商标法律制度，根据商标是否登记注册进行划分，可以分为注册商标司法保护和未注册商标司法保护两种。

（一）注册商标司法保护中所面临的突出问题

我国实行商标注册制度，经过注册的商标均可以获得我国商标法的保护。当前我国司法实践中，对于注册商标的司法保护所面临的突出问题也是难点问题之一在于法院认定构成商标侵权后，侵权人应支付的赔偿款项如何确定。虽然 2013 年新修订的《商标法》已将侵犯商标专用权的赔偿数额提高到 300 万元以下，但商标权利人在向被告主张赔偿数额时，还需要提供大量的证据证明己方的损失、对方的获利或己方的商标许可使用费等，人民法院根据商标权利人的举证情况确定最终的赔偿数额。然而在实务中，一方面由于商标权利人的证据意识缺乏，在案发前未能很好地固定证据、保留证据；另一方面也因技术问题导致很多证据无法及时固定和保留。最终导致在诉讼过程中，法院要求商标权利人提供前述证据材料时，商标权利人往往只能依靠人工检索、收集和整理的方式进行，在没有客观数据的情况下，商标权利人在收集因被告方的侵权行为是否影响销售范围、销量是否减少、市场占有率是否下降、商标许可费用等方面的证据时，往往会遇到很多困难，至于侵权人一方的证据更是难以收集。即便克服重重困难收集、整理并提交一部分前述证据后，由于前述证据的来源及形式缺乏客观的记录，该部分证据还常常会面临对方对其真实性提出的质疑，例如因无其他记录或第三方证明故证据的形成时间无法确定或证据系原告方单方收集并整理而不予认可等。因此，即便法院认定侵权人存在侵权行为并构成侵权，但由于商标权利人提供证明赔偿数额的证据材料薄弱或存在证据瑕疵而导致判决极低赔偿数额的案件并不鲜见。

（二）未注册商标司法保护中所面临的突出问题

我国现行商标法律制度中，对于未注册商标采取的保护是以不保护非注册商标为原则，保护未注册驰名商标为例外。当一个长期使用的标识具有识别作用，取得消费者认可，享有一定声誉时，该未注册商标也可获得商标法一定程度的保护，例如通过驰名商标制度给予未注册商标保护。《商标法》第32条规定的不得抢注“他人已经使用并有一定影响的商标”，第59条规定的商标在先使用，都必须判断商标是否已经使用，是否具备一定的影响力。根据前述法律规定，未注册商标获得保护必须具备“在先使用”“并具备一定影响力”的条件。所谓“在先使用”，即未注册商标的权利人需要证明其在先使用行为，且该使用行为是已经过公示的方式进行的。否则，侵权人往往会提出其不知情，且未注册商标不具备一定影响力和为公众所熟知的条件等作为抗辩的理由。对于证明此部分事实的相关证据，如未注册商标权利人事先并无特别收集和准备的，事后再行收集的同样会面临巨大的困难。

三、区块链技术在商标司法保护中运用的可能

如前所述，结合区块链技术的特征及当前司法实践中商标保护出现的前述问题，区块链技术至少在以下方面可以为商标保护发挥一定作用。

（一）区块链技术为注册商标权利人收集证明赔偿数额的证据提供便利

通过区块链技术和物流网平台等技术的结合，商标权利人可以在商标使用过程中实现实时记录相关产品或服务的销售范围、销量、市场占用率等数据，且许可他人使用商标的费用情况也可

以在区块链系统中留存下来，甚至如侵权人实施侵权行为也可能在区块链系统中留有痕迹。由于区块链技术采用的是分布式账本，每一个节点都有完整的数据复制，因此，前述无论是商标权利人举证所需的证据还是侵权人的侵权方面的有关数据在任意一个节点上都可以收集得到，加之区块链技术具有不易篡改和公开透明的特点，侵权人在诉讼过程中想要篡改证据或否认证据的真实性将相当困难，法院对于注册商标权利人通过区块链技术收集得来的证据采信度也可能会更高。

（二）区块链技术对未注册商标的公示及收集相关证据提供保障

区块链技术的一项重要特征为时间戳，而未注册商标要获得保护，“在先使用”是关键因素之一，将未注册商标的初始时间和使用主体等信息写入区块链中，可以用于证明该商标的最初使用时间和主体。如实现区块链与物流网平台的结合，还能提供有关未注册商标使用在相应商品和服务中的销量、市场份额、销售区域，以及投入广告的数量、方式、时间长度和影响范围。据此，完全可以有效证明未注册商标的使用范围、持续时间以及影响力的高低。因此，区块链技术对于未注册商标的使用问题（包括使用时间、范围、强度等）均能够发挥很好的证明作用。不仅如此，因区块链技术完全公开的特点，其在未注册商标司法保护中还可以为未注册商标实现对外公示的作用。

四、结语

当前，区块链技术属于新兴的信息技术，除在金融服务行业相对成熟外，在其他各种场景下的运用仍处于探索开发阶段，本文探讨的是区块链技术在商标司法保护中运用的一些可能，是针对区块链技术在商标司法保护领域进行的初步探索，尤其是在国家层面已希冀以此引出对区块链技术在商标司法保护领域乃至整个知识产权司法保护领域进行运用的思考。

【完稿时间 2018 年】

参考文献

［1］中国区块链技术和产业发展论坛. 中国区块链技术和应用发展白皮书［R］. 2016：25.

［2］中国区块链技术和产业发展论坛. 中国区块链技术和应用发展白皮书［R］. 2016：5.

［3］张怀印，凌宗亮. 区块链技术在商标领域的证明作用［J］. 知识产权，2018（5）：14.

［4］长铗，韩峰，杨涛，等. 区块链：从数字货币到信用社会［M］. 北京：中信出版社，2016.

［5］梅兰妮·斯万. 区块链：新经济蓝图及导读［M］. 韩峰，等译. 北京：新星出版社，2016.

［6］吴汉东. 知识产权法［M］. 5 版. 北京：法律出版社，2014.

商标侵权纠纷中对混淆性近似的认定

——评帅某诉广西北部湾银行股份有限公司侵害商标权纠纷案

何　宇[1]

新《商标法》修订后，已明确商标侵权中的“近似”应以“容易导致混淆”作为前提。换言之，即我国已通过立法的形式明确商标法上的“近似”应以“混淆性近似”作为判断标准。下文中笔者将结合自身办理的案件，探讨混淆性近似理论在商标侵权判定中的理论地位及“混淆性近似”认定应考虑的因素等，并说明确立混淆性近似认定理论对我国商标法的重要意义。

一、基本案情

广西北部湾银行股份有限公司（下称“广西北部湾银行”）的前身南宁市商业银行股份有限公司（下称“南宁市商业银行”）于2002年6月17日向中国人民银行南宁中心支行请示申请开办桂花借记卡，于2003年3月14日获批复同意发行桂花借记卡。2003年12月，桂花借记卡业务开始试运行。2004年4月8日，南宁市商业银行正式成为中国银联基本成员，其银行卡系统于同年7月1日由中国银联股份有限公司予以验收通过。

---

[1] 何宇，男，广西万益律师事务所合伙人，专业领域：知识产权、公司治理、金融、民商事争议解决，联系电话：18777112299。

帅某于2004年8月23日向国家商标局申请第4232816号“桂花guihua”注册商标（见图1），后获得国家商标局核准。商标核定服务项目为第36类，包括保险、银行、金融服务、信用服务、借款服务、信用卡发放、珠宝评估、邮票估价、经纪、担保。商标专用权有效期自2008年1月28日起至2018年1月27日止。帅某取得第4232816号“桂花guihua”商标专用权后，以广西北部湾银行及其前身南宁市商业银行发行的桂花借记卡对其所持有的“桂花guihua”商标构成侵权为由，将广西北部湾银行起诉至人民法院。

第 4232816 号

商标注册证

桂花
guihua

核定服务项目(第36类)

注册人

注册地址

注册有效期限

局长签发 李建昌

商标局

图1　帅某第4232816号“桂花guihua”商标注册证

二、案件审理结果

（一）一审法院判决

一审法院认为，虽然原告经国家工商行政管理总局商标局核准，在第 36 类服务项目上注册取得第 4232816 号“桂花 guihua”商标的专用权，但被告的行为是否构成商标侵权，还应以原、被告间的商标是否构成商标侵权意义上的近似商标为前提。而判断商标是否构成侵害商标专用权意义上的近似商标，不仅应当判断商标标识客观上是否近似，还应当判断商标的共存是否会引起相关公众的混淆或误认。因此，侵犯注册商标专用权意义上的商标近似应当是指混淆性近似，即足以造成市场混淆的近似。就本案而言，被告在原告申请注册第 4232816 号“桂花 guihua”商标前已在先使用“桂花借记卡”标识（见图 2），并具有一定影响力；且与一般商品或服务相比，金融服务的相关公众对于服务来源的注意程度高于一般服务，由于原告未能举证证实其在金融服务领域实际使用了“桂花 guihua”注册商标，即原告未能在金融服务领域让相关公众将“桂花 guihua”商标与原告建立特定联系。相关公众不会将被告以“桂花借记卡”标识所提供的金融服务与原告产生特定联系，从而对服务来源产生误认和混淆，换言之，“桂花借记卡”标识与“桂花 guihua”注册商标并未构成侵害商标注册专用权意义上的近似商标。据此，一审法院作出了被告在金融服务上使用“桂花借记卡”标识的行为不构成对原告“桂花 guihua”注册商标专用权的侵害的判决。

一审法院判决：驳回原告帅某的诉讼请求。

图 2　广西北部湾银行桂花借记卡卡样

（二）二审法院判决

帅某不服原审判决，提起上诉。二审法院经审理后认定：被上诉人广西北部湾银行发行、使用桂花借记卡没有侵害帅某第4232816号“桂花guihua”注册商标的商标专用权。主要理由为：首先，在帅某申请第4232816号“桂花guihua”注册商标之前，南宁市商业银行已做好发行桂花借记卡的申报、联网、系统测试及试运行工作，南宁市商业银行的员工和一些社会公众也已经办理并使用桂花借记卡，桂花借记卡已在一定范围内被社会公众知晓并使用。其次，帅某虽然取得了第4232816号“桂花guihua”商标的专用权，但因该商标尚未投入金融市场实际使用，不能实际发挥商标的识别作用，不能发生因广西北部湾银行在其借记卡上使用“桂花”及“GUIHUA”字样而使相关公众产生混淆或误认的法律后果。最后，广西北部湾银行除在桂花借记卡上以醒目大号字体标注“广西北部湾银行”字样及北部湾银行的行徽表明该借记卡的服务来源外，并没有将“桂花”及“GUIHUA”组合为一个整体作为商标单独或突出使用。

二审法院判决：驳回上诉，维持原判。

三、对本案的评析

本案为典型的因企业被他人抢注商标而引发的商标侵权纠纷案件，同时，本案的一个焦点问题在于商标的混淆性近似是否应作为商标侵权的构成要件，本案一、二审法院的判决均涉及商标的混淆性近似理论及相关判断标准问题。针对该问题分析如下：

（一）商标混淆性近似理论

商标权是一种标识权，其最主要的功能为识别和表彰功能，因而只有在相关公众对商标产生混淆而无法辨认商品来源时，商标的识别和表彰功能才受到损害，才能算作侵入了商标权的权利范围。基于此，TRIPS 协议第 16 条第 1 项也将“混淆可能性”作为商标侵权行为的一项独立构成要件。商标法意义上的商标近似不应仅仅是指商标标识在外观、读音等形式要素方面的近似，从制止商标侵权的目的是禁止市场混淆的前提出发，构成商标法意义上的商标近似还意味着易使相关公众对产品的服务来源产生混淆。只有近似达到混淆的程度或具有混淆的可能性时才能构成商标侵权行为，这也是世界各国及相关国际组织的共识，如美国的《兰哈姆法》将可能导致消费者混淆、误认或被蒙蔽作为构成商标侵权的充要条件；《欧共体商标条例》第 8 条和第 9 条规定，除在相同商品使用相同商标应推定混淆存在之外，在相同或类似商品上使用相同或近似商标时，除非存在混淆的可能，不应驳回商标注册申请或认定构成商标侵权。因此，可以说商标混淆性近似理论是商标侵权理论的一块基石。

（二）混淆性近似是否应作为认定商标侵权的构成要件

我国《商标法》第 57 条规定了构成商标侵权的七种行为，其中第 2 项“未经商标注册人的许可，在同一种商品上使用与其注册商标近似的商标，或者在类似商品上使用与其注册商标相同或者近似的商标，容易导致混淆的”已直接将混淆性近似规定为商标的侵权要件，同时，最高人民法院《关于审理商标民事纠纷案件适用法律若干问题的解释》第 9 条、第 11 条分别规定混淆应作为认定商标近似和商品类似的要件。综合《商标法》第 57 条与前述司法解释的规定，在同种商品上使用近似商标、在类似商品上使用相同商标以及在类似商品上使用近似商标的商标侵权行为，都应当以混淆性近似作为认定构成商标侵权的要件。因此，在商标侵权纠纷案件中，商标法意义上的商标近似应为商标的混淆性近似。

虽然本案在审理时，新《商标法》尚未正式施行，但如前所述最高人民法院《关于审理商标民事纠纷案件适用法律若干问题的解释》亦早已将混淆作为认定商标近似的要件。帅某所持有的“桂花 guihua”与广西北部湾银行所使用的“桂花借记卡”标识从字体、排列、文字组合等方面比较不构成相同商标，一、二审法院认为在本案中判断广西北部湾银行使用“桂花借记卡”标识是否构成对帅某“桂花 guihua”商标专用权的侵害时，将两枚商标是否构成混淆性近似作为判断是否构成商标侵权的要件符合我国的对商标近似判断的法律规定。而在商标是否构成混淆性近似的比对过程中，一、二审法院考虑到帅某并未实际在任何商品、服务上使用“桂花 guihua”注册商标，即市场上不存在与广西北部湾银行的“桂花借记卡”构成混淆性近似的对象，相关公众对“桂花借记卡”来源的认知具有唯一性，不会产生混淆；同时，结合广西北部湾银行的“桂花借记卡”本身的知名度和影响力，进而作出两枚商标不构成商标法意义上的商标近似的判定是准确的，本案是将是否构成混淆性近似作为认定商标侵权构成要件的典型案例。

（三）商标混淆性近似认定的考量因素

商标混淆性近似是认定构成商标侵权行为的要件之一，根据最高人民法院《关于审理商标民事纠纷案件适用法律若干问题的解释》第9条、第10条和有关的司法案例及司法精神，在我国的司法实践中，判断商标是否构成混淆性近似的认定因素往往也是根据案件的具体情况，综合考虑多种因素进行考量，这些因素包括商标本身的显著性、商品或服务的类似程度和关联程度、商标标识在客观上的近似程度、是否有实际混淆的证据、是否使相关公众认为存在特定联系以及商品或服务本身的功能、用途、消费对象、服务方式等。在判断商标是否构成混淆性近似时，应对前述因素综合进行考量，不能简单地认为符合其中一项或某几项便构成混淆性近似，应当根据案件的具体情况确定在各具体的案件中各因素的重要性，并以“相关公众的一般注意力”作为判断商标是否构成混淆性近似的主观标准。

本案中，一、二审法院从“桂花借记卡”标识本身通过广西北部湾银行大量在先使用已具有显著性、金融服务领域相关公众注意力高于一般服务的特殊性、原告无实际混淆的证据及相关公众不会对服务来源产生混淆和误认等角度对涉诉的“桂花 guihua”商标与“桂花借记卡”标识是否构成混淆性近似进行判断。综合考量前述因素后，一、二审法院作出广西北部湾银行使用桂花借记卡标识不构成侵害帅某“桂花 guihua”注册商标专用权的正确判决。

综上，从商标产生的历史源头上来看，商标作为一项财产权利，其价值不是来源于商标局的注册，而是来源于商标在使用过程中所产生的商誉。因此，商标法所应保护的对象也应当是商标的使用及其所产生的商誉而非商标标识本身。新修订的《商标法》成功引入商标“混淆性近似”作为商标侵权的构成要件，一方面严厉打击了商标职业抢注者，另一方面也平衡保护了商品生产者、服务提供者苦心经营而积累起来的商誉。同时，纠正了我国在商标立法时，重保护标识本身而轻保护标识背后的商誉的错误倾向。

【完稿时间 2016 年】

技术合作后研究成果认定及其专利申请权归属浅析

——以一个专利申请权权属纠纷案件为例

凌　斌[1]

一、案情简介

1996 年 2 月，刘某与广西医药研究所制药厂（下称制药厂）联合研制的保健药品“灵仙化石胶囊”获得广西区卫生厅同意批量生产，批准文号为桂卫药健字（1996）0007 号。1996 年 6 月，广西南宁某药业有限责任公司（下称某药业公司）成立，法定代表人为刘某。1997 年 6 月，某药业公司与广西某制药有限公司（下称某制药公司）签订《合作协议书》，主要内容为某药业公司具有“灵仙化石胶囊”的研究、开发成果，并享有完全知识产权，某药业公司保证将“灵仙化石胶囊”的批准文号从制药厂变更到某制药公司名下，“灵仙化石胶囊”由双方共同研制、开发、生产，对“灵仙化石胶囊”的继续研究成果由双方共享。协议签订后，某药业公司将“灵仙化石胶囊”批准文号从制药厂名下变更到某制药公司名下。1998 年 4 月，刘某代

[1] 凌斌，男，西南政法大学法学博士后，广西万益律师事务所主任、高级合伙人，专业领域：知识产权、并购、破产与重整、清算、建设工程与房地产，联系电话：13307719383。

表某制药公司与广西药品检验所（下称药检所）签订《技术服务协议书》，主要内容为某制药公司委托药检所进行“灵仙化石胶囊”申报中药新药第三类制剂的药学药理研究，相关费用由某制药公司承担。1998 年 6 月，某制药公司将“灵仙化石胶囊”的后续研究成果向国家药品监督管理局申请中药新药第三类制剂。2000 年 5 月，国家药品监督管理局颁发 2000ZL069 号《新药临床研究批件》给某制药公司，同意该公司申报的“复方威灵仙化石胶囊”进行临床试验。某制药公司为此支出科研经费约 56 万元，筹建扩建厂房费用约 1570 万元。2001 年 12 月，某制药公司向国家知识产权局申请“复方威灵仙制剂制备工艺”的发明专利，申请号为 01143042. 7。国家知识产权局于 2002 年 6 月 26 日公开了发明专利申请，其权利要求 1 的内容为：一种治疗胆、肾结石中药制剂，其特征是该制剂处方组成：威灵仙 5 份、麻黄 1 份；制备工艺：两味药材炮制合格，切碎，加入约 8 倍量的55% ~85% 的乙醇回流提取 3 次，各次时间为 2 小时、1 小时、1 小时，提取液合并，真空浓缩，干燥，配料，制成制剂。2002 年 9 月，国家药品监督管理局因桂卫药健字（1996）0007 号“灵仙化石胶囊”缺乏安全性和有效性而责令某制药公司停止生产。

2004 年 1 月 15 日，某药业公司、刘某向南宁市中级人民法院提起诉讼称，其在涉案专利申请日前已经对“灵仙化石胶囊”进行了研究，并通过专家评审，某制药公司违反合作协议的约定，窃取某药业公司、刘某的研究成果，并申请专利，侵犯了某药业公司、刘某的合法权益，请求法院确认涉案发明专利申请权属某药业公司、刘某所有。南宁市中级人民法院一审认为，①刘某并非为本案适格的原告。本案争议的“复方威灵仙制剂制备工艺”是某药业公司与某制药公司之间因合作关系发生的研究成果之争，法律关系的主体应当是某药业公司和某制药公司，刘某个人并无法律上的关联性，因而刘某不是本案的适格原告。②涉案发明专利申请权属于某药业公司和某制药公司。某药业公司与某制药公司签订了《合作协议书》，双方约定了共同研制、开发、生产健字号的“灵仙化石胶囊”，并对其继续研究和开发，继续研究的成果由双方共享。双方在合作期间进行了一系列的研制开发工作，并在客观上研制出了“复方威灵仙化石胶囊”，申请到了该药的新药临床试验批件。“复方威灵仙化石胶囊”是在“灵仙化石胶囊”的基础上研制出来的，这一阶段性的成果当然属于合作协议书里约定的“继续研究的成果”。就本案而言，无论是法律规定还是双方合同约定，本案争议的“复方威灵仙制剂制备工艺”发明专利申请权都应当属于某药业公司和某制药公司所有。某药业公司和刘某不能证明本案争议的研究成果与“灵仙化石胶囊”完全相同，所提供的证据不足以证明某制药公司窃取了其“灵仙化石胶囊”的研究成果，因此，对某药业公司和刘某关于涉案专利申请权享有独占性权利的诉讼请求，不予支持。据此判决：涉案专利申请权属于某药业公司和某制药公司共同所有；驳回刘某的诉讼请求。

某药业公司、刘某不服一审判决，向广西壮族自治区高级人民法院提起上诉。二审法院判决：驳回上诉，维持原判。

2008 年 4 月，某药业公司、刘某向最高人民法院申请再审。最高人民法院组成合议庭对该案进行审查后，于 2009 年 10 月作出（2006）民三监字第 41－1 号民事裁定书，驳回某药业公司、刘某的再审申请。

二、技术合作后研究成果的认定及其专利申请权归属问题

（一）关于技术合作后研究成果专利申请权归属

《合同法》第 335 条规定：“合作开发合同的当事人应当按

照约定进行投资，包括以技术进行投资；分工参与研究开发工作；协作配合研究开发工作。”前述《合作协议书》符合该条款规定的特征，属技术合作开发合同。

根据《合同法》第 340 条规定，合作开发成果专利申请权有如下四种归属：①按合作开发各方约定确定；②合作开发各方没有约定的，由合作开发各方共有；③合作开发一方放弃其共有的专利申请权的，归属其他合作方；④合作开发任一方不同意申请专利的，其他合作方不得申请专利，即任一方均不拥有专利申请权。

该案中，《合作协议书》约定对“灵仙化石胶囊”的继续研究成果由某药业公司及某制药公司共享，且双方均不反对申请专利，如果能确定“复方威灵仙化石胶囊”系技术合作后的研究开发成果，则“复方威灵仙制剂制备工艺”发明专利申请权显然归某药业公司及某制药公司共有；但若“复方威灵仙化石胶囊”不属合作后的研究开发成果，则不然。

（二）关于技术合作后研究成果的认定标准

认定技术合作后研究成果的标准有两个：一是该研究成果系在先技术提供者的有价值技术基础上进行实质性改进；二是合作各方均做出了创造性贡献。

该案中，某药业公司及刘某主张涉案专利技术方案系刘某在合作前完成而并非合作后的研究成果，某药业公司将相关资料交付某制药公司后，某制药公司以之申请专利，侵犯某药业公司的专利申请权，涉案专利申请权应归某药业公司及刘某共有。而某制药公司主张虽然涉案专利技术方案系在合作后完成，但某药业公司及刘某没有履行合作协议书义务，亦并非在某药业公司技术基础上的改进，而是其自行研发的技术方案，涉案专利申请权应由某制药公司自行享有。

就该案而言，中药复方的研制不仅仅包括处方中各个组分组成及其配比关系，而且还包括后续进行的一系列药学、药理、毒性等研究。根据刘某 1995 年申报“灵仙化石胶囊”生产批文的“灵仙化石胶囊制备工艺及其研究资料”的记载，其“灵仙化石胶囊”的研究成果为：处方威灵仙 5000g、麻黄 1250g，另辅料淀粉适量制成 1000 粒；制备工艺是二味药净选、切段，加 10 倍水，浸泡 2 小时，煮沸 2 小时，滤过，滤渣分别加 8 倍、7 倍水，再煮 2 次，每次 1 小时，滤过，合并滤液，浓缩至相对密度 1.15～1.20（80℃），放冷，加入乙醇使含醇量达 63%～65%，搅匀，静置 24 小时，滤过，滤液回收乙醇浓缩成稠膏状，烘干，粉碎，过 80 目筛，加入适量淀粉，混合，装入胶囊，每粒装 0.4g。通过将刘某的技术方案与前述涉案专利申请的技术方案进行对比可以看出，两者至少存在如下不同：①处方组分不同，前者威灵仙与麻黄的比例为 4∶1，后者威灵仙与麻黄的比例为 5∶1；②提取溶媒不同，前者使用的溶媒是水，后者是 55%～85% 的乙醇；③提取方法不同，前者采用水煎法；后者采用乙醇回流提取法。涉案专利申请的配方中威灵仙与麻黄的比例由 4∶1 改变为 5∶1，不应认为是对中药复方中组分的配比进行了简单的变化，该配比的变化解决了国家食品药品监督管理局取消桂卫药健字（1996）第 0007 号批文所涉及的“威灵仙用量大，超出药典规定用量的 2 倍以上，与麻黄合并，不宜久服”的缺陷。某制药公司在后取得的“国药准字 Z20090691 批文”，也可以佐证该组方配比的改进是实质性解决了桂卫药健字（1996）第 0007 号药品所存在的问题。另外，虽然水煎法和乙醇回流提取法均是中药领域中常用的药物有效成分提取方法，但具体用于某种药物却需进一步研究，涉案专利申请中使用的乙醇回流提取法较水煮提取法大大提高了药物有效成分的提取量，实质性地解决了药物有效成分利用问题并降低了成本。因此，最高人民法院认定涉案专利申请的技术方案是利用了原中药复方的研究成果并在合作之后进行继续研究所取得的研究成果，相对于原中药制备工艺具有实质性的改进，属于双方合作期间的共同研究成果。

惟应指出的是，最高人民法院在裁定书中没有审查原中药复方是否尚有价值，即是否有新颖性、创造性、实用性。如原中药复方在涉案申请日前已是公知技术，且某药业公司对涉案专利没有创造性贡献，则认定涉案专利申请权属某药业公司及某制药公司共有难谓正确。

【刊载于《知识产权审批与法律实务》，法律出版社，2011 年】

中国—东盟博览会知识产权管理初探

凌 斌[1]

2010年，随着中国—东盟自由贸易区的建立，作为促进中国—东盟自由贸易区各成员国经济贸易交流与合作首要平台的中国—东盟博览会的地位与作用日益重要。较之中国—东盟博览会其他各项事务的蓬勃发展，中国—东盟博览会知识产权管理工作稍显滞后。若不专门针对知识产权进行优化配置，加强管理，势必影响中国—东盟博览会今后更好、更快发展。

一、中国—东盟博览会知识产权管理的概述

中国—东盟博览会知识产权管理是指相关职权部门对涉及中国—东盟博览会的知识产权进行创设、运用与保护。前述相关职权部门包括但不限于广西国际博览事务局、中国—东盟博览会组委会、中国—东盟博览会秘书处等。前述涉及中国—东盟博览会的知识产权包括但不限于中国—东盟博览会标志、域名、参展商拥有的专利、商标及版权等。前述中国—东盟博览会标志包括但不限于广西国际博览事务局的名称（包括全称、简称、译名和缩写，下同）、徽记或其他标志，中国—东盟博览会组委会名称、

[1] 凌斌，男，西南政法大学法学博士后，广西万益律师事务所主任、高级合伙人，专业领域：知识产权、并购、破产与重整、清算、建设工程与房地产，联系电话：13307719383。

徽记或其他标志，中国—东盟博览会秘书处名称、徽记或其他标志，中国—东盟博览会及下设论坛的名称、会徽、会旗、吉祥物、会歌、主题词、口号等。

二、中国—东盟博览会知识产权管理的必要性

对中国—东盟博览会知识产权进行管理，既有履行保护知识产权国际义务及顺应中国当前社会经济发展等外因要求，又有中国—东盟博览会自身完善与发展等内因要求。

（1）对中国—东盟博览会知识产权进行管理是履行保护知识产权国际义务的要求。自 1980 年 6 月参加世界知识产权组织，中国先后加入《巴黎公约》《马德里协定》《伯尔尼公约》《世界版权公约》及《与贸易有关的知识产权协议》等 14 项有关知识产权保护的国际公约和条约。东盟各成员国亦已加入前述部分或全部公约或条约，东盟各成员国参展商参加中国—东盟博览会时，有权享有前述公约或条约规定的权利，中国政府应当根据前述公约或条约履行保护参展商知识产权的义务。

（2）对中国—东盟博览会知识产权进行管理是中国现行法律的要求。2008 年修正的《中华人民共和国专利法》第 11 条第 2 款规定："外观设计专利权被授予后，任何单位或者个人未经专利权人许可，都不得实施其专利，即不得为生产经营目的制造、许诺销售、销售、进口其外观设计专利产品。"根据该规定，对于外观设计专利而言，许诺销售也构成侵权。参展商参加中国—东盟博览会，从法律意义上讲其展品的展览应视为许诺销售。《展会知识产权保护办法》第 4 条第 1 款规定："展会主办方应当依法维护知识产权权利人的合法权益。展会主办方在招商招展时，应加强对参展方有关知识产权的保护和对参展项目（包括展品、展板及相关宣传资料等）的知识产权状况的审查。在展会期间，展会主办方应当积极配合知识产权行政管理部门的知识

产权保护工作。”前述规定设定了对中国—东盟博览会知识产权进行保护的法定义务。

（3）对中国—东盟博览会知识产权进行管理是社会发展的要求。随着2008年《国家知识产权战略纲要》的颁布，知识产权已上升为国家战略。2009年12月广西壮族自治区人民政府颁布《广西壮族自治区实施知识产权战略意见》，其中第4条第1款第5项规定：“提高会展知识产权保护水平。加强中国—东盟博览会等大型展会的知识产权保护工作，建立国际性会展、大型会展知识产权保护机制，不断完善会展知识产权保护措施，提高现场处理知识产权纠纷的能力。”无论是国家抑或是广西区政府，均已将知识产权管理作为衡量社会发展的重要指标。

（4）对中国—东盟博览会知识产权进行管理是经济发展的要求。中国经济目前已步入知识经济时代，知识经济的核心在于强化知识产权作为战略性资源及竞争力的核心要素，调动资源的优化配置，达到经济效益的最大化。根据世博会的历史经验，对展会知识产权进行有效的管理能产生显著的经济效益。根据报道，上海世博会获得的赞助金额达70亿元人民币，而这70亿元的赞助，恰恰是上海世博会标志等知识产权使用的对价。中国—东盟博览会作为中国—东盟自由贸易区各成员国合作与交流的平台，承接的是一个人口超过18亿、GDP接近6万亿美元、贸易总额达4.5万亿美元的超级大市场。其品牌吸引力是巨大的，其包括标志在内的知识产权以许可等方式运用的市场前景蔚为可观。通过知识产权管理为中国—东盟博览会市场化运作提供强有力的经济支持，减轻国家及广西区政府的财政负担，促进中国—东盟博览会的可持续性发展，意义重大。

（5）对中国—东盟博览会知识产权进行管理是博览会自身完善与发展的要求。中国—东盟博览会是自由贸易区各成员国合作与交流的首要平台，参展商的展馆、展板、展台的设计与装饰，参展商的展品及宣传品，中国—东盟博览会的各项论坛及相关文艺表演，涉及诸多知识产权。参展商的知识产权只有在中国—东盟博览会得到充分保护，才能真正在中国—东盟博览会上充分展示，并促进合作与交流。越是规模化、规范化的企业，越是重视并依赖知识产权以获取更大的发展，其对知识保护的要求更高。如中国—东盟博览会的知识产权管理不完善，将对规模化、规范化企业缺乏吸引力。中国—东盟博览会重视知识产权管理，才能解决规模化、规范化企业的后顾之忧，吸引高端的参展商，提高办会层次，促进中国—东盟博览会持续、快速发展。

三、中国—东盟博览会知识产权管理现状

中国—东盟博览会知识产权管理现状有待加强，存在管理意识不够浓重、权利创设不够积极、权利运用不够充分、权利保护不够完善等问题。

（1）有关职权部门对中国—东盟博览会知识产权管理的意识不够浓重。中国—东盟博览会系广西举办的最重要的会议之一，但在有关职权部门网站上却没有中国—东盟博览会知识产权管理相关栏目，也鲜见知识产权相关报道。在百度上搜索“中国—东盟博览会知识产权”，有关职权部门发布相关信息并不多见。在篇幅逾万字的《2009 年广西壮族自治区知识产权保护状况》中，涉及中国—东盟博览会的只有约 80 字的泛泛介绍“其中在第六届中国—东盟博览会期间，成立了知识产权、公安、工商、质监、药监等部门组成的联合执法组，共同打击假冒商品和侵犯知识产权的行为，有效地保障了博览会秩序。”前述情形表明，有关职权部门对中国—东盟博览会知识产权管理宣传不充分，管理的意识不够浓重。

（2）对中国—东盟博览会标志、域名等权利创设不够积极。除版权等少数权利外，知识产权要获得法律保护的前提是依法申

请创设权利。《特殊标志管理条例》第2条规定："本条例所称特殊标志，是指经国务院批准举办的全国性和国际性的文化、体育、科学研究及其他社会公益活动所使用的，由文字、图形组成的名称及缩写、会徽、吉祥物等标志。"第3条规定："经国务院工商行政管理部门核准登记的特殊标志，受本条例保护。"《专利法》《著作权法》《商标法》亦有相关规定。在现有宣传渠道中，鲜见中国—东盟博览会名称及缩写、会徽、吉祥物等已向工商部门申请登记的相关报道。相反，中国—东盟博览会吉祥物"合合"被抢注的报道倒是偶有所见。况且，一般而言，除中国—东盟博览会名称、会徽、吉祥物等标志可以依《特殊标志管理条例》申请权利外，中国—东盟博览会会旗、会歌、主题词、口号等亦可依《商标法》《著作权法》《专利法》等法律申请创设而产生权利，现亦鲜见有关职权部门积极尽可能通过相关途径创设中国—东盟博览会相关知识产权的相关报道。

（3）对中国—东盟博览会知识产权运用不够充分。如前所述，经国家及广西区政府历经数年投入巨资打造，中国—东盟博览会的举办一届更比一届好，总体而言是成功的。但花巨资铸就的中国—东盟博览会标志等知识产权，尚未为博览会带来足够丰厚的回报。其原因之一，是有关职权部门对中国—东盟博览会标志等知识产权运用得不充分。

（4）对中国—东盟博览会知识产权保护不够完善。其表现在于：重视侵权行为处理，忽视权利创设保护；重视事后的处罚，忽视事前的预防；重视博览会举办期间的维权，忽视博览会闭会期间的保护；重视行政参与，忽视发动群众。

四、加强中国—东盟博览会知识产权管理的对策

（1）制定中国—东盟博览会知识产权管理的规范性文件，优化法治环境，为中国—东盟博览会知识产权管理提供直接依

据。目前，我国尚未就中国—东盟博览会知识产权管理出台专门的规范性文件，有关职权部门只能依据《特殊标志保护条例》《展会知识产权保护办法》及《专利法》《商标法》《著作权法》等各部门法对中国—东盟博览会知识产权管理进行管理。而现行法律中没有对中国—东盟博览会标志范围、保护方式、权利人、商业使用方式等涉及知识产权管理的重大事项作出明确的界定，客观上造成无法可依的事实。有关职权部门应建议立法机构或行政主管部门尽快制定效力及于全国的中国—东盟博览会知识产权管理规范性文件，因为广西区地方立法难以解决中国—东盟博览会在广西区外的管理问题。该规范性文件应包含中国—东盟博览会知识产权管理范围、相关权利人、标志的范围、商业使用方式、权利保护的方式、隐性侵权行为的禁止、行政主管部门及相关职权、纠纷的处理途径、罚责等内容。

（2）加强中国—东盟博览会知识产权管理的宣传普及工作，形成知识产权管理文化。有关职权部门可以利用电视、广播、报纸、杂志、互联网等媒体，通过公益广告及举办知识竞赛、研讨会等形式，在全社会开展中国—东盟博览会知识产权管理宣传活动，提高社会公众的知识产权管理意识，营造知识产权管理的良好氛围，激发社会公众知识产权管理参与意识，形成知识产权管理文化。

（3）设立专门渠道，为参展商的展品提供展览证明，为表演者提供表演证明，保护其合法权益。参展商要在中国—东盟博览会上出示新展品，会有展品丧失新颖性的担忧。有关职权部门应设立专门渠道，为参展商的展品提供展览证明，确保参展商在中国—东盟博览会上首次展出的发明创造自展出之日起 6 个月内在中国申请专利不丧失新颖性；确保参展商在中国—东盟博览会上的展品首次使用的商标自展出之日起 6 个月内在中国申请商标注册时享有优先权。为文艺工作者的表演提供表演证明，便于作者、表演者著作权的保护。

（4）设立专门渠道，为参展商在中国创设权利提供便利。有关职权部门应设立专门渠道，为参展商办理版权登记申请、商标注册申请、专利申请、集成电路布图设计申请、域名申请、植物新品种申请及知识产权海关备案申请等手续提供便利。

（5）加强营销，促进中国—东盟博览会标志的商业利用。有关职权部门尽可能通过各种营销手段，引进战略合作伙伴及各级赞助商，促进博览会标志合法地在商品、服务上使用，获取更好的经济回报。

（6）设立专门机构，统一指导知识产权管理事宜。在中国—东盟博览会举办期间，有关职权部门应在现场设立专门机构，统一安排知识产权管理事宜，接受参展商有关知识产权的咨询，提供有关知识产权保护指南及知识产权服务中介机构名单，协助参展商处理相关知识产权事务，协调、解决参展商的有关知识产权纠纷。

（7）设立统一电话，处理知识产权投诉及举报事宜。在中国—东盟博览会举办及闭幕期间，有关职权部门应设立统一投诉热线，统一接收、处理、移送侵犯中国—东盟博览会知识产权的投诉和举报。

（8）简化程序，加强知识产权行政及司法保护力度。形成信息通报、共享信息、配合调查、案件移送的工作机制，通过跨部门、跨区域的协作，快速、有效地处理侵犯中国—东盟博览会知识产权的行为。

【刊载于《知识产权律师实务与法律服务技能》，
法律出版社，2011 年】

中国—东盟博览会知识产权证券化探析

凌　斌[1]

一、知识产权证券化概念及其源起

知识产权证券化，是指将具有可预期现金收入流量的知识产权（称其为基础资产），通过一定的结构安排对基础资产中风险与收益要素进行分离与重组，转移给一个特殊目的机构，由其发行一种基于该基础资产的现金流的可以出售和流通的权利凭证，据以融资的过程。

知识产权证券化肇始于美国。1997 年，英国超级摇滚歌星大卫·鲍伊（David Bowie）以其 25 张个人专辑的版权收入为担保，发行了 10 年期利率为 7.9%，总额为 5500 万美元的债权，即鲍伊债权（Bowie Bonds）。鲍伊债权的发行，开辟了知识产权融资的新渠道，拉开了知识产权证券化的序幕。其后，意大利、日本等国家也开展了知识产权证券化工作。

二、知识产权证券化的运作流程

知识产权证券化的运作流程与其他资产证券化运作流程相似。

---

[1] 凌斌，男，西南政法大学法学博士后，广西万益律师事务所主任、高级合伙人，专业领域：知识产权、并购、破产与重整、清算、建设工程与房地产，联系电话：13307719383。

知识产权权利人确定基础资产证券化融资的目标及方式，聘请专业机构对该融资方式进行可行性论证。基础资产证券化融资的目标及方式通过可行性论证后，权利人设立一个特殊目的机构（Special Purpose Vehicle，SPV），并以转让、信托或独占许可等方式，将基础资产处分给SPV，以使基础资产与权利人的其他资产相分离，实现破产隔离功能。SPV通过基础资产所产生的现金流或保险公司等金融机构将拟发行的证券进行信用增级，以确保能按时偿还投资者的债务，减少债务履行不能的风险。信用增级后，SPV聘请独立的信用评级机构对拟发行的证券进行评级并将评级结果向投资者公告。SPV通过证券承销商发行证券。投资者根据评级机构的评价，确定自己的投资方向或投资额度后购买SPV发行的各种级别的证券。SPV指定托管银行，设立专门的收款账户以及投资者还款账户。发行证券所获得的资金进入收款账户，用于支付给知识产权权利人，后者达成了其借基础资产证券化融资的目的；而基础资产所产生的现金流，则进入投资者还款账户，按照规定的期限，用于向投资者支付本息。

知识产权证券化运作流程图如图1所示。

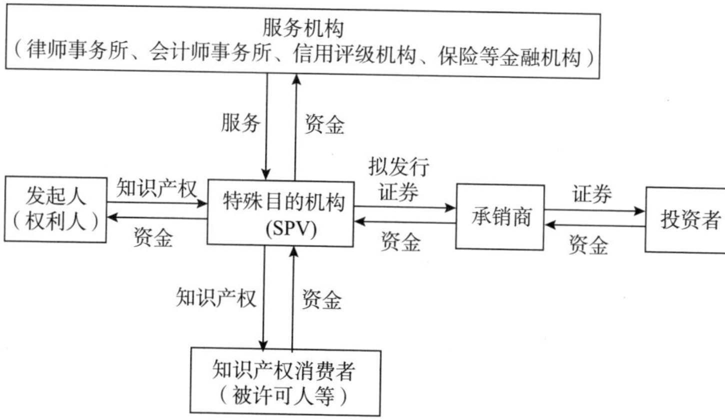

图1　知识产权证券化运作流程图

三、我国知识产权证券化的政策

我国至今尚无对知识产权证券化的明文规定，但从我国相关政策可以看出，知识产权证券化是国家鼓励发展的方向。

2004 年 1 月 31 日，国务院颁布《关于推进资本市场改革开放和稳定发展的若干意见》，提出建立有利于各类企业筹集资金、满足多种投资需求和富有效率的资本市场体系；完善以市场为主导的产品创新机制，积极探索开放资产证券化品种。

2005 年，中国人民银行和银监会联合发布《信贷资产证券化试点管理办法》，我国开始针对资产证券化开展试点工作。

2008 年 6 月 5 日，国务院颁布《国家知识产权战略纲要》，提出要积极采取措施，促进知识产权创造和运用，引导企业采取知识产权转让、许可、质押等方式实现知识产权的市场价值。

2011 年 3 月 14 日，第十一届全国人民代表大会第四次会议通过《关于国民经济和社会发展第十二个五年规划纲要的决议》，指出要拓宽服务业企业融资渠道，支持符合条件的服务业企业上市融资和发行债券。

四、中国—东盟博览会知识产权的范围

中国—东盟博览会知识产权是指中国—东盟博览会组委会经过创造而形成的、依法拥有的能够独立实现的知识产权。中国—东盟博览会知识产权包括但不限于：中国—东盟博览会专用名称、会徽、吉祥物、会旗等特殊标志，中国—东盟博览会组委会获得的发明、实用新型、外观设计专利，中国—东盟博览会组委会获得的商标，中国—东盟博览会组委会获得的著作权，中国—东盟博览会组委会获得的网络域名等其他知识产权。

五、中国—东盟博览会知识产权证券化的可行性

（1）中国—东盟博览会知识产权权利稳定且长久。

如前所述，中国—东盟博览会知识产权主要体现为商标权、

著作权、特殊标志权等。商标权有效期为 10 年，且可无限次续展，可以视为能够无限期拥有；著作权有效期为 50 年；特殊标志权没有有效期限，可以视为能够无限期拥有。中国—东盟博览会知识产权权利稳定且期限长久，是证券化的优质基础资产。

（2）中国—东盟博览会知识产权的运用已经产生的现金流稳定且巨大。

中国—东盟博览会知识产权运用的主要形式为许可使用。被许可人分四个层级，分别为中国—东盟博览会首席战略合作伙伴、战略合作伙伴、行业合作伙伴、指定产品或服务合作伙伴。中国—东盟博览会首席战略合作伙伴需支付赞助费人民币 1000 万元；中国—东盟博览会战略合作伙伴需支付赞助费人民币 500 万元；中国—东盟博览会行业合作伙伴需支付赞助费人民币 200 万元；中国—东盟博览会指定产品或服务合作伙伴需支付赞助费人民币 20 万～200 万元，具体赞助费视产品或服务的类型而定。第一届至第七届中国—东盟博览会共有合作伙伴 225 家，其中广西壮族自治区行政区内企业 193 家，占 85.78%，广西壮族自治区行政区外企业 29 家（不含国外企业），占 12.89%，国外企业 3 家，占 1.33%，见表 1。

表 1　中国—东盟博览会历届合作伙伴一览表

统计项目 / 数量 / 届别	合作伙伴企业总数	广西区内企业的数量及其占总数的比例	广西区外企业（不含国外企业）的数量及其占总数的比例	国外企业的数量及其占总数的比例	备注
第一届（2004）	8	7，87.50%	1，12.50%	0，0	
第二届（2005）	26	24，92.30%	1，3.85%	1，3.85%	国外企业系新加坡企业
第三届（2006）	23	21，91.30%	2，8.70%	0，0	

续表

统计项目 数量 届别	合作伙伴企业总数	广西区内企业的数量及其占总数的比例	广西区外企业（不含国外企业）的数量及其占总数的比例	国外企业的数量及其占总数的比例	备注
第四届（2007）	47	40，85.11%	7，14.89%	0，0	
第五届（2008）	32	25，78.13%	7，21.87%	0，0	
第六届（2009）	43	37，86.05%	5，11.63%	1，2.32%	国外企业系法国企业
第七届（2010）	46	39，84.78%	6，13.05%	1，2.17%	国外企业系新加坡企业

数据来源：中国—东盟博览会官方网站。

按前述中国—东盟博览会官方网站公布的各种类型的合作伙伴数量及赞助费标准估算，近两年来，中国—东盟博览会知识产权许可使用获得的对价超过人民币 1 亿元。

（3）中国—东盟博览会的地位与作用日益重要，中国—东盟博览会知识产权的运用前景更为可观。

中国—东盟博览会系由中国和东盟 10 国经贸主管部门及东盟秘书处共同主办，广西壮族自治区人民政府承办的国家级、国际性经贸交流盛会；该博览会是目前中国境内唯一由多国政府共办且长期在一地举办的展会，作为促进中国—东盟自由贸易区各成员国经济贸易交流与合作首要平台，其地位与作用日益重要。随着中国—东盟博览会影响力的扩大，中国—东盟博览会知识产权的运用方式将多样化，其产生的对价也将更可观。

（4）中国—东盟博览会的官方背景，有利于协调知识产权证券化过程中各方面的工作。

知识产权证券化是新兴事物，在我国尚无先例可参照。知识产权证券化过程中需要协调各方面的工作并取得投资人的信任，中国—东盟博览会的官方背景，为中国—东盟博览会权利人提供了诸多便利，达到了事半功倍的效果。

六、中国—东盟博览会知识产权证券化的必要性

（1）中国—东盟博览会知识产权证券化是促进中国—东盟博览会可持续性发展的要求。

中国—东盟博览会知识产权证券化是融资的新渠道，通过知识产权证券化为中国—东盟博览会知识产权权利人即中国—东盟博览会组委会筹集资金，使中国—东盟博览会向收支平衡乃至盈利的目标发展，可以减轻国家及广西政府的财政负担，促进中国—东盟博览会的可持续性发展。

（2）中国—东盟博览会知识产权证券化是落实《国家知识产权战略纲要》及《关于国民经济和社会发展第十二个五年规划纲要的决议》的需要。

如前所述，《国家知识产权战略纲要》第 11 条规定："运用财政、金融、投资、政府采购政策和产业、能源、环境保护政策，引导和支持市场主体创造和运用知识产权。"《关于国民经济和社会发展第十二个五年规划纲要的决议》第十七章第二节规定："……拓宽服务业企业融资渠道，支持符合条件的服务业企业上市融资和发行债券……"中国—东盟博览会知识产权证券化，就是运用金融政策，推动知识产权运用具体措施，落实第十二个五年规划中关于"支持服务企业发行债券"要求的良好举措。

七、结语

知识产权的证券化，是知识产权价值实现的最佳途径之一。基于中国—东盟博览会的官方背景，中国—东盟博览会知识产权仅许可使用一项即产生长期的、可预期的、稳定的现金流，其是

证券化的优良题材。中国—东盟博览会知识产权权利人应当利用当前我国知识产权证券化的相关政策，以充分享受知识产权运用的成果，最大限度地减轻中国—东盟博览会举办地政府的财政支出，增添中国—东盟博览会举办地人民的福祉。

【发表于《广西干部管理学院学报》2011 年第 6 期】

参考文献

[1] 纪光兵，陈玉强. 知识产权证券化——知识产权开发和金融融资的双重创新 [J]. 商场现代化，2008（3）：347.

[2] 王吉法. 知识产权资本化研究 [M]. 济南：山东大学出版社，2010.

[3] 凌斌. 中国—东盟博览会知识产权管理初探 [C] //第三届西部律师发展论坛优秀论文集. 南宁：广西教育出版社，2010：273.

[4] http：//www. caexpo. org/gb/cooperation/2010/zzhzjh/，2011 年 7 月 7 日访问。

[5] 凌斌. 中国律师涉东盟法律服务面临的机遇、问题及其对策 [R]. 第四届中国—东盟法律合作与发展论坛. 重庆，2010.

中小企业创业板融资知识产权信息披露初探

凌　斌　张　莎[1]

自2010年3月起，先后有苏州恒久、新大新材等创业板拟上市公司因为知识产权信息披露问题暂缓上市，引起有关主管部门及社会各界的高度关注。2010年5月，证监会向各保荐机构发出通知，要求对5月1日前上报的首次公开募股的在审项目进行全面核查，重点强调核查内容包括知识产权、无形资产等事项。2010年6月29日，证监会颁布《公开发行证券的公司信息披露内容与格式准则第31号——创业板上市公司半年度报告的内容与格式》（下称《准则第31号》），对创业板上市公司半年度报告中的知识产权信息披露作出进一步规定。本文拟对中小企业创业板融资知识产权信息披露进行初步探讨，以期抛砖引玉。

一、创业板融资知识产权信息披露概念

《首次公开发行股票并在创业板上市管理暂行办法》（下称《暂行办法》）第4条规定："发行人依法披露的信息，必须真

[1] 凌斌，男，西南政法大学法学博士后，广西万益律师事务所主任、高级合伙人，专业领域：知识产权、并购、破产与重整、清算、建设工程与房地产，联系电话：13307719383；张莎，女，广西万益律师事务所合伙人，专业领域：房地产、金融、企业并购、公司治理，联系电话：13471190072。

实、准确、完整，不得有虚假记载、误导性陈述或者重大遗漏。”第 39 规定：“中国证监会制定的创业板招股说明书内容与格式准则是信息披露的最低要求。不论准则是否有明确规定，凡是对投资者作出投资决策有重大影响的信息，均应当予以披露。”根据前引规定，笔者认为创业板融资知识产权信息披露是指在包括拟在或正在创业板融资的中小企业对投资者作出投资决策有重大影响的版权、商标、专利、专有技术、特许经营权等知识产权登记、使用或灭失等信息按照法律规定进行真实、准确、完整的披露。

前述知识产权信息包括但不限于版权、商标、专利、专有技术、特许经营权、植物新品种权、地理标志、特殊标志、集成电路布图设计权等权利的登记、使用、灭失等变动信息、核心技术人员变动信息及企业应对前述因素变动的相关措施。

二、创业板融资知识产权信息披露的必要性

（1）创业板融资知识产权信息披露是创业板市场持续发展的内在要求。

《暂行办法》第 1 条规定：“为了规范首次公开发行股票并在创业板上市的行为，促进自主创新企业及其他成长型创业企业的发展，保护投资者的合法权益，维护社会公共利益，根据《证券法》《公司法》，制定本办法。”由此可见，较之主板市场，创业板市场更关注自主创新型企业的融资要求并以之作为市场发展的定位，这也决定了“自主创新”将成为中小企业是否适合在创业板上市的重要标准之一。在创业板融资的中小企业知识产权在资产中所占比例较大，其更多地依靠商标、专利等获得竞争优势。在创业板融资的中小企业对其知识产权信息进行披露，创业板市场才能选择出符合创业板上市要求的自主创新型企业并激励企业发展，进而促进市场的持续发展。

（2）创业板融资知识产权信息披露是保护投资者合法权益的要求。

在创业板融资的中小企业具有业绩不稳定、经营风险高、退市风险大等特点，相对主板市场而言投资者面临更大的市场风险。如前所述，知识产权系在创业板融资的中小企业的核心竞争力，唯有对知识产权信息进行披露，投资者才能充分了解创业板市场的风险及拟投资企业的风险，才能审慎地作出投资决定。否则投资者的合法权益将难以得到保障。

三、中小企业创业板融资知识产权信息披露的内容

（一）中小企业创业板融资上市时知识产权信息披露的内容

（1）中小企业创业板融资上市时应披露知识产权权利价值情况、权属转移情况及权属纠纷情况。

《暂行办法》第 11 条规定：“发行人的注册资本已足额缴纳，发起人或者股东用作出资的资产的财产权转移手续已办理完毕。发行人的主要资产不存在重大权属纠纷。”根据该规定，知识产权权利价值、权属转移、权属纠纷等情况显然属于应披露事项。

（2）中小企业创业板融资上市时应披露知识产权取得或者使用存在重大不利变化的风险。

《暂行办法》第 14 条规定：“发行人应当具有持续盈利能力，不存在下列情形：……（三）发行人在用的商标、专利、专有技术、特许经营权等重要资产或者技术的取得或者使用存在重大不利变化的风险。”

（3）中小企业创业板融资上市时应披露资产质量及资产结构风险。

《公开发行证券的公司信息披露内容与格式准则第 28 号——

创业板公司招股说明书》（以下称《准则第 28 号》）第 31 条规定："发行人应针对自身实际情况，具体地描述相关风险因素，描述应充分、准确，风险因素可能涉及但不限于下列内容：……（四）资产质量或资产结构的风险。可能涉及应收款项过大、账龄过长或其他资产周转能力较差导致的流动性风险，无形资产占净资产比例过高导致资产结构不合理的风险，主要资产减值准备计提不足的风险，主要资产价值大幅波动的风险以及对外投资的风险等。"

（4）中小企业创业板融资上市时应披露技术风险。

《准则第 28 号》第 31 条第（6）项规定："技术风险。可能涉及技术不成熟、技术产业化与市场化存在重大不确定性，核心技术或其他知识产权缺乏有效保护或保护期限短，缺乏核心技术或核心技术依赖他人，技术面临淘汰或被替代的风险等。"

（5）中小企业创业板融资上市时应披露知识产权的使用期或保护期、最近一期末账面价值及其对发行人生产经营的重要程度。

《准则第 28 号》第 45 条规定："发行人应按对业务经营的重要性程度列表披露与其业务相关的主要固定资产、无形资产等资源要素，主要包括：……（二）主要无形资产情况，主要包括商标、专利、非专利技术、土地使用权、水面养殖权、探矿权、采矿权等的数量、取得方式和时间、使用情况，披露使用期限或保护期、最近一期末账面价值，以及上述资产对发行人生产经营的重要程度。"

（6）中小企业创业板融资上市时应披露特许经营权的情况。

《准则第 28 号》第 46 条规定："发行人应披露其拥有的特许经营权的情况，主要包括特许经营权的取得情况，特许经营权的期限、费用标准，对发行人持续生产经营的影响。"

（7）中小企业创业板融资上市时应披露核心技术情况。

《准则第 28 号》第 47 条规定："发行人应披露其主要产品或

服务的核心技术，披露技术来源、技术水平、成熟程度，说明技术属于原始创新、集成创新或引进消化吸收再创新的情况，以及核心技术产品收入占营业收入的比例。”

（8）中小企业创业板融资上市时应披露技术储备情况。

《准则第28号》第48条规定：“发行人应披露技术储备情况，主要包括正在从事的研发项目进展情况、拟达到的目标，最近三年及一期研发费用的构成及占营业收入的比例。与其他单位合作研发的，还需说明合作协议的主要内容、研究成果的分配方案及采取的保密措施等。发行人应披露保持技术创新的机制，说明研发的组织、促进技术创新的制度安排等。”

（9）中小企业创业板融资上市时应披露核心技术人员、研发人员情况。

《准则第28号》第49条规定：“发行人应披露其核心技术人员、研发人员占员工总数的比例，所取得的专业资质及重要科研成果和获得的奖项，披露最近两年核心技术人员的主要变动情况及对发行人的影响。”

（10）中小企业创业板融资上市时应披露知识产权价值占净资产比例。

《准则第28号》第78条规定：“发行人应列表披露最近三年及一期的主要财务指标。主要包括……无形资产（扣除土地使用权、水面养殖权和采矿权等后）占净资产的比例。”无形资产扣除土地使用权、水面养殖权和采矿权等后，剩余的实际上就是知识产权价值。

（11）中小企业创业板融资上市时应披露最近一期末主要知识产权的情况。

《准则第28号》第87条第9项规定：“发行人应披露最近一期末主要无形资产的类别、取得方式、初始金额、摊销年限及确定依据、摊余价值及剩余摊销年限。无形资产的原始价值是以评估值作为入账依据的，还应披露资产评估机构名称及主要评估方法。结合无形资产的构成、比例、先进程度等，分析说明报告期内无形资产的变动情况及原因。”知识产权系无形资产的重要组成部分。

（12）中小企业创业板融资上市时应披露对投资者作出投资决策有重大影响的其他知识产权信息。

根据前引《暂行办法》第 39 条规定，证监会制定的准则是信息披露的最低要求，准则没有明确规定，但对投资者作出投资决策有重大影响的其他知识产权信息，亦应当予以披露。

（二）中小企业创业板融资上市后知识产权信息披露的内容

（1）中小企业创业板融资上市后应披露知识产权发生的重大变化、原因及应对措施。

《准则第 31 号》第 22 条第 6 项规定：“若报告期内公司无形资产（商标、专利、非专利技术、土地使用权、水面养殖权、探矿权、采矿权等）发生重大变化，公司应当说明产生变化的主要影响因素以及公司应对不利变化的具体措施。”

（2）中小企业创业板融资上市后应披露核心竞争力受到影响的情况及应对措施。

《准则第 31 号》第 22 条第 7 项规定：“报告期内如果发生因设备或技术升级换代、核心技术人员辞职、特许经营权丧失等导致公司核心竞争能力受到严重影响的，应详细说明具体情况及公司拟采取的措施。”

（3）中小企业创业板融资上市后应披露对投资者作出投资决策有重大影响的其他知识产权信息。

《准则第 31 号》第 3 条规定：“本准则的规定是对半年度报告信息披露的最低要求。凡对投资者投资决策有重大影响的信息，不论本准则是否有明确规定，公司均应当披露。”

（三）中小企业创业板融资知识产权信息披露的例外

由于商业秘密等特殊原因，导致某些知识产权信息确实不便披露的，企业可以向证券交易所申请豁免，经证券交易所批准后，企业可不予披露，但应当在报告的相关章节说明未按要求进行披露的原因。

四、中小企业创业板融资应对知识产权信息披露要求的对策

（1）结合企业所在行业及自身特点制定企业知识产权战略，确定构成企业核心竞争力的权利为发展重点，形成与主营业务密切联系的企业知识产权布局。

企业知识产权战略不能一概而论，其战略因企业而异，应结合企业所在行业及企业自身特点而制定。一般而言，专利是衡量生产性企业自主创新能力的关键指标之一；商标是衡量流通性企业市场占有率的决定因素之一；版权是衡量 IT 企业核心竞争力的关键指标之一。企业应根据其主营业务，确定构成企业核心竞争力的权利类型，重点发展该类型知识产权，突出其核心竞争力及自主创新能力。企业应形成知识产权布局，储备后续发展技术。

（2）积极进行知识产权的创造。

知识产权的创造是知识产权运用、保护和管理的根源，离开知识产权的创造，围绕知识产权的其他行动便成为无源之水。企业应比对各种类型知识产权的保护范围、强度、地域、期限、费用等条件，及时、准确地创造使企业利益最大化的各类型的知识产权并进行登记，明确权利。引进知识产权时完善相关合同条款，避免权属纠纷。

（3）促进知识产权的运用。

具有核心竞争力的知识产权体现企业的价值，而知识产权的

有效运用体现具有核心竞争力的知识产权的价值。企业通过许可使用、出资、质押等有效方式运用知识产权能彰显，甚至放大知识产权的价值。防范、避免知识产权存在重大不利变化，从而体现企业的价值及企业持续盈利的能力。

（4）加强知识产权的保护。

企业应通过刑事、行政、民事等方式打击各种侵犯企业知识产权的行为，加强对企业知识产权的保护，防止权利被淡化，价值受减损。

（5）完善知识产权的管理。

企业应完善包括检索、预警、保护、激励等在内的各项知识产权管理制度，将知识产权植入生产、经营各个环节进行管理，将管理职责落实到部门、岗位、个人。企业应及时了解各项知识产权变动风险，分析产生变动的重要因素，并针对风险制定有效的措施进行防范、控制、化解。企业应重点完善知识产权激励制度，培养、稳定核心技术人员。

【刊载于《知识产权律师实务与法律服务技能》，
法律出版社，2011 年】

专利侵权判定的标准

——浅析全面覆盖原则

凌　斌[1]

案情简介：程某于1991年4月3日获得“装有翻卷式密封套的不泄漏阀门”实用新型专利，龚某于1995年4月19日获得“阀芯直开启无泄漏水龙头”实用新型专利。1997年2月16日，程某以龚某及广西桂林市某公司侵犯其前述实用新型专利为由提起侵犯专利权诉讼，请求法院判令两被告停止侵权、赔礼道歉并赔偿经济损失316万元。一审法院南宁市中级人民法院以被告广西桂林市某公司生产销售的“隔膜式龙头（阀门）”产品与原告主张的专利技术方案不相同亦不等同为由，驳回原告的诉讼请求。原告不服一审判决向广西区高级法院提起上诉，然广西区高级法院以相同理由维持了一审判决。此后，原告向广西区高级人民法院申请再审，再审法院以原告主张被告专利为从属专利证据不足为由维持原终审判决。

---

[1] 凌斌，男，西南政法大学法学博士后，广西万益律师事务所主任、高级合伙人，专业领域：知识产权、并购、破产与重整、清算、建设工程与房地产，联系电话：13307719383。

一、专利权保护范围的确定

（一）权利要求书

在审理专利侵权案件中，法官要判定被控侵权物是否侵权，首先应确定专利的权利要求是什么，其保护的权利范围有多大，以此确定被控侵权物是否落入专利保护范围。因此，权利要求书在专利侵权案件中是非常重要的法律文件。

我国《专利法》第59条第1款规定："发明或者实用新型专利权的保护范围以其权利要求的内容为准，说明书及附图可以用于解释权利要求。"我国《专利法实施细则》第20条第2款规定："独立权利要求应当从整体上反映发明或者实用新型的技术方案，记载解决技术问题的必要技术特征。"最高法院《关于审理专利纠纷案件适用法律问题的若干规定》第17条第1款规定："专利法第56条第1款所称的'发明或者实用新型专利权的保护范围以其权利要求的内容为准，说明书及附图可以用于解释权利要求'，是指专利权的保护范围应当以权利要求书中明确记载的必要技术特征所确定的范围为准，也包括与该必要技术特征相等同的特征所确定的范围。"根据前引法律规定，专利的保护范围原则上以权利要求书中的独立权利要求明确记载的必要技术特征所确定的范围为准，特殊情况下可以以从属权利要求记载必要的技术特征确定保护范围。

我国《专利法实施细则》第22条第1款规定："发明或者实用新型的独立权利要求应当包括前序部分和特征部分，按照下列规定撰写：（一）前序部分：写明要求保护的发明或者实用新型技术方案的主题名称和发明或者实用新型主题与最接近的现有技术共有的必要技术特征；（二）特征部分：使用'其特征是……'或者类似的用语，写明发明或者实用新型区别于最接近的现有技术的技术特征。这些特征和前序部分写明的特征合在一起限定发明或者实用新型要求保护的范围。”根据前引法律规定，专利的必要技术特征包括与现有技术共有的必要技术特征及区别于现有技术的技术特征。笔者认为，与现有技术共有的必要技术特征系为保证独立权利要求能整体上反映专利的技术方案而记载，即其是为了满足专利的实用性而记载，该技术特征系与现有技术共有的特征，不具有新颖性，即其是一项整体的已有技术特征，无须也不能再就该整体特征进行分解逐项比较；而区别于现有技术的技术特征，是专利与现有技术的区别，系专利新颖性之所在，是专利获得保护之根本，应逐一分解，以区别其新颖性。亦即，独立权利要求分解出的必要技术特征 = A（与现有技术共有的必要技术特征整体） + B1（与现有技术区别的技术特征 1） + B2（与现有技术区别的技术特征 2） + B3（与现有技术区别的技术特征 3） + …。本文所述案例中，原告程某专利权利要求书 1 的表述为：“一种装有翻卷式密封套的无泄漏阀门，由阀体 1、阀盖 2、封头 3、翻卷式密封套 4、盖帽式操作环 5 等组成，其特征是：阀体 1 的侧端孔外罩有盖帽式操作环 5；阀内装有翻卷式密封套 4。”根据该权利要求，原告程某专利的必要技术特征有三：（1）一种阀门，由阀体 1、阀盖 2、封头 3、密封套 4、操作环 5 等组成；（2）阀体 1 的侧端孔外罩有盖帽式操作环 5；（3）阀内装有翻卷式密封套 4。

（二）权利要求书的解释

如果说权利要求书是法官判断被控侵权物是否构成侵权的对比标准，那么对权利要求书的解释则是对比过程，而过程的合理性直接影响裁判是否公平。对于权利要求书的解释原则，最高人民法院《关于审理侵犯专利权纠纷案件应用法律若干问题的解释（征求意见稿）》（以下简称《征求意见稿》）第 2 条确定了折中解释原则，即“人民法院应当以本领域普通技术人员阅读说明书及附图等所理解的权利要求的内容确定发明或者实用新型专利权的保护范围。本领域普通技术人员理解的权利要求的内容与权利要求的字面含义不同的，以该普通技术人员理解的权利要求的内容确定专利权的保护范围”。此项原则的目的主要是给专利权人以公正的保护，同时也给第三人及公众以合理的确定性。然而具体标准仍有待进一步明确，因此对于权利要求的解释，仍可能出现不同的法院、不同的法官作出不同解释的情形。

二、全面覆盖原则

（一）全面覆盖原则的适用

最高人民法院《关于在专利侵权诉讼中当事人均拥有专利权应如何处理问题的批复》（以下简称《批复》）第四段中明确指出，判断是否构成专利侵权，“应当依据原告的专利权保护范围，审查被告制造的产品主要技术特征是否完全覆盖原告的专利保护范围”，而《北京高院专利侵权判定若干问题的意见（试行）》（以下简称《试行意见》）第 27 条规定：“全面覆盖原则，即全部技术特征覆盖原则或字面侵权原则。即如果被控侵权物（产品或方法）的技术特征包含了专利权利要求中记载的全部必要技术特征，则落入专利权的保护范围。”《征求意见稿》第 8 条规定：“……被诉侵权技术方案包含了与权利要求记载的全部技术特征相同或者等同的特征的，人民法院应当认定被诉侵权技术方案落入专利权的保护范围；被诉侵权技术方案的技术特征与权利要求记载的全部技术特征相比，缺少权利要求记载的一项或者一项以上技术特征，或者有一项或者一项以上技术特征不相同也不等同的，人民法院应当认定被诉侵权技术方案没有落入专利权的保护范围。”根据前引法律及意见条文，只要被控侵权物的技术特征包含了专利权利要求中的全部必要特征则构成侵权。

本文所述案例中，被告龚某及广西桂林市某公司是否对原告程某专利构成侵权，关键是看被告广西桂林市某公司生产销售的隔膜式龙头（阀门）的技术特征是否落入原告程某实用新型专利权利要求的保护范围。原告程某专利的必要技术特征如前述。原告在一、二审程序中认为，被控侵权物的技术特征完全覆盖原告专利必要技术特征，落入原告专利技术的保护范围，但一、二审法院却完全忽视原告程某依前引法律规定要求适用完全覆盖原则的主张，而以原被告双方专利技术是否相同或等同的角度作为判断被控侵权物是否侵权之标准，一审法院甚至委托中华全国专利代理人协会专家委员会对双方专利技术是否相同或等同进行鉴定，且一、二审法院均以此鉴定结论作为判决之依据而驳回原告之诉请，这显然是有悖于专利侵权判定原则的。

笔者在再审程序中，进一步对该案侵权判定适用全面覆盖原则进行阐述。前文已分析确定原告程某专利共有三个必要技术特征，第 1 个必要技术特征是“一种阀门，由阀体 1、阀盖 2、封头 3、密封套 4、操作环 5 等组成”，而根据原审法院的判定依据，即《中国专利局专利复审委员会无效宣告请求审查决定（1243 号）》（以下简称《1243 号决定》）的认定：专利权利的元件 1、4、3、5、2 及它们在功能上的关联顺次与被控专利元件（1）、（2）、（3）、（4）、（6）及它们间的关联相对应，故被控专利与原告程某专利的第 1 个必要技术特征相对应的技术特征是“一种阀门，由阀体（1）、密封膜（2）、阀杆（3）、旋柄（4）、导向套（6）组成”，由于两者的该项技术特征都是与现有技术共同的必要技术特征，因此两者必然相同。原告程某专利的第 2 个必要技术特征是“阀体 1 的侧端孔外罩有盖帽式操作环 5”，由于《1243 号决定》认定被控专利元件旋柄（4）与专利元件操作环 5 相对应，故被控专利与此相对应的技术特征是“阀体

（1）侧端装有旋柄（4）”，两者手段均为“在阀体的侧端孔外罩有盖帽式操作环”，功能均为“封闭阀门的相对运动部件”，效果均为“防止外界污染阀内构件”。原告程某专利的第 3 个必要技术特征是“阀内装有翻卷式密封套 4”，由于《1243 号决定》认定被控专利元件密封膜（2）与专利元件翻卷式密封套 4 相对应，故被控专利与此相对应的技术特征是“阀体内装有密封膜，该密封膜通过翻卷运动”，两者手段均为“用翻卷式密封套取代传统密封件”，功能均为“通过翻卷，操作力小而均匀，避免壁膜拉伸疲劳和限制开启高度”，效果均为“耐用不泄漏”。通过前文的对比，被控侵权物技术特征包含了程某专利的全部三项必要技术特征，在广西区高级法院再审中，被告代理人亦已当庭认可，结合本文对专利权保护范围的论述，被控侵权物技术特征已落入程某专利的保护范围，被告显然已构成侵权。

（二）从属专利的判断

再审法院认定，根据《1243 号决定》，被控侵权物是在原告的专利基础上引入《阀门设计手册》中的设计思路重新构思而形成的一种新型的具有较长寿命、操作灵便、成本不高的改进水龙头，而《1243 号决定》并未认定被控侵权物是原告专利的从属专利，原告亦无证据证明被控侵权物是原告专利的从属专利，故认定被告专利侵权主张不成立。再审法院根据《1243 号决定》已确定被控侵权物是在专利技术基础上改进的技术，但却认为要确定其为专利技术的从属专利且原告程某应提出其他证据加以证明才能确认构成侵权。再审法院的前述观点值得商榷，首先，专利侵权判定无须考虑被控侵权物是否获得专利，其次，从属专利的判定系判断问题而非证据问题。《批复》第三段明确规定：“对于相同或者类似产品，不同的人都拥有专利权的有以下三种情形：……二是在后的专利技术是对在先的专利技术的改进或者改良，它比在先的专利技术更先进，但实施该技术有赖于实施前一项专利技术，因而它属于从属专利……”《批复》第四段规定：“人民法院在审理专利侵权纠纷案件时，根据《中华人民共和国专利法》规定的先申请原则，只要原告先于被告提出专利申请，而应当依据原告的专利权保护范围，审查被告制造的产品主要技术特征是否完全覆盖原告的专利保护范围，在一般情况下……后两种情形或者被告为了实施其从属专利而未经在先专利权人的许可，实施了在先的专利技术；或者由于前后两项实用新型专利的技术方案相同或者等同，被告对后一项重复授权专利技术的实施，均构成对原告专利权的侵犯……”根据前引法律条文的规定，只要在后专利技术是对在先的专利技术的改进且落入在先专利保护范围内，在后专利技术则为在先专利技术的从属专利，这是法官的判断而无须再由当事人提出相应证据加以证明。因此，再审法院在已经认定被告专利为原告专利改进技术的情况下，可直接认定被告专利为原告专利的从属专利，而无须原告再提出其他证据加以证明。更不能以没有证据认定被控侵权物的专利为从属专利为由判定不构成侵权。

【发表于《法制与经济》2009 年第 10 期】

破产企业知识产权管理探析

凌　斌[1]

据《财富》杂志对世界100强企业的统计，其资产总额的75%是专利、商标等无形资产；而美国、日本、德国等国家的知识产权在经济增长中所占份额达70%以上。就我国而言，随着市场经济的发展及2008年《国家知识产权战略纲要》的颁布，知识产权文化逐步形成，知识产权价值日益受到社会各界，特别是企业的重视，知识产权已经成为企业的重要资产。虽然《破产法》已于2007年6月1日开始施行，但由于体制及观念等方面的原因，企业还未能完全按市场游戏规则依法选择破产这一退出机制；已破产或正处于破产程序的企业在破产程序中大多数均重视对房产、设备等有形资产的管理而忽视甚至无视对知识产权等无形资产的管理，导致破产企业知识产权价值的减损，损害了破产企业、债权人、股东、政府等各方的合法权益。本文就破产企业知识产权管理的范围、现状、对策等问题进行探讨，以期引起社会各界对破产企业知识产权管理的重视，实现破产企业及其利益相关人利益最大化。

---

[1] 凌斌，男，西南政法大学法学博士后，广西万益律师事务所主任、高级合伙人，专业领域：知识产权、并购、破产与重整、清算、建设工程与房地产，联系电话：13307719383。

一、破产企业知识产权管理的范围

破产企业知识产权管理的范围一般包括对商标权、专利权、著作权、商业秘密、植物新品种权、集成电路布图设计权、域名、地理标志权、特许经营权及企业在合并中形成的商誉等进行管理。前述商标权、专利权、著作权、商业秘密、植物新品种权、集成电路布图设计权、域名等权利包括所有权及使用权。

根据《破产法》第30条规定，破产程序终结前债务人取得的财产也是债务人的财产。企业在破产申请受理前的专利申请、植物新品种申请、商标申请等可能在破产程序终结前获得批准，成为企业的财产。所以，专利申请权、植物新品种申请权、商标申请权等也属于破产企业知识产权管理范围。

破产企业知识产权管理的方式一般包括知识产权创造、保护、运用。知识产权创造是指权利人通过保密、研究、开发、申请、登记、注册等方式，依照法律规定的程序获得知识产权权利的行为。知识产权保护是指权利人通过维护、保密、诉讼等方式对其可以支配的知识产权进行防范侵害或救济的行为。知识产权运用是指权利人对其可以支配的知识产权通过许可、特许经营、投资、融资、信托、转让、质押等方式进行利用的行为。

二、破产企业知识产权管理的现状

（一）国民知识产权意识淡薄，知识产权价值被忽视

如前所述，随着市场经济的发展以及国家知识产权战略的实施，我国国民对知识产权的认识有所提升，但知识产权意识仍较为淡薄，破产管理人对于企业知识产权的价值往往缺乏深入的认识，容易形成一旦企业破产其知识产权价值亦随之消亡的观念。这将导致破产管理人在对破产企业管理的过程中对知识产权价值

的忽视乃至无视。殊不知企业破产原因林林总总，政策变动有之、市场变化有之、资金链断裂有之、管理不当有之，不胜枚举，却可能无关知识产权。如商标等知识产权对于企业而言具有一定的独立性，一枚商标一旦获得公众的认可，其本身便具有一定的表彰功能。消费者在购买商品时，往往是冲着商标去的，对于商品的生产商却未必了解；商品的生产商变更，但只要使用该商标的商品品质没有变化，消费者大多仍会选择该品牌的商品，这正是“贴牌”生产方式能够盛行的主要原因所在。据报道，早在 2003 年，某破产国有企业的一个食品类商标，拍卖底价只有 6 万元，谁知一路竞价 132 个回合，直拍到 139 万元才成交，比拍卖底价足足涨了 22 倍，即是适例。

（二）立法过于原则，缺乏可操作性

《破产法》仅在第 69 条、第 112 条等极少数条款中简单提及知识产权，对于知识产权的范围、评估、处分等在破产程序中所涉及的很多问题均没有具体的规定。立法过于原则，导致了破产企业的知识产权在破产程序中的管理缺乏可操作性。在此种情况下，破产管理人对于破产企业知识产权一般会采取较为简单的处置方式，或与固定资产一揽子解决，或直接将其忽视。

（三）知识产权资产评估制度不完善，破产企业知识产权价值被低估

目前我国知识产权的资产评估的规范性文件，主要是 2006 年 2 月 15 日财政部颁布的《企业会计准则第 6 号——无形资产》、2008 年 11 月 28 日中国资产评估协会颁布的《资产评估准则——无形资产》和《专利资产评估指导意见》，法律位阶较低，配套性文件不完善。前述规范性文件中，资产评估的基本方法为收益法、市场法、成本法。因破产企业经营状况不好，收益

法较难适用；缺乏活跃的知识产权交易市场，市场法不易找到交易案例；而知识产权历史成本一般较低，成本法容易低估价值。由于配套文件及措施的缺失，知识产权资产评估行业管理不规范、知识产权资产评估人员水平参差不齐等情况客观存在，进一步增加了破产企业知识产权价值被低估的可能性。一旦破产企业的知识产权价值被低估，其在破产程序中的处置将更加被忽视，甚至被放弃、闲置。

三、破产企业知识产权管理的对策

（一）对破产企业的知识产权情况进行造册

破产企业可能涉及的知识产权权利类型众多，破产管理人应当按知识产权权利类型进行分类、分项，登记造册。对于每一项知识产权，应登记包括但不限于如下信息并收集整理证明文件：其授权法律文件、权属有效性文件或者其他证明资料，开发成本，剩余经济期限和法定保护期限，权利的保护措施，权利的转让、出资、质押情况，权利评估及交易历史情况，权利实施的地域范围、领域范围、获利能力与获利方式，权利实施过程中受到国家法律、法规或者其他资产的限制情况，权利争议情况等。

对知识产权权利类型进行分类、分项并登记造册是破产企业知识产权管理的基础。在此基础上，形成破产企业知识产权管理方案，作为破产企业财产管理方案的组成部分。

（二）对破产企业已经进行的知识产权创造做出取舍

由于破产企业管理的特殊性，破产管理人一般不会在接管破产企业后进行新的知识产权创造活动，但破产企业在破产申请受理前可能已经进行专利、植物新品种、商标等知识产权创造申请，破产管理人应根据破产案件审理周期、知识产权权利申请周期及进度、知识产权权利类型等情况，对破产企业已经进行的知识产权创造做出取舍。对于知识产权权利申请周期大于破产案件审理周期且权利获得后需进一步使用才产生价值的，如商标申请等，可以放弃；对于知识产权权利申请周期大于破产案件审理周期但权利获得后即产生价值的，如发明专利申请等，应当保留并推动；对于知识产权权利申请周期小于破产案件审理周期的，应当保留并推动。

（三）对破产企业知识产权加强保护

对破产企业知识产权加强保护，目的是维持知识产权权利的稳定性，提升知识产权价值，防止知识产权价值减损及流失，是破产企业知识产权管理的关键。

（1）对于通过授权方式取得的知识产权，如专利权、商标权等，在第三人提出无效、撤销或异议等导致破产企业知识产权权利不稳定的申请时，应积极应诉，维持知识产权权利的稳定性；对于通过非授权方式取得的知识产权，如商业秘密等，应按照相关法律规定规范确认权利的行为及文件，使该权利得到保护。

（2）对于破产企业所有的知识产权，被第三人侵权时应积极诉讼或要求有权机关查处，防止知识产权价值减损；对于破产企业得到许可使用的知识产权被第三人侵权时是否积极诉讼或要求有权机关查处，应视该知识产权的许可类型及价值而定。

（3）对于破产申请前一年内发生的涉及破产企业知识产权的行为，应按《破产法》第 31 条、第 32 条进行审查，符合法定情形的，破产管理人应当向人民法院申请撤销。

（4）对于破产申请前发生的涉及破产企业知识产权的行为，系为逃避债务而隐匿、转移财产的及虚构债务或者承认不真实的债务的，破产管理人应当根据《破产法》第 33 条、第 34 条向人民法院申请追回。

(5) 对于破产企业股东用以出资的知识产权，尚未办理变更登记或交付的，破产管理人应当要求股东办理变更登记或交付；该知识产权实际价额显著低于公司章程所定价额的，破产管理人应当要求交付该出资的股东及公司设立时的其他股东补交其差额。

(四) 对破产企业知识产权进行运用

知识产权运用中，许可、特许经营、投资、融资、信托、质押等方式均系以积极方式对知识产权进行利用的行为，大多发生在企业上升或平稳发展阶段，由于破产企业管理的特殊性，破产管理人一般不会在接管破产企业后进行前述行为。唯转让行为，破产管理人应重点关注。破产企业知识产权的价值在运用中实现，是破产企业知识产权管理的根本。

根据《破产法》第112条规定，除按照国家规定不能拍卖或者限制转让的财产应当按照国家规定的方式处理外，破产企业财产可以全部或者部分变价出售。换言之，破产企业知识产权可以与破产企业其他财产合并转让，也可以单独转让，甚至知识产权中某项或多项也可以单独转让。

(1) 对于涉及知识产权的合同，审查是否确有继续履行的必要，如无必要，及时解除该协议。

(2) 按照国家规定不能拍卖或者限制转让的财产应当按照国家规定的方式处理。

(3) 围绕知识产权评估的基本方法，收集能体现破产企业知识产权成本、收益、市场价值的文件，通过评估确定知识产权的价值。

(4) 对于需与机器、设备结合使用才能体现价值的知识产权，如专利权、商业秘密中的专有技术等，应当考虑打包转让。

（5）对于无须与机器、设备结合使用就能体现价值的知识产权，如商标权等，应当考虑尽快先行转让。

（6）依法应当一并转让的知识产权不能分开转让，只能一并转让，否则将导致知识产权转让不发生法律效力。

（7）及时协助买受人办理知识产权权利人变更登记手续，避免知识产权权利丧失。

【完稿时间 2013 年】

参考文献

[1] 张剑波．我国破产企业的知识产权保护探析［J］．理论与改革，2011 (4)：133.

[2] “破产”商标为何卖大钱［EB/N］．（2003 - 01 - 04）［2012 - 10 - 25］．http：//old. jfdaily. com/gb/node2/node17/node167/node5515/node5524/userobject1ai60048. html.

广西商标质押贷款现状、问题及其对策

凌　斌[1]

一、商标质押贷款概述

商标质押贷款，是指借款人以注册商标专用权作质押，从金融机构获得贷款，并按约定的利率和期限偿还贷款本息的融资活动。

早在1995年，《担保法》就已明文规定，注册商标专用权可以质押。但由于配套文件的缺失，商标质押贷款业务一直难以实施。2002年，庄吉集团有限公司没用任何实物抵押，仅仅通过商标质押，获得广东发展银行温州支行1.5亿元的贷款，成为商标质押贷款业务中第一家“吃螃蟹”的企业。

2008年颁布的《国家知识产权战略纲要》提出运用财政、金融、投资、政府采购政策和产业、能源、环境保护政策，引导和支持市场主体创造和运用知识产权，引导企业采取知识产权转让、许可、质押等方式实现知识产权的市场价值。

《国家知识产权战略纲要》颁布后，福建、浙江、江苏等省

[1] 凌斌，男，西南政法大学法学博士后，广西万益律师事务所主任、高级合伙人，专业领域：知识产权、并购、破产与重整、清算、建设工程与房地产，联系电话：13307719383。

（直辖市、自治区）分别制定商标专用权质押规范性文件，推动商标质押贷款业务的实施。2008 年，山东鲁花集团有限公司以其拥有的驰名商标“鲁花”等商标专用权作质押，获得农行山东分行 15 亿元贷款额度。2009 年，福建中宇建材集团有限公司以其拥有的驰名商标“中宇”等商标专用权作质押，获得了工行南安分行 2.9 亿元贷款额度。2010 年，青岛澳柯玛股份有限公司将其拥有的 170 个商标专用权--并质押给青岛市企业发展投资有限公司作为反担保，青岛市企业发展投资有限公司为青岛澳柯玛股份有限公司 6.1 亿元银行借款提供担保。2010 年，临沂新程金锣肉制品集团有限公司以金锣系列 32 件商标专用权作质押，获得农行临沂分行 10 亿元贷款额度。

通过商标专用权质押贷款，可拓宽企业融资渠道，将无形资产转化为有形资产，已成为当前企业融资的一种有效手段。

二、广西商标质押贷款现状

据不完全统计，截至 2011 年年底，广西共有驰名商标 17 件，广西著名商标 298 件，商标质押的基础条件良好。

目前，广西开展商标质押业务的金融机构并不多，仅有广西北部湾银行、国家开发银行广西分行等金融机构办理过商标专用权质押贷款业务。已办理商标专用权质押贷款的贷款客户只有广西玉柴股份有限公司、广西石乳茶业有限公司、广西桂西制药有限公司、广西春江食品有限公司等寥寥几家。除极少数企业外，贷款额度都不大。据不完全统计，截至 2011 年年底，广西商标质押贷款余额约 16 亿元。

广西北部湾银行为开展商标质押业务，专门制定《广西北部湾银行商标专用权质押贷款管理办法》，该办法规定：企业在申请商标质押贷款时，必须委托银行认可的评估机构对商标权价值进行评估，并出具商标价值评估报告；银行按价值酌情放款，质押贷款额度不超过拟质押商标评估价值的50%，且贷款期限原则上不超过一年；贷款利率按中国人民银行公布的同档次贷款利率执行，并可适当上浮；贷款的用途为生产经营流动资金；能申请商标质押贷款的企业应原则上具备信用评级AA级（含）以上，拥有中国驰名商标或广西著名商标或经该行认可的商标；商标专用权有效期限已过或贷款期限超过商标专用权有效期的、商标专用权存在争议的、商标专用权已折价计入被质押的股权的、存在法律禁止情形的商标专用权不能作质押；商标专用权质押期间，商标专用权人未经贷款人书面同意，不得以任何形式处置被质押的商标专用权。

国家开发银行广西分行没有制定专门的商标专用权质押贷款规范性文件，但其在已办理的贷款业务中，接受商标专用权作为担保物，发放贷款。操作中，国家开发银行广西分行办理商标质押贷款的要求与流程与前述广西北部湾银行规定相似。广西玉柴机器集团有限公司以“玉柴”“YUCHAI”等系列国内注册商标专用权共计78项（含外形相似的相关保护性商标，评估价值为人民币约33亿元）作为质押，向国家开发银行广西分行申请贷款。国家开发银行广西分行经审核，向广西玉柴机器集团有限公司办理商标质押贷款，授信额度为人民币12.5亿元。这是广西目前授信额度最高的商标质押贷款。

如前所述，工行、农行等金融机构已在其他省、直辖市、自治区办理商标质押贷款业务且贷款额度巨大，商标质押贷款业务模式已得到其总行的认可，广西企业向其申请商标质押贷款，政策上应当不存在障碍。

三、广西商标质押贷款存在的问题

从理论上讲，企业（特别是处于上升通道的企业）有强烈的资金需求，急需贷款但缺乏实物资产担保。央行对信用贷款额度有严格限制，金融机构应该积极探索商标质押贷款的途径，因为优秀企业的商标具有较高的市场价值。借贷双方都有共同的需求，企业与金融机构就商标质押贷款事宜本应一拍即合，但在实际操作中，却存在诸多具体问题制约商标质押贷款业务的发展。

（一）国家工商行政管理总局的商标注册系统存在检索盲区，商标权利可能处于不稳定状态

国家工商行政管理总局的商标注册系统存在检索盲区，企业商标注册时，此前已申请注册但未初审公告的商标不能检索。这将导致企业商标注册时检索的深度不够，商标注册前相同或相近似的商标获得授权的可能性不能排除，企业商标注册后，其权利处于不稳定状态。

（二）除法律另有规定外，商标的价值不能在企业的会计科目上反映，难以直观了解商标的价值

按现行会计制度，除商标作为出资或并购时作价等法律规定的情形外，商标不能计入企业会计报表中的无形资产项目，其价值没有在企业的会计科目上反映，金融机构很难直观了解进而评判商标的价值。

（三）商标评估相应的配套规范性文件不完善，商标价值评估结果的可信度不高

商标价值的评估包括对企业发展机遇、产品市场占有率等方面的全面评估，应当考虑无形资产权利的法律状态、无形资产的使用范围和获利能力、无形资产以往的评估及交易情况、类似的无形资产的市场价格信息、可能影响无形资产价值的宏观经济前景、行业、企业状况等因素，而不能仅就某一方面进行评估，否则难以反映商标的真实价值。当前，财政部颁布的无形资产评估

规范性文件《资产评估准则——无形资产》中，原则性规定较多，可操作性不强。商标评估相应的配套规范性文件不够完善，知识产权交易市场尚未成熟，导致评估的标准难以统一，评估机构的法律责任不够明确，评估人员道德风险难以规避，严重影响商标价值评估结果的可信度。

（四）商标价值的影响因素较多，商标价值处于不稳定状态

商标价值的影响因素较多，企业的业绩、经营方针和经营者的素质、竞争对手的变化等都可能改变商标的价值，从某种意义上讲，商标价值处于不稳定状态。

（五）企业商标管理的意识淡薄，商标价值存在淡化的风险

企业往往对商标管理不够重视，主要表现在未能注册维权所需的保护商标、未能规范地使用注册商标等方面，商标价值存在淡化的风险。

（六）商标质押贷款的门槛过高而授信的额度过低，与潜在客户条件难以匹配

金融机构设置的商标质押贷款的门槛过高而授信的额度过低，导致达到商标质押贷款条件的企业不看重该授信的额度，需要该授信的额度的企业却又达不到商标质押贷款条件，导致金融机构的要求与潜在客户条件难以匹配。

（七）缺乏完善的知识产权交易制度及市场，商标专用权难以及时变现

缺乏完善的知识产权交易制度及市场，金融机构行使质押权时，不能及时、全面发布准确、有效的供需信息，通过便捷的交易方式、产权登记、变动模式，实现商标权的合法转让、及时变

现。商标专用权难以及时变现，严重影响金融机构开展股权质押业务的积极性。

四、广西商标质押贷款困境之对策

解决前述制约商标质押贷款业务发展的瓶颈问题，需要政府、金融机构、中介机构、企业四方面的共同努力。

（一）政府发挥引导作用，建立和完善知识产权交易制度及市场，搭建商标质押贷款服务平台

建立和完善知识产权交易制度及市场，是进一步推进商标质押贷款的前提条件。利用知识产权交易市场，可以及时、全面发布准确、有效的商标供需信息，通过便捷的交易方式，实现质押商标的合法处置，提高质押商标的变现能力，解决金融机构的后顾之忧。

政府发挥引导作用，搭建商标质押贷款服务平台。政府一方面引导金融机构制定商标质押贷款相关业务管理办法并向金融机构推荐贷款企业，另一方面成立为企业贷款提供担保并接受商标作为反担保的中介机构，搭建商标质押贷款服务平台。

（二）金融机构应降低商标质押贷款的门槛，提高授信的额度，吸引潜在客户；提高贷款监管力度，保障贷款资金安全

广西金融机构应借鉴山东省、福建省等地金融机构的做法，降低商标质押贷款的条件，特别是信用等级、评估机构要求等方面的条件，提高授信的额度，与潜在客户需求相匹配，以吸引潜在客户。

同时，金融机构应提高贷款监管力度，保障贷款资金安全。金融机构可以专门成立风险控制机构，由客户经理对贷款企业的

经营情况进行实时监控、跟踪。金融机构可以与商标质押贷款申请人约定，未经该金融机构同意，商标质押贷款申请人不能再向其他金融机构申请贷款。金融机构应与商标质押贷款申请人约定：注册商标专用权人必须是质押商标的合法所有人；一件商标有两个或者两个以上共同所有人的，质押人为该注册商标的全体所有人；注册商标专用权人必须以其在同一种或者类似商品上注册的相同或者近似商标的专用权一并作为质押；在商标专用权质押期间，商标专用权人未经该金融机构书面同意，不得自行处置被质押的商标专用权。

（三）中介机构分工合作，负责对商标的市场价值进行评估、法律状态进行评价，并承担相应的风险

从其内部相关规范性文件上看，广西金融机构重视对商标市场价值的评估而忽视对商标法律状态的评价，这无疑给金融机构带来巨大的潜在风险；因为，市场价值的评估决定商标价值量的变化，而法律状态的评价决定商标价值质的变化。因此，金融机构至少应当要求申请商标质押贷款的企业提供两份报告：其一是拟质押的商标市场价值评估报告，其二是拟质押的商标法律状态评价报告。商标的市场价值评估报告由评估机构出具并负责，商标法律状态评价报告由律师事务所出具并负责。金融机构可与中介机构约定中介机构在收取费用的合理倍数范围内对报告的真实性承担责任，以提高中介机构的责任心及报告的公信力。

（四）企业应加强商标的注册、管理、运用和保护，确定并巩固商标权利，通过商标权出资、质押融资、许可使用等方式开展经营活动，体现并提升商标的价值

（1）企业应当在相同的商品上注册近似的商标并在类似商品上注册相同或者近似的商标作为主商标的保护商标，防范他人

注册，避免商标价值淡化。

（2）企业应围绕主商标定期检索，查询是否存在在先注册商标及在后的近似商标。如存在在先注册商标，及时受让在先注册商标或放弃已注册的主商标；如存在在后的近似商标，及时提出异议或申请撤销。

（3）规范使用注册商标，避免他人申请撤销。

（4）专项统计广告投入，量化商标市场价值。

（5）加强商标的管理，确定并巩固商标权利。

（6）在向银行申请商标质押贷款前，有意识地通过商标专用权出资、质押融资、许可使用等方式开展经营活动，体现并提升商标的市场价值。

【完稿时间 2012 年】

参考文献

[1] http：//www. chinasspp. com/News/Detail/2004 - 1 - 26/1829. htm，2012 年 4 月 19 日访问。

[2] http：//www. fjaic. gov. cn/ywdt/jcdt/200912/t20091218_6399. htm，2012 年 4 月 19 日访问。

[3] http：//www. chinacoms. com/news - anran. asp？ anran = 10496，2012 年 4 月 19 日访问。

[4] http：//www. dzwww. com/shandong/sdnews/201009/t20100902_5802405. html，2012 年 4 月 19 日访问。

[5] http：//news. gxnews. com. cn/staticpages/20110601/newgx4de57207 - 3845267. shtml，2012 年 4 月 19 日访问。

刑法编

行受贿犯罪中有关自首与立功认定疑难问题探析

——以李某行贿案为例

周化冰　周华荣[1]

一、简要案情

李某，49 岁，案发时系一家国有企业负责人。2016 年 7 月，因涉嫌挪用公款罪被检察机关立案侦查。李某在侦查阶段主动交代了检察机关尚未掌握的其向国家工作人员刘某行贿 25 万元的犯罪事实，后经查证属实，刘某被以受贿罪立案侦查。

二、分歧意见

第一种意见认为，李某主动如实供述检察机关尚未掌握的行贿罪行，构成自首；同时李某也检举揭发了刘某受贿的事实，亦构成立功。

第二种意见认为，李某在侦查阶段向检察机关交待其对刘某行贿的事实，是自首，不能认定为立功。

第三种意见认为，李某检举揭发刘某受贿行为，并经查证属实，应认定为立功。

[1] 周化冰，男，广西万益律师事务所副主任、高级合伙人，专业领域：刑事辩护，刑事合规，公司治理，联系电话：13607864020；周华荣，女，广西万益律师事务所专职律师，专业领域：刑事辩护与代理、预防培训及咨询，联系电话：15296365086。

三、法律评析

本案争议的焦点在于自首与立功的认定及区分问题。当行为人因涉嫌犯罪被采取强制措施，在侦查过程中行为人积极交待了向相关公务人员行贿并且检举其收受贿赂的事实，且检察机关根据行为人的检举揭发，查出该公务人员的受贿事实，行为人检举揭发他人受贿的行为可否构成立功？

关于行贿人检举他人受贿是否认定为立功问题，理论界存在争论。否定说认为，行贿和受贿是对合性犯罪。所谓对合性犯罪，是指双方主体各自实施的犯罪行为之间存在对应关系，共同促进双方犯罪行为的完成，缺少一方的犯罪行为，另一方的犯罪行为就无法实施或者完成。在对合性犯罪中，一方供述自己犯罪行为时必然涉及行为相对方的犯罪行为，这种情况不应认定揭发他人犯罪构成立功。虽然行为人供述出他人的犯罪事实，但该犯罪事实也是其自己犯罪事实的有机构成部分，根据法律规定，供述自己罪行是不构成立功的。[1] 最高人民法院法公布（2001）第 50 号案例《李立虚开增值税专用发票案》对此亦做了否定回答。该案的裁定书指出："被告人李立在归案后检举他人受贿的事实虽然存在，但系自己的行贿行为，依法不构成立功。"肯定说认

---

[1] 职务犯罪中有关立功认定疑难问题浅探 . http：//qres9165. fyfz. cn/blog/qres9165/index. aspx？ blogid = 366713.

尚召生：从六起案例浅析关于立功的几个问题，http：//www. chinalawedu. com/news/2004_5/11/1419531975. htm；揭发型立功中"他人犯罪行为"的认定，http：//www. lawtime. cn/article/lll716228721322oo7589.

在这些文章中论述道：我国刑法中关于对合性犯罪的规定比较多，如第 171 条的出售假币罪和购买假币罪的对合、第 206 条的出售伪造的增值税专用发票罪和第 208 条的购买伪造的增值税专用发票罪的对合、第 207 条的非法出售增值税专用发票罪和第 208 条的非法购买增值税专用发票罪的对合，等等。在此类犯罪中，一个人的犯罪必然与他人的犯罪相关联。行为人揭发受贿人收受自己贿赂的犯罪事实，其实是其交待自己行贿罪行的必要内容。而依刑法之精神，检举揭发是指本人犯罪行为以外的他人犯罪行为。因此，行贿人揭发受贿人收受自己贿赂的犯罪行为有违立功的法律精神，因而也就不能构成立功。

为，行为人检举他人犯受贿罪且查证属实，即使行为人是行贿人也不影响立功成立。笔者赞同肯定说。否定说是对自首与立功制度的错误理解。众所周知，受贿犯罪具有严重的社会危害性，而行贿与受贿犯罪往往只有行贿人、受贿人双方知晓。没有行贿人的检举揭发，受贿案件取证困难，很难查处。如果行贿人检举揭发他人受贿罪且查证属实时不认定为立功，并对检举揭发者依法考虑从轻、减轻或者免除处罚，这显然也不符合我国有利被告人的刑事政策精神。

（一）自首与立功制度的价值取向：有利于查处犯罪

自首与立功是我国刑罚裁量中的两项从宽处罚制度，也是两个重要的从宽处罚情节，是贯彻宽严相济刑事政策的具体化、法律化。进一步来说，刑法为什么设置立功制度？这涉及对立功制度本质的认识问题。刑法规定立功制度的目的是“鼓励犯罪分子立功，有利于查处犯罪”。立功的立法精神是有利于发现犯罪，减少在侦查案件上的人力、物力、财力投入，抓捕犯罪分子并及时打击犯罪，提高效率。可见，“有利于查处犯罪”是设置立功制度的价值取向。我国刑法立功制度的价值基础既有正义论的基础，也有功利主义的根基。行贿人主动交代自己行贿行为的同时，必然会检举揭发受贿人的受贿犯罪事实，用法律规定鼓励行贿人检举揭发他人受贿犯罪，以获得从轻、减轻或者免除处罚，这与刑法规定的自首、立功制度相吻合。因此，充分运用刑法关于立功制度的规定，鼓励行贿人检举揭发他人受贿犯罪，有利于更好地查明案件事实真相，实现社会正义；有利于打击受贿这种更为严重的职务犯罪，维护更大的司法利益；还有利于司法资源的合理配置，符合诉讼的经济理性。

（二）一枚硬币的两面：自动交待与检举揭发

（1）自动交待与检举揭发属一个行为还是两个行为？学者

们对此也有不同的看法。有学者认为：行为人主动交待向相关公务人员行贿并检举其收受自己的贿赂是两个独立的行为。还有学者认为：主动交待与检举揭发貌似数个行为，实为一个行为，即向检察机关陈述整个犯罪事实经过的行为。笔者以为第二种观点更为合理。

《刑法》第 389 条规定：“为谋取不正当利益，给予国家工作人员以财物的，是行贿罪。”根据行贿罪的构成要件以及自首的构成条件，若要认定行贿人为自首，则必须将收受财物的公务人员是谁、收受了多少财物、收受财物是否已经完成等关键问题交待清楚；反之亦然。若要认定行贿人为立功，也必须将行贿人是谁、向公务人员行了多少财物、行贿是否已经完成等关键问题检举清楚。由此得出的结论则是：当行贿人自动交待之时，必然包含了检举揭发受贿人收受贿赂的内容，否则不能成立自首；当行贿人检举揭发受贿人之时必然包含了自动交待自己行贿的内容，否则立功也不能成立。行贿人和受贿人无论哪一方以自首者的角色出现，其在供述自己犯罪的同时，也证明了对方犯罪。自动交待与检举揭发仅仅是从不同的视角对同一个行为予以不同的审视。

（2）为进一步严格规范自首、立功等量刑情节的认定和处理，两高于 2009 年年初联合发布了《关于办理职务犯罪案件认定自首、立功等量刑情节若干问题的意见》。但该意见也未对行为人检举揭发与自己犯罪“有关联的他人犯罪”是否构成立功这个问题作出明确规定。从《刑法》第 68 条规定的立功来看，犯罪分子是否具有立功表现关键要看其是否检举揭发了他人的犯罪事实并查证属实。可见，该条并没有排除行为人检举揭发与自己犯罪有关联的他人犯罪构成立功的可能性。这就说明，犯罪分子不论其检举揭发的他人犯罪是否与自己的犯罪有关联，都不影响立功的成立。行、受贿罪是两个相互关联及对应的犯罪，同时又是两个独立的犯罪。行贿人如实供述自己向他人行贿的犯罪事实，则相应地检举揭发了他人的受贿事实，此时行贿人的行为就具有双重性：一方面，行贿人供述自己向他人行贿的事实如果属司法机关还未掌握的本人的其他罪行，则符合《刑法》第67条规定成立自首；另一方面，行贿人检举揭发他人受贿的犯罪事实如果查证属实，则其检举揭发行为符合《刑法》第68条规定成立立功。因此，行贿人如实供述行贿罪行不仅可以成立自首，还可以认定为揭发他人受贿罪行的立功。

具体到本案，笔者认为李某供述自己向刘某行贿事实也是其检举揭发刘某受贿事实，即李某向检察机关如实陈述整个犯罪事实经过的行为既构成自首，亦构成立功。

（三）自首与立功：并列抑或竞合

有学者提出，行为人因犯罪被采取强制措施，在刑事诉讼过程中，行为人自动交待了向有关公务人员行贿并检举该公务员收受自己的贿赂的犯罪事实，且检察机关根据行为人的检举揭发，查获了该公务员的受贿犯罪，这一行为应当认定为“自首并立功”，属于并列关系。行为人供述自己的行贿罪行客观上揭发了他人的受贿；揭发了他人受贿客观上披露了自己的行贿，这两种情况的处理有所不同。按照现行刑法规定，前者既符合自首的条件又符合立功的特征，可以同时对行为人适用。笔者认为此观点值得商榷。

虽然行贿人揭发对合受贿犯罪既构成自首，又构成立功，但是并不能对其认定为“自首并立功”。如前已有论述，《刑法》条文实际上把这一行为归入了两种法律评价体系内：既可将该行为纳入自首评价体系，又可将该行为纳入立功评价体系。由此，参照我国刑法理论界中关于想象竞合犯的规定：想象竞合犯，也称想象的数罪、观念的竞合，是指行为人实施了一个行为，一个行为触犯了数个罪名的犯罪形态。行贿人揭发对合受贿犯罪与想象竞合犯的规定有诸多相似之处，比如仅有一个行为；《刑法》条文均对其进行了两种评价。因此，笔者认为，行贿人揭发对合受贿犯罪不属于“自首并立功”，而应该是“自首与立功的竞合”。

（四）处理结果：有利于行贿人的原则择一处断

我国《刑法》对自首的处断原则为：对于自首的犯罪分子，可以从轻或者减轻处罚；犯罪较轻的，可以免除处罚。对立功的处断原则为：犯罪分子有揭发他人犯罪行为，查证属实的，或者提供重要线索，从而得以侦破其他案件等立功表现的，可以从轻或者减轻处罚；有重大立功表现的，可以减轻或者免除处罚。

我们再来看想象竞合犯，日本《刑法》第 54 条明文规定：“一个行为同时触犯两个以上罪……按照其最重的刑罚处断。”在我国，通说亦主张按“从一重罪处断原则”处理，即依照行为触犯的数个罪名中法定刑较重的犯罪定罪处罚，而不实行数罪并罚。我国《刑法》第 329 条也明文规定了这一原则。[1] 据此，笔者认为，当行贿人揭发对合受贿犯罪时，也应当认定其是“自首与立功的竞合”，也应参照想象竞合犯的原则处断，以实现定性与处断的一致更为合理。具体说来，应当视案件所涉及的具体情节等诸多因素遵循“有利于行贿人”的原则择一而定。例如，当行贿犯罪较轻时，适用自首较适用立功对行贿人更为有利，应当适用自首来对其行为进行处断；反之，当受贿犯罪为重大案件时，可能成立重大立功，就应对其适用立功来进行处断。鉴于李

---

[1] 该条第 1 款规定了抢夺、窃取国有档案罪，第 2 款规定了擅自出卖、转让国有档案罪，紧接着第 3 款规定“有前两款行为，同时又构成本法规定的其他犯罪的，依照处罚较重的规定定罪处罚。”这一处断原则不仅适用本条款规定的犯罪，对其他想象竞合犯同样适用。

某向刘某行贿25万元，谋取不正当利益还未达到“情节严重”；李某自首并检举刘某的受贿行为，而此时李某还未构成重大立功。❶ 又因为根据《刑法》第390条第2款规定：“行贿人在被追诉前主动交待行贿行为的，可以从轻或者减轻处罚。其中，犯罪较轻的，对侦破重大案件起关键作用的，或者有重大立功表现的，可以减轻或者免除处罚。”因此，对李某适用自首较为适宜。

【完稿时间2017年】

参考文献

[1] 邱爱玲．揭发型立功与协助型立功的认定［N］．人民检察，2012-10-23．

[2] 谢望原．应从有利于维护人权角度理解自首与立功［N］．检察日报，2003-08-12．

---

❶ 《最高人民法院　最高人民检察院关于办理贪污贿赂刑事案件适用法律若干问题的解释》

第2条　贪污或者受贿数额在二十万元以上不满三百万元的，应当认定为刑法第三百八十三条第一款规定的“数额巨大”，依法判处三年以上十年以下有期徒刑，并处罚金或者没收财产。

第7条　为谋取不正当利益，向国家工作人员行贿，数额在三万元以上的，应当依照刑法第三百九十条的规定以行贿罪追究刑事责任。

第8条　犯行贿罪，具有下列情形之一的，应当认定为刑法第三百九十条第一款规定的“情节严重”：

（一）行贿数额在一百万元以上不满五百万元的；……

《最高人民法院关于处理自首和立功具体应用法律若干问题的解释》

第7条　根据《刑法》第68条第1款的规定，犯罪分子有检举、揭发他人重大犯罪行为，经查证属实；提供侦破其他重大案件的重要线索，经查证属实；阻止他人重大犯罪活动；协助司法机关抓捕其他重大犯罪嫌疑人（包括同案犯）；对国家和社会有其他重大贡献等表现的，应当认定为有重大立功表现。

前款所称“重大犯罪”“重大案件”“重大犯罪嫌疑人”的标准，一般是指犯罪嫌疑人、被告人可能被判处无期徒刑以上刑罚或者案件在本省、自治区、直辖市或者全国范围内有较大影响等情形。

[3] 王利平．行贿人揭发他人受贿犯罪构成立功［EB/OL］．http：//tlj-cy. gov. cn/ReadNews. asp？NewsID =792.
[4] 张影，谢文春．立功制度若干问题研究［J］．行政与法，2011（12）：92 -95.
[5] 高一飞，李一凡．行贿人揭发对合的受贿犯罪应认定为“自首并立功”［N］．检察日报，2007 -04 -09.
[6] 卿尚兵．行贿人揭发对合受贿犯罪应为自首与立功竞合．正义网.
[7] 行贿犯罪中自首与立功的认定与处断．永善县人民法院网.

广西贿赂案件量刑趋势分析及应对策略

周化冰　零阳川[1]

在“互联网+”时代，刑辩律师如何展开有效的辩护，在法律的框架内最大限度地维护当事人的利益？除了拥有深厚的法律功底、娴熟的辩护技能、高度的责任心外，掌握审判规律，分析法官自由裁量的思路和价值取向，无疑有助于当事人在每一个司法案件中能感受到公平与正义。公开促公正，在司法公开的大背景下，最高人民法院要求自2014年1月1日起，各级法院应当以公开为原则、不公开为例外，将符合条件的生效裁判文书在互联网公布。除法律有特殊规定外，裁判文书上网公开应该覆盖到所有案件，不允许根据案件类型、影响大小和文书质量高低进行取舍和选择性公开。之后，海量的裁判文书正在持续不断地上传、公布。基于此，我们对这些公开的文书进行研究分析，本身即为司法公开题中应有之义，也是掌握审判规律，分析法官自由裁量思路和价值取向的最重要的路径。

在中国裁判文书网中，全国各地各类案件浩如烟海，囿于时间和精力，特别是我们深耕本土。因此，选取广西范围内最敏感、最受老百姓关注的贿赂案件的量刑情况进行梳理分析，以有

[1] 周化冰，男，广西万益律师事务所副主任、高级合伙人，专业领域：刑事辩护、刑事合规、公司治理，联系电话：13607864020；零阳川，女，原广西万益律师事务所专职律师，专业领域：刑事、民商事领域，联系方式：13471006604。

助于我们进行有效的辩护。我国《刑法》（1997 年修订）采取的是以固定数额为标准的定罪量刑的立法模式，对受贿数额和量刑之间拉不开档次差距，让老百姓长期不满，各地法院对受贿十万元以下和受贿十万元以上刑罚处罚的不平衡、不合理一直饱受公众非议。《刑法修正案九》于 2015 年 11 月 1 日起施行，贪污贿赂案件量刑原则发生了变化，由简单以数额为量刑标准改为“数额加情节”的量刑标准。同时，2015 年又是不断推进打“老虎”、拍“苍蝇”，持续加大对行贿打击力度的一年。因此，我们聚焦 2015 年，截取裁判文书网中 2015 年度所有广西法院审理的行贿罪、受贿罪的案件，对该类案件量刑的情况进行分析。

通过对裁判文书及汇总数据分析，广西法院 2015 年度共审理行贿罪案件 31 件，受贿罪案件 92 件，共 123 件，无无罪的判决，没有《刑法修正案九》施行后的判决。

一、行贿罪部分数据分析

（一）各区域法院行贿罪分布（见图 1）

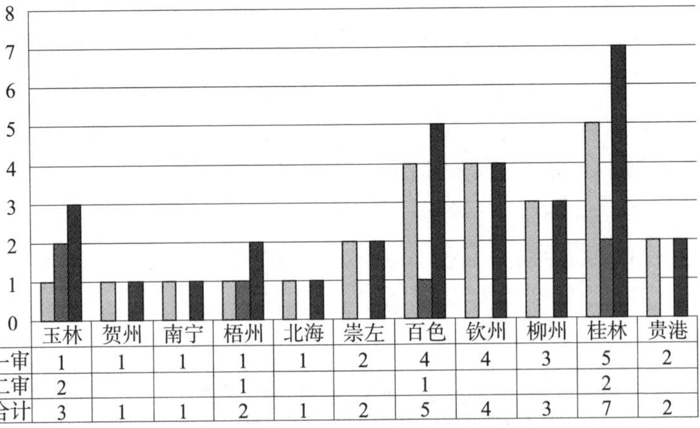

	玉林	贺州	南宁	梧州	北海	崇左	百色	钦州	柳州	桂林	贵港
□一审	1	1	1	1	1	2	4	4	3	5	2
■二审	2			1			1			2	
■合计	3	1	1	2	1	2	5	4	3	7	2

图 1　各区域法院行贿罪分布

（二）案件审理与裁判结果（见表1）

表1　案件审理与裁判结果

审判程序	案件数量/件	行贿数额/元	案件数量/件	裁判结果	案件数量/件	减轻/件	从轻/件
一审	25	<20 万	20	缓刑	12	3	8
				免于刑事处罚	6	5	1
				有期徒刑	2	1	
		20 万~100 万	4	缓刑	4	3	1
二审	6	<20 万	4	维持原判	2	1	1
				免于刑事处罚	1		1
				有期徒刑	1		
		20 万~100 万	2	维持原判	2		

一审25件，二审6件，共31件；

行贿数额20万元以下24件，占77.4%，20万~100万元6件，占19.4%，100万元以上无；

免于刑事处罚7件，占22.6%；

缓刑16件，占51.6%；

二审6件，上诉率19.4%；改判2件，上诉改判率33.3%；

具有自首或立功减轻情节的13件，占41.9%。

二、受贿罪部分数据分析

（一）各区域法院受贿罪分布（见图 2）

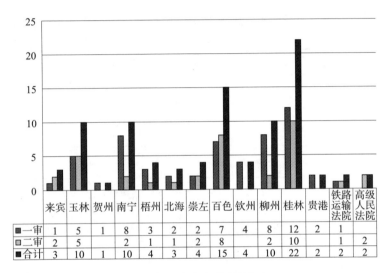

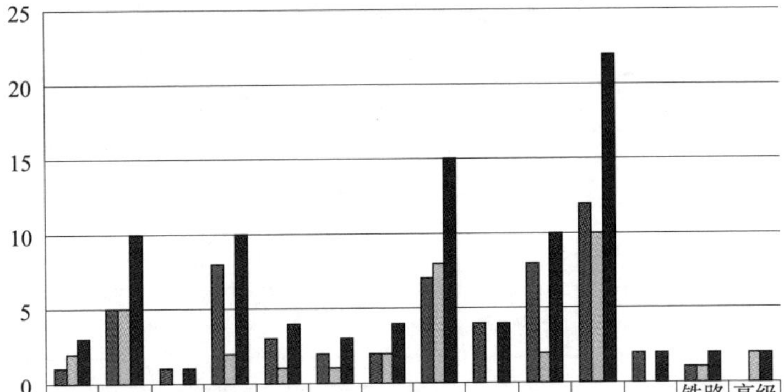

	来宾	玉林	贺州	南宁	梧州	北海	崇左	百色	钦州	柳州	桂林	贵港	铁路运输法院	高级人民法院
一审	1	5	1	8	3	2	2	7	4	8	12	2	1	
二审	2	5		2	1	1	2	8		2	10		1	2
合计	3	10	1	10	4	3	4	15	4	10	22	2	2	2

图 2　各区域法院受贿罪分布

（二）案件审理与裁判结果（见表 2）

表 2　案件审理与裁判

程序	案件数量/件	受贿数额/元	案件数量/件	裁判结果	案件数量/件	减轻/件	从轻/件
一审	56	<5 万	28	缓刑	13	4	8
				免于刑事处罚	6	4	2
				有期徒刑	9	4	5
		5 万～10 万	7	缓刑	1	1	
				有期徒刑	6	4	2

续表

程序	案件数量/件	受贿数额/元	案件数量/件	裁判结果	案件数量/件	减轻/件	从轻/件
一审	56	>10万	21	缓刑	1		1
				免于刑事处罚	1		1
				有期徒刑	19	11	8
二审	36	<5万	12	维持原判	10	2	6
				免于刑事处罚	1	1	
				有期徒刑	1		1
		5万~10万	8	维持原判	8	2	6
		>10万	15	维持原判	13	5	6
				有期徒刑	1		1

一审56件，二审36件，共92件；

受贿数额5万元以下40件，占43.4%，5万~10万元15件，占16.3%，10万元以上36件，占39.1%；

免于刑事处罚8件，占8.7%；

缓刑15件，占16.3%；

二审36件，上诉率39.1%；改判3件，上诉改判率8.3%；

具有自首或立功减轻情节的38件，占41.3%。

三、量刑趋势分析及应对策略

从裁判文书可知，法官不仅充分保障了辩护律师的权利，更重要的是对辩护律师的辩护意见予以高度重视。

（一）刑罚处置轻缓化的趋势

行贿罪免于刑事处罚、缓刑共23件，占74.2%；受贿罪免于刑事处罚、缓刑共23件，占25%。这充分说明法院对贿赂犯罪免于刑事处罚、缓刑等非监禁刑的适用率相对还是较高的。这类犯罪的量刑常常受到大众的关注，部分公众往往对贿赂犯罪非监禁刑的适用颇有微词，认为适用率过高不利于遏制贿赂犯罪的发生，不利于反腐败。其实，尽量减少监禁的刑罚处置充分体现刑罚人道性和谦抑性的原则，顺应国际刑罚轻缓化的趋向，贯彻罪责刑相适应原则。

因此，刑事律师应最大限度地进行适用非监禁刑的辩护，要实现非监禁刑的目标，除了在法庭上展开实体的辩护外，要重视程序的辩护，特别是要坚定不移地将程序辩护前置，在侦查阶段根据《人民检察院办理羁押必要性审查案件规定（试行）》的规定及时向检察院申请进行羁押必要性审查，减少对犯罪嫌疑人的羁押，减轻审判机关作出无罪或适用非监禁刑判决的压力，进一步扩大提高非监禁刑的适用。

（二）上诉改判率较高

根据对裁判文书的统计，广西2015年度行贿罪上诉改判率33.3%，受贿罪上诉改判率8.3%，. 行贿罪上诉改判率远高于受贿罪。对当事人拟上诉的案件，律师秉持诚信的原则，依据事实和法律，根据上诉法院裁判的规律和逻辑预测二审的结果，以便当事人借此作出是否上诉的决定，不仅取得良好的社会效益和经济效益，也提升了司法机关的权威。因此，在“互联网+”时代，通过大数据分析上诉法院对该类案件的审判结果，掌握审判规律及法官裁判的逻辑，特别是找出上级法院的同类案例或最高法院此类案件的指导案例，无疑有助于赢取满意的结果。

（三）自首、立功是影响量刑的关键情节

行贿罪具有自首或立功减轻情节的13件，占41.9%；受贿罪具有自首或立功减轻情节的38件，占41.3%。行贿罪和受贿罪具有自首或立功减轻情节占的比率基本相当。无疑，自首或立

功减轻情节是实现非监禁刑适用的最重要的基础。之前，行贿罪非监禁刑适用的比率比受贿罪高得多。究其原因，贿赂犯罪往往是一对一在比较隐秘的情况下进行的，侦破难度较大，基于对职务廉洁性的要求、人民群众对腐败的痛恨，侦查机关为了攻下对合犯，对行贿者往往法外开恩作为污点证人，即使要追究刑事责任，一般适用非监禁刑。可干部被“围猎”，权钱交易、权色交易，搞利益输送，遏制腐败蔓延的任务非常艰巨，在此背景下，有必要加大工作力度，依法从严惩治行贿犯罪。由于《刑法》（1997 年修订）规定行贿人在被追诉前主动交待行贿行为的，可以减轻处罚或者免除处罚，这条特别自首条款，对于行贿罪非监禁刑大幅度适用功不可没。呼应加大对行贿者的打击力度，《刑法修正案九》对上述特别自首条款修改为行贿人在被追诉前主动交待行贿行为的，可以从轻或者减轻处罚。其中，犯罪较轻的，对侦破重大案件起关键作用的，或者有重大立功表现的，可以减轻或者免除处罚。《刑法修正案九》对行贿罪免除处罚的情形进行了限缩，回归《刑法》第 67 条关于对自首的处理，但仍然是当事人争取实现非监禁刑的最惯常有力的依据。

最高人民法院、最高人民检察院发布《关于办理职务犯罪案件认定自首、立功等量刑情节若干问题的意见》，这是判断职务犯罪案件中自首、立功标准的唯一司法解释。该解释规定犯罪事实或者犯罪分子未被办案机关掌握，或者虽被掌握，但犯罪分子尚未受到调查谈话、讯问，或者未被宣布采取调查措施或者强制措施时，向办案机关投案的，是自动投案。在此期间如实交待自己的主要犯罪事实的，应当认定为自首。

犯罪分子向所在单位等办案机关以外的单位、组织或者有关负责人员投案的，应当视为自动投案。两高出台的意见对认定自首的标准进一步明确具体化，条件亦相对宽泛，也是决定是否从轻、减轻或者免除处罚，判处非监禁刑的重要法律依据。

四、结束语

也许贿赂案件较为敏感的缘故，或者其他原因，很大部分的裁判文书应该还没上传，因为在强力反腐的当下，2015 年度，来宾共办理贿赂案件 3 件、贺州 2 件、北海 4 件、贵港 4 件，这不符合常态常理。令人兴奋的是《刑法修正案九》采用“数额加情节”量刑标准，改变过去以固定数额为标准作为定罪量刑的僵硬模式，相对避免刑事处罚不平衡、不合理的状况，给法官更大的自由裁量空间。由于裁判文书不全且只截取一个年度的数据，据此作出的分析难免不够客观准确。不过，我们在现有案例的基础上所作的分析希望对读者有所助益，针对不同的案件适时采取不同的辩护策略，而且，以审判为中心的刑事诉讼改革对我们辩护律师庭审的能力提出了更高的要求，我们只有掌握审判规律，不断地提高我们的辩护技能，才能在法律的框架内最大限度地维护当事人的利益。

【2016 年第八届西部律师发展论坛论文优秀奖】

辩护策略：贩毒人员住所等处查获毒品类贩毒案件

闫宏伟[1]

贩毒人员被抓获后，侦查机关常常会在其住所、车辆等处查获毒品，对于这部分被查获的毒品是否计入贩毒人员的贩卖数量，司法实践中的认识分歧较大。众所周知，贩卖毒品罪的主要量刑依据是贩卖的毒品数量，且普遍处刑较重，最高可判死刑。因此，是否将在贩毒人员住所、车辆等处查获的毒品计入贩毒数量对贩毒人员的定罪量刑影响极大，个别案件中甚至关乎贩毒人员的生死。作为刑辩律师，在办理此类案件的时候，务必在现有法律框架内竭尽全力查找证据，将不应计入贩毒数量的毒品排除于贩卖毒品的数量之外，为当事人争取合法利益最大化。

一、深刻理解《武汉会议纪要》对此类案件的处理规定

由于毒品犯罪的社会危害性极其严重且犯罪行为隐蔽，查处困难，为了有效打击犯罪，最高人民法院先后在南宁、大连、武汉召开会议，研究讨论毒品犯罪案件的审判工作，并分别形成了

[1] 闫宏伟，男，广西万益律师事务所专职律师、刑事辩护事务部副部长，专业领域：刑事辩护与代理、刑事合规、公司法相关，联系电话：18777171336。

会议纪要[1]，要求全国法院参照执行。这三个会议纪要，就是业界俗称的《南宁会议纪要》《大连会议纪要》和《武汉会议纪要》。虽然会议纪要并不是司法解释[2]，不具有法律效力，也不能在判决书中引用[3]，但由于最高人民法院明确要求全国法院“结合审判工作实际参照执行”，所以，在毒品犯罪案件的司法实践中，这三个会议纪要就成了重要的参考文件，甚至有的法院还在判决书中引用会议纪要的具体条文来增强说服力。[4]

因此，在考察从贩毒人员住所、车辆等处查获的毒品是否应计入其贩卖数量的问题时，必须研究这三个会议纪要的规定。对此问题，《大连会议纪要》在吸收了《南宁会议纪要》相关内容的基础上作出了如下规定：“对于以贩养吸的被告人，其被查获的毒品数量应认定为其犯罪的数量，但量刑时应考虑被告人吸食毒品的情节，酌情处理；被告人购买了一定数量的毒品后，部分已被其吸食的，应当按能够证明的贩卖数量及查获的毒品数量认定其贩毒的数量，已被吸食部分不计入在内。”而最高人民法院 2015 年 5 月 18 日发布的《武汉会议纪要》则规定：“贩毒人员被抓获后，对于从其住所、车辆等处查获的毒品，一般均应认定为其贩卖的毒品。确有证据证明查获的毒品并非贩毒人员用于贩卖，其行为另构成非法持有毒品罪、窝藏毒品罪等其他犯罪的，

[1] 即最高人民法院于 2000 年 4 月 4 日发布的法［2000］42 号《全国法院审理毒品犯罪案件工作座谈会纪要》（简称《南宁会议纪要》）、2008 年 12 月 1 日发布的法［2008］324 号《全国部分法院审理毒品犯罪案件工作座谈会纪要》（简称《大连会议纪要》）、2015 年 5 月 18 日发布的法［2015］129 号《全国法院毒品犯罪审判工作座谈会纪要》（简称《武汉会议纪要》）。

[2] 根据《最高人民法院关于司法解释工作的规定》，司法解释的形式分为“解释”“规定”“批复”和“决定”四种，“会议纪要”并不在列。

[3] 见《最高人民法院关于裁判文书引用法律、法规等规范性法律文件的规定》第三条。

[4] 见马雪俊贩卖毒品案二审刑事判决书，玉溪市中级人民法院（2014）玉中刑终字第 129 号，中国裁判文书网。

依法定罪处罚。”“对于有吸毒情节的贩毒人员，一般应当按照其购买的毒品数量认定其贩卖毒品的数量，量刑时酌情考虑其吸食毒品的情节；购买的毒品数量无法查明的，按照能够证明的贩卖数量及查获的毒品数量认定其贩毒数量；确有证据证明其购买的部分毒品并非用于贩卖的，不应计入其贩毒数量。”

可见，相比《南宁会议纪要》和《大连会议纪要》，《武汉会议纪要》对于此问题的规定有了很大的变化，更加明确、具体，加大了对毒品犯罪的打击力度，使法网更加绵密；同时也规定了例外情形，一定程度上贯彻了责任主义原则。《武汉会议纪要》在此问题上的改变主要表现在五个方面：①将“以贩养吸的被告人”修改为“贩毒人员”，扩大了主体范围；②将“以贩养吸”改为“有吸毒情节”，减轻了司法人员的证明责任；③将“被查获的毒品”细化为“从其住所、车辆等处查获的毒品”，进一步明确了查获毒品的范围，防止缩小解释为“随身查获”；④对于“有吸毒情节”的贩毒人员，增加了“一般应当按照其购买的毒品数量认定其贩卖毒品的数量”的规定，在加大对此类贩毒行为打击力度的同时，也减轻了司法人员的证明责任；⑤改变之前的两个会议纪要“一刀切”式的认定方式，对于普通贩毒人员和“有吸毒情节”的贩毒人员均明确规定了例外情形，即确有证据证明其被查获的或者购买的毒品并非用于贩卖的，不应计入其贩毒数量。

根据最高人民法院法官的解释，《武汉会议纪要》是对《大连会议纪要》的补充和完善，两者应当配合适用。在本文讨论的问题上，《大连会议纪要》虽有规定，但《武汉会议纪要》作了修改、完善，应该参照《武汉会议纪要》的规定执行。因此，《武汉会议纪要》的上述规定，就成了今后法院审判此类案件时的重要参考依据。

二、适当阐述法理，为当事人争取量刑利益

根据《武汉会议纪要》的判断，“当前和今后一个时期，我国仍将处于毒品问题加速蔓延期、毒品犯罪高发多发期、毒品治理集中攻坚期，禁毒斗争形势严峻复杂，禁毒工作任务十分艰巨”。在此背景下，加上我国法治建设还处于起步阶段，司法机关在打击此类犯罪的时候，往往有急功近利，重打击、轻保护的倾向，甚至在出台的司法解释和参考文件中有一些明显违背法理的条款。对此，刑辩律师要始终保持高度警惕，明确指出公安司法机关所依据的司法解释、参考文件的不合法理之处，不能以“存在的就是合理的”为由，想当然地认同这些司法解释和参考文件的规定。

当然，作为刑辩律师，在承办案件的时候，应以解决实际问题为原则，不能罔顾实际，空谈法理。刑辩律师的职责，就是在现实的法治环境下，合法合理地利用实际有效的法律规则、司法习惯和做法，为当事人争取合法利益最大化，这也是刑辩律师职业道德的应有之义。但是，这并不说明，在刑事辩护过程中，法理不能谈，或者谈了没有用。对于明显违背法理的法律规则、司法习惯和做法，辩护律师要坚决指出，而不能以不会被法院支持为由避而不谈。这种明知不可为而为之的做法，即使表面上得不到法官的支持，也会给有法律思维的法官一定的影响，以争取使其在自由裁量权的合理范围内给当事人以量刑上的优惠，对于从贩毒人员住所等处查获毒品类贩毒案件的辩护来说，更是如此。

从法理上讲，《武汉会议纪要》将从贩毒人员住所、车辆等处查获的毒品认定为其贩卖的毒品，特别是将“有吸毒情节”的贩毒人员购买的毒品认定为其贩卖的毒品，已经严重违反了罪刑法定原则。而且，这种情形在有关毒品犯罪的司法解释中并不鲜见。比如，最高人民法院《关于适用〈全国人民代表大会常

务委员会关于禁毒的决定〉的若干问题的解释》第2条规定："贩卖毒品，是指明知是毒品而非法销售或者以贩卖为目的而非法收买毒品的行为。"《最高人民检察院公安部关于公安机关管辖的刑事案件立案追诉标准的规定（三）》第1条规定："本条规定的'贩卖'是指明知是毒品而非法销售或者以贩卖为目的而非法收买的行为。"无论是《武汉会议纪要》将持有毒品的行为认定为"贩卖毒品"，还是上述两个司法解释将"非法收买毒品"解释为"贩卖毒品"，都严重背离了"贩卖"二字的基本含义，属于典型的类推解释，会导致对被告人处罚的严重不公。对于司法实践中的这种做法，著名刑法学者张明楷教授就在其教材中明确表达了反对的意见。诚然，贩卖毒品犯罪的严重社会危害性和难以查证的特点，使得在刑事政策上有从严处罚的必要，但是，刑事政策应该是在立法层面使用的概念，在司法过程中，彻底贯彻罪刑法定原则才是法治的要义。既然法律规定了"非法持有毒品罪"，就不应该将持有毒品的行为再类推解释为"贩卖毒品"；既然刑法没有处罚收买毒品的行为，就不能将"非法收买毒品"类推解释为"贩卖毒品"，否则就是违反了罪刑法定原则。

三、积极查找反证，将查获的毒品排除于贩卖数量之外

在阐述了法理之后，刑辩律师还要在现有的规则之内，为当事人争取合法利益。对于从贩毒人员的住所、车辆等处查获的毒品性质认定，《武汉会议纪要》确立了推定的证明方法。所谓推定，"是一种根据所证明的基础事实来认定推定事实成立的方法"，其核心特征在于"基础事实的成立是推定事实成立的前提，而推定事实的成立，并不是举证方提出证据加以证明的，而是由法律通过推定而自动成立的。"这种司法证明中的推定，作

为一种替代司法证明的方法，减轻了公诉机关的证明负担，提高了诉讼效率。但由于“推定都是以基础事实和推定事实之间的常态联系或伴生关系为依据”，在基础事实和推定事实之间，并不存在绝对确定的逻辑关系，所以，允许被告人提出反证。一旦被告人提出了有足够说服力的反证，公诉机关就不能再坚持之前的推定，而必须按照司法证明的标准和方法，举出确实、充分的证据证明其指控，否则，要承担举证不能的后果。

因此，刑辩律师在办理此类案件的时候，首先要关注的，就是查找被查获的毒品不是贩毒人员用来贩卖的证据，以达到《武汉会议纪要》规定的“确有证据证明其购买的部分毒品并非用于贩卖的，不应计入其贩毒数量”的目的，从而推翻司法机关的推定。

在查找反证的时候，必须考虑的问题是反证要达到怎样的证明标准，才能推翻司法机关的推定。我国《刑事诉讼法》第 53 条确立的刑事案件定罪量刑标准是证据“确实、充分”，衡量标准之一便是“排除合理怀疑”。确立这么严格的标准是因为刑事案件关系到被告人的自由、财产甚至生命，容不得丝毫差错。而《武汉会议纪要》规定的“确有证据”的反证证明标准显然不能套用定罪量刑的标准。按照著名刑诉法学者陈瑞华教授的观点，被告方对推定事实的证伪或者对相反事实的证明只要达到“高度可能性”就可以了❶。这是因为辩方取证能力天然弱于控方，对辩方的证明标准提出过高要求是强人所难，而“法律不强人所难”❷。另外，《武汉会议纪要》用的是“确有证据证明”，而不是“有确实、充分的证据证明”。顾名思义，“确有证据”强调的是证据的真实性，而不是充分性。所以，刑辩律师只要查找到

---

❶ 陈瑞华著：《刑事证据法学》，北京大学出版社 2012 年 6 月第 1 版，第 283 页。

❷ 张明楷著；《刑法格言的展开》（第三版），北京大学出版社 2013 年 1 月第 3 版，第 396－409 页。

确实可信的证据证实贩毒人员被查获的毒品不是用来贩卖的，即使没有达到充分证明的程度，也应当认为达到了《武汉会议纪要》规定的“确有证据证明”的要求。

【完稿时间2017年】

参考文献

[1] 高贵君，马岩，方文军，等.《全国法院毒品犯罪审判工作座谈会纪要》的理解与适用［J］. 人民司法，2015（13）：13.
[2] 张明楷. 刑法学（下）［M］. 北京：法律出版社，2016：1143.
[3] 陈瑞华. 刑事证据法学［M］. 北京：北京大学出版社，2012：265，283.
[4] 何家弘. 短缺证据与模糊事实［M］. 北京：法律出版社，2012：163.
[5] 张明楷. 刑法格言的展开［M］. 3版. 北京：北京大学出版社，2013：396－409.

行政法、社会法编

关于改进社会团体管理的探讨

李颖健❶

2015 年 7 月，某法院公开开庭审理了一起“民告官”行政诉讼案。原告是某四川商会，是合法注册的社团法人，被告是原告的业务主管单位。原告要求撤销被告出具的一份处理意见，认为这一个处理决定侵犯了该商会的合法权利，导致商会无法办理换届登记，商会无法开展正常法人活动。

笔者认为，这是一起典型的因社会团体、民间组织与业务主管单位之间就监督管理权限职责有分歧、无法良性互动而引发的行政诉讼案件。通过案件分析，对当前社会背景下政府如何对社会团体进行管理、如何开展业务指导、监督审查存在的问题，提出笔者的意见。

一、商会换届选举被业务主管单位认定为无效，引发长期投诉、诉讼

在某省份境内从事生产经营的四川籍个体工商户、企业、公司众多，2004 年 10 月，该四川商会在民政厅登记设立。根据相关规定，我国对社会团体实行的是双重审批制度，即社团法人的重大活动必须接受登记管理机关和业务主管单位的双重审批。该

❶ 李颖健，女，广西万益律师事务所合伙人，专业领域：经济纠纷、公司法、建筑工程、房地产类法律业务以及各类刑事案件，联系电话：13707878501。

四川商会也不例外，异地商会的登记管理机关是该省份民政厅，业务主管单位是投资促进局。商会的换届选举，必须经过业务主管单位的审查通过，才能到民政厅办理备案登记、年检等一系列社团法人注册登记工作，才能对外开展正常的法人活动。

该四川商会每四年进行一次商会换届选举。2012 年 10 月商会第二届期满，本该进行换届选举，但商会自 2012 年 6 月开始向业务主管单位申请进行换届选举，因种种原因迟迟未获批。直至 2013 年元月，商会近 200 多名会员才得以召开第三届会员大会，获得选举结果。2013 年元月，商会将选举结果上报业务主管单位，主管单位出具的《处理意见》认定会员大会及会议选举、结果无效；对重新进行换届选举工作提出要求，经业务主管部门和登记管理机关同意方可召开会员选举大会。

从 2013 年开始，商会一直提出异议，进行交涉，均没有成效，遂向法院提起行政诉讼。

二、法庭确定争议焦点：《处理意见》是否被撤销取决于其作出的合法性

法庭审理过程中，合议庭对案件的争议焦点进行了归纳，主要围绕：1. 主管单位有没有做出处理决定的法定职权？2. 处理决定是否有事实依据？3. 做出处理决定的程序是否合法？4. 处理决定是否有法律依据？

该商会认为：国务院颁布的《社会团体登记管理条例》规定，业务主管部门对社会团体履行的是日常监督管理、业务指导和规范引导职责，并没有赋予业务主管单位对社会团体开展活动行为效力的认定权。即便涉及社会团体的违法行为，业务主管单位所能做的，也只是协助登记管理机关和其他有关部门进行调查处理，其本身并没有单独的处理权，因此没有作出认定该四川商会选举无效的法定职权。业务主管部门作出处理决定并没有合法

有效的证据，仅仅是一些没有得到证实的检举材料、投诉方提供的单方调查材料，也没有法律依据，更没有组织过调查、听证，听取商会的申辩，剥夺了商会的陈述权、申辩权。

主管单位则认为其具有审查权，包括作出审查结果、处理意见的权利，因此其有权直接认定换届选举结果无效，但是也承认，这一处理意见并没有强制力，是否采纳取决于民政厅的决定。

由于法庭还未作出判决，该案尚未有结果。但仅从现有状况来看，这个案件也足够有代表性，以此探讨分析社会团体、民间组织开展活动中，政府职能部门的“审查”究竟应如何开展？主管单位或部门应发挥什么作用？处于什么地位？如何开展监督管理、业务指导？

三、社会团体双重审批制度有待变革

其实，像该商会这样，与业务主管单位存在意见分歧而被“审查之手”阻隔，无法办理登记，长期无法正常开展活动的社会团体、民间组织并不是特殊的个案，这是整个社会团体在近年来发展中遇到的一个共性问题。即目前我国对社会团体、民间组织实行的是双重审批制度，根据1998年颁布施行的《社会团体登记管理条例》（国务院250号令）的规定，社会团体成立、变更，均应当先经过业务主管单位审查同意，才能向登记管理机关申请设立、变更登记。而法律法规对业务主管单位的审查范围、权限、时效等并没有明确规定。这导致在具体实务操作中，社会团体、民间组织在向业务主管单位报审时，遭遇业务主管单位不作为或以业务主管单位意志干预社会团体的活动的情形。

为什么业务主管单位与社会团体之间会出现这样的“僵局”呢？笔者认为，主要是业务主管单位对社会团体的管理理念、管理手段、管理方式还停留在单一的行政监管职责上。例如，文中所述的主管单位做出处理决定的一个理由，是商会内部存在矛盾，选举未能真实反映反对派的声音，因此，其做出了矛盾一方选举无效，而同意矛盾另一方选举的决定。对这一问题的处理，笔者认为，商会内部在选举上存在分歧，完全可以根据商会章程规定通过相关程序自行表决解决，业务主管单位并不是裁判员，其无权认定哪一方算胜；而且，在申请选举到选举结束整个过程中，主管单位并没有对商会进行业务指导或规范引导，而是直接认定选举无效。这种处理方式笔者认为是属于粗放型的，以致于被起诉为滥用职权。这实际反映出一些业务主管单位对社会团体、民间组织的地位、作用的认识还停留在计划经济时代，对新形势下社会团体管理的行政化色彩较浓，业务主管单位与社会团体组织职能边界不清。业务主管部门与社会团体的关系一旦形成“僵局”，不利于降低行政成本、提高行政效率、转变政府职能，建设服务型政府，不利于发挥民间组织在社会治理中不可替代的提供服务、反映诉求、规范行为的功能和作用，更不利于在我国社会结构和社会体制双重转型的过程中，对社会成员和社会群体进行有效的整合，以理性、合法的方式，满足他们经济、政治、文化和社会生活多方面的需求。

笔者认为，双重审批制度容易形成“僵局”，而在真正的服务型政府理念下，政府是可以通过多方力量对社会团体、民间组织进行综合监管的。如在法律监管和政府监管的基础上，健全社会组织内部治理机制、建立重大事项报告制度、加大信息披露力度、促进同业规范，以促进社会组织自律自治；拓展政务信息发布渠道、搭建社会公众参与平台，充分发挥社会公众参与监督的作用。

四、社会团体登记制度立法突破

实际上，双重审批制度也已经在立法层面逐步突破。

自2005年开始，全国政协委员、清华大学公共管理学院副院长王名教授连续三年提出同一份提案《关于改革我国民间组织双重管理体制的建议》，力图在立法层面建立一种新的民间组织登记管理模式——“分级分层管理”，将政府对民间组织的管理分为民间组织普遍备案、登记许可、公益认可三个层次，解决民间组织双重管理体制的相关问题。

2011年，《国家“十二五”时期文化改革发展规划纲要》提出社会组织要“统一登记”，被看作社会组织登记管理体制改革“破冰”。同年下半年开始，民政部门开始对部分社会组织，按照民政部门业务主管和登记一体化来进行直接登记。

首先突破双重审批制度的是广东省。2012年7月1日，广东省出台《关于进一步培育发展和规范管理社会组织的方案》，在广东省内成立社会组织，不用再找业务主管单位，直接向民政部门申请登记即可。

此后，国内多个地级市出台了新的或修订的《社会组织登记管理办法》。

2012年8月15日，郑州市借道国务院《关于支持河南省加快建设中原经济区的指导意见》（简称《指导意见》），出台了《关于对部分社会组织实行直接登记的实施意见》。国务院《指导意见》中明确指出：支持各类社会组织发展，推动政府部门向社会组织转移职能。

2014年4月1日起，上海实行《上海市社会组织直接登记管理若干规定》，在上海市范围内新成立行业协会商会类、科技类、公益慈善类、城乡社区服务类等四类社会组织，可直接向社会组织登记管理机关依法申请登记，不再需要业务主管单位审查同意。

这事实上是对上级行政法规的“突破”，因为处于立法顶层的《社会团体登记管理条例》至今尚未修订。

而笔者认为，更多的进展有赖于顶层立法的推进。迄今为止还没有一部社会组织基本法，仅仅依靠有关行政法规和部门规章来规范，而现行的社团管理体系是 20 多年前确立的。2004 年 7 月 8 日，《中国社团法》专家稿完成，这是中国社会科学院法学所和荷兰驻华大使馆历时 3 年的合作项目，但专家稿完成后便石沉大海，不了了之。

直至“十八大”明确提出“加快形成政社分开、权责明确、依法自治的现代社会组织体制”，十八届四中全会更是明确而直接地提出要“加强社会组织立法，规范和引导各类社会组织健康发展”。

2015 年 7 月 8 日，中共中央办公厅、国务院办公厅发布《行业协会商会与行政机关脱钩总体方案》，该办法首次将行业协会商会与行政机关脱钩纳入政府工作日程，并在全国范围内制定了逐步落实方案。该方案明确取消了行政机关与行业协会商会的主办、主管、联系和挂靠关系。行业协会商会依法直接登记和独立运行。行政机关依据职能对行业协会商会提供服务并依法监管。脱钩后，并非意味着监管“脱钩”，该方案确定完善综合监管体系，重点加强事中事后监管，即政府民政部门、财政部门、税务部门、审计部门、价格部门按职能对行业协会商会进行政策和业务指导，并履行相关监管责任。民政部作为牵头负责部门，在全国范围内已安排了 100 个试点开展“脱钩”工作，2016 年总结经验、扩大试点，2017 年在更大范围试点。

五、结论

笔者认为，各地的登记制度试点突破以及行业协会商会与行政机关脱钩等方案出台对社团组织立法将起到突破性的推动作用，中央政府对于政社分开的决心和力度已落实到具体政策层面。这些重要且明确的要求，为加快社会组织立法提供了权威的指引。

【发表于《法制与经济》2015 年第 9 期】

互联网医疗相关法律问题研究

郭建强❶

以互联网为代表的高新技术发展已深入到日常生活方方面面，“互联网+”也在深刻变革着各个行业。国务院发布的《全国医疗卫生服务体系规划纲要（2015—2020年）》指出：“要积极应用互联网、物联网、云计算等信息化技术来转变医疗服务模式”，这标志着“互联网+”战略正式进入医疗卫生领域。在资本的热捧之下，互联网医疗概念的创业者不断出现，各种医疗健康APP应接不暇。但作为法律人，我们有必要对这种“热现象”给予“冷思考”，医疗卫生服务作为群众生命健康的一道重要屏障，我们希望不仅仅是站在“互联网+”风口上顺势而为，更要持续健康地发展，从而更好地惠及群众。

一、医疗资源“上网”与多点执业的法律困境

（一）互联网医疗的主要探索模式

准确定义互联网医疗是比较困难的，“互联网+医疗”到底包括哪些形式其实也在探索之中。但借助互联网提升医疗服务效率应当是互联网医疗的应有之义。国务院办公厅发布的《关于促

❶ 郭建强，男，广西万益律师事务所专职律师，专业领域：医疗卫生领域争议解决与疑难案件办理，联系电话：18677193682。

进“互联网 + 医疗健康”发展的意见》总结并确立了互联网医疗服务的两种模式：第一种为依托实体医疗机构整合本单位医疗资源提供诊疗服务；第二种为网络公司建立和统筹信息平台，医师“接单”看病。两种模式的共同点是均将部分医疗资源从线下转移到线上。

（二）多点执业的法律困境与发展现状

医师是医疗核心服务的提供者和最重要的医疗资源。但想把医师的诊疗行为“上网”并没有想象中简单。根据《执业医师法》第 14 条规定：医师执业需经注册，必须在注册的执业地点从事相应的医疗、预防、保健业务。显然，医师不可在注册地点以外的地方自由执业，这也说明医师无法随意通过互联网和移动客户端向患者提供诊疗服务。从另外一个方面看，医师的诊疗行为亦是所注册单位的一种业务行为，其法律责任由其注册单位承担，这是一种保护患者利益的制度设计。所以想通过互联网工具盘活医疗卫生资源，开放医师多点执业是一条重要路径。

早在 2009 年，卫生部发布的《关于医师多点执业有关问题的通知》对多点执业区域“原则上在同一省、自治区、直辖市内执业”，地点数量“不超过 3 个”。卫生部办公厅《关于扩大医师多点执业试点范围的通知》（卫办医政发〔2011〕95 号）顺延了“申请增加 2 个执业地点”的数量限制。2017 年 4 月 1 日施行的《医师执业注册管理办法》将医师执业地点由过去的“医疗、预防、保健机构”修改为“医疗、预防、保健机构所在地的省级或者县级行政区划”，执业医师的注册地点为省级行政区划，执业助理医师的注册地点为县级行政区划，实现“一次注册、区域有效”。医师在医疗、预防、保健机构执业以合同（协议）为依据，确定一家主要执业机构进行注册，其他执业机构进行备案，执业机构数量不受限制。由以上变革轨迹可知，医师多点执业是在一个不断开放、人才流动逐渐市场化的过程。

如果说医师的多点执业探索已经取得长足进步，护士的多点执业问题则较少被关注。根据国务院颁布的《护士条例》第二章执业注册的规定，护士同样实行注册制度，须在注册的执业地点范围内执业。但在现实中，需要专业护理的场景并不局限在医院病房内，尤其伴随老龄社会的到来，长期护理、慢病护理、居家护理等多层次护理需求无法得到满足，于是多款“共享护士”APP便应运而生。有报道称，为了解决行动不便的居家老人足不出户便“搞定打针输液”，创业公司尝试通过互联网技术打造护士版的“滴滴”抢单系统，让有空闲时间的护士为患者提供上门服务。预计到2020年，我国独居和空巢老年人将增加到1.18亿人左右，互联网医疗需要惠及这个庞大群体，那么“共享护士”是一种有益的尝试。但护士到家后，提供服务却无法回避这些问题：护士需要遵医嘱行事，网上派单如何“遵医嘱”或者“变更医嘱”？在输液前，病房里均严格执行的多人查对制度如何在家中实现？一旦出现紧急情况，在缺少人员和药品、设备的环境下如何实施抢救行为？同时如何保证上门护士的自身安全也是必须予以考虑的问题。

（三）“互联网医院”的法律与制度障碍

医师可以多点执业，但“上网”执业的前提是网络平台属于合法可以注册执业的医疗机构。虽然《2016年中国互联网医院白皮书》披露的统计数据表明，中国的互联网医院数量已达到36家，其中最知名的便是乌镇互联网医院。但在国家卫计委官网的全国医疗机构查询系统中，却未见其踪影。以上互联网医院，本质仍然属于一种信息中介服务，而无法提供医疗技术，显然不属于医师可以注册执业的医疗机构。

正因为医师和医院“上网”均存在着极大的制度障碍和技

术难度，所以目前的互联网医疗机构多主打健康咨询等概念，回避自身和从业人员的资质问题，这种模糊的概念存在极大的安全隐患与法律风险。患者一旦遭遇诊疗损害，便将面临定性难的维权困境。

二、互联网医疗所带来的信息安全隐忧

互联网医疗作为一种全新的、综合的医疗服务模式，其发展离不开信息技术的支持，尤其是大数据、云计算、物联网、人工智能（AI）等。以上技术显然是一把双刃剑，使用得当有助于医疗服务效率的提升，但医疗数据采集与应用同时也存在着个人信息泄露的极高风险。据国内知名互联网安全企业奇虎 360 公司发布的《2014 年中国网站安全报告》显示，医疗卫生行业网站被黑客攻击的次数排在各行业首位；2016 年也曾出现深圳市多家妇幼保健院做过产检的上千名孕妇个人信息被泄露的报道，其数据甚至准确到孕妇的分娩日期、电话、姓名等，这些信息明码标价后被不法商家收购，各种“精准推销”纷至沓来，甚至成为犯罪分子的潜在目标。如何通过科学的立法与制度设计，使个人信息保护与互联网产业的稳健发展统一起来，亟待予以明确规范。

参考域外做法会对我国目前推动医疗信息安全有所启发。美国《健康保险携带和责任法案》（简称 HIPAA）由美国国会通过，其第二部分要求建立通用的标准化电子健康保障信息交换体系，以及对医疗保障提供者、健康保险计划和雇员的国家识别，对于公民个人隐私相关法律政策、程序和保障问题做出了针对性规定。其建立以下信息保护原则：①基本原则是任何受保护的健康信息都不得被覆盖实体所使用或者披露，除非受到隐私规则的授权或者要求或者相关信息的当事人的书面授权。②使用信息时应当秉持专业操守和最佳选择。③心理治疗记录予以严格限制。

④披露信息遵循“最小需求原则”等。虽然该法案已通过二十余年，但对我们思考信息安全仍然有较强的借鉴与参考意义。

我国对医疗信息安全保护方面同样重视，取得了很大进步。2011 年，卫生部印发《卫生行业信息安全等级保护工作的指导意见》的通知；2017 年，最高人民法院、最高人民检察院发布了《关于办理侵犯公民个人信息刑事案件适用法律若干问题的解释》，将“非法获取健康生理信息”达到一定数量之后纳入刑法治理的范畴。

三、互联网医疗产业健康发展的建议与展望

（一）立法工作与时俱进

现有关于互联网医疗的法律以及其他规范性文件主要分为几类，一类是互联网医疗的规范性文件，主要代表有《互联网医疗保健信息服务管理办法》（卫生部令第 66 号）；第二类是地方互联网医疗试点的规范性文件，如西部地区的《银川互联网医院管理办法（试行）》（银政发［2016］249 号）等；第三类是基础性法律法规，如《侵权责任法》《医疗事故处理条例》《医疗机构管理条例》等。目前，基础性法律规范存在一定滞后性，缺乏对互联网医院概念的界定、诊治范围的限制、医师职责的描述、责任和风险的划分等系统规定，从而带来监管缺失的隐患。如果患者在接受互联网医疗服务中，出现了侵权损害，则面临着服务主体不明确，执业机构与网络平台责任划分难的困境。立法工作应当与时俱进，便于解决矛盾。

（二）融合保险制度以管控风险，创新纠纷解决机制

在医师多点执业和“共享护士”的探索中，离不开执业保险制度的保障。新兴业态的发展初期，医护人员执业风险和患者

的利益保护是必须面对的问题，在有效管控风险方面我们有必要让保险公司参与进来。同时，我们也要探索建立、健全配套的责任划分、权益保障和争议纠纷解决机制，对互联网企业的经营资质和监管责任予以明确，做到互联网医疗机构可以提供质量有保证的医疗服务，这是互联网医疗健康发展的前提。

（三）保证患者隐私与信息安全

（1）信息采集必须建立在合法化基础上，坚持最小化原则。使用患者个人信息须征得患者知情同意，在个人信息的使用范围、频率和必要性方面坚持最小够用原则，在可以达到目的的情况下只处理最少的个人信息类型和数量。

（2）患者个人信息在征得同意后共享转让或者公开披露环节中，须保证第三方使用过程的安全性，且须保护患者隐私，做到去个人信息特征化。

（3）通过技术手段建立安全防控体系。全国医疗卫生单位数量众多，如果各自为政建设自己的数据库无疑会对信息安全造成严峻挑战。建议对数据库进行统一监管，医疗卫生单位在使用数据时其权限应当受到限制。

（4）完善安全管理制度，形成一个匿名、加密、互相监督、定期巡检的有力监管制度。

（5）重视网络管理，区分内外网与专网，做到有效物理隔离，在数据备份与云存储方面给予重点监管。

【完稿时间 2018 年】

参考文献

［1］潘福达. 创业公司瞄准上门医护刚需［N］. 北京日报，2017－02－25（007）.

［2］国务院. 国务院关于印发“十三五”国家老龄事业发展和养老体系建

设规划的通知［EB/OL］. http：//www. gov. cn/zhengce/content/2017 - 03/06/content_5173930. htm.

［3］何博文，宁祉婷，罗维杰. 互联网 + 医疗信息安全问题探讨［J］. 价值工程，2017，36（10）：246 - 249.

［4］上千名孕妇信息被贩卖 数据安全难保障［J］. 中国医院院长，2016（07）：17.

［5］朱恒鹏. 建立在医疗和教育领域推进移动互联网服务的制度环境分报告四：美国 HIPAA 法案隐私权规制适用和影响评述 1 HIPAA 法案概述［C］//建立在医疗和教育领域推进移动互联网服务的制度环境. 2017：1.

［6］吕晋栋，任晓强，陈莉. 基于互联网的医院信息安全体系探讨［J］. 中国医院建筑与装备，2018，19（03）：28 - 30.

党委政府法律顾问工作的现状与思路

唐 劲[1]

我国党委政府部门自设立法律顾问以来，法律顾问站在法律的角度为党委政府在决策时提供了大量有价值的意见，为我国改革开放不断深入，市场经济体制不断完善做出了应有的贡献。笔者以律师视角，分析党委政府法律顾问工作现状，并提出今后政府法律顾问工作发展的思路。

一、我国党委政府法律顾问工作的概述

（一）党委政府法律顾问历史

我国设立政府法律顾问的历史可以追溯到30多年前，1988年9月，深圳市人民政府在全国范围内率先成立市人民政府法律顾问室，为政府部门决策及经济领域纠纷等法律事务提供法律意见。以此为起点，政府法律顾问从早期为政府担任代理人参加诉讼，到如今为政府重大决策提供法律意见、协助起草和修改重要法律文书，服务范围越来越广泛。政府法律顾问制度的建立和实施，对于促进各级政府及其部门依法行政、加快法治政府建设产生了积极的影响。

---

[1] 唐劲，男，广西万益律师事务所专职律师、行政法律事务部副部长，专业领域：行政、民商事，联系电话：18577798123。

自党的十八届三中全会通过《中共中央关于全面深化改革若干重大问题的决定》和十八届四中全会通过《中共中央关于全面推进依法治国若干重大问题的决定》以来，党委政府法律顾问制度有了进一步发展。中共中央办公厅、国务院办公厅于2016年6月印发的《关于推行法律顾问制度和公职律师公司律师制度的意见》，对党委推行法律顾问制度作出要求，为党委系统全面推进法律顾问工作打下了基础。截至今日，已有部分省、市、自治区及所辖地市党委聘请了法律顾问，为党委在决策过程中提供法律意见。

（二）律师为党委政府提供法律顾问服务的历史

1980年全国人大常委会颁布的《中华人民共和国律师暂行条例》中规定，律师的主要业务包含接受并担任国家政府机关的法律顾问。1989年，司法部发布《关于律师担任政府法律顾问的若干规定》，明确规定了律师担任政府法律顾问的主要任务、宗旨、操作规程、职业、司法行政机关对其工作监督与指导的责任等相关内容，律师担任政府法律顾问走上了制度化。1993年，司法部发布《司法部关于深化律师工作改革的方案》，将律师队伍推向市场化高速发展的道路，也进一步明确了律师担任政府法律顾问的制度设计。

截至2014年，已有近23500名律师受聘担任政府法律顾问，律师在政府法律顾问的平台上，充分发挥专业特长，为政府部门简政放权、依法行政、依法执政提出了宝贵的意见和建议。

二、党委政府法律顾问存在问题

（一）法律顾问工作流于形式

虽然《司法部关于深化律师工作改革的方案》明确了律师

为政府提供法律服务的范围、权利和责任，但并未明确法律顾问的地位，故虽然政府法律顾问制度由来已久，但从党的十八届四中全会明确指出“建立行政机关内部重大决策合法性审查机制，未经合法性审查或经审查不合法的，不得提交讨论”之后，法律顾问才逐渐在政府决策过程中发挥越来越重要的作用。即便如此，仍有部分地方政府在执行重大决策合法性审查机制时，不重视法律顾问的意见，抑或让法律顾问为地方政府站台，不顾法律禁止性规定，要求法律顾问提出符合地方政府意志的法律意见。上述情况不仅破坏了法律顾问的独立性，更让重大决策合法性审查机制流于形式，法律顾问形同虚设。

（二）法律顾问工作选聘机制不完善

党委政府聘任法律顾问需进行政府采购，以广西为例，根据《广西壮族自治区 2018—2019 年政府集中采购目录及限额标准》，广西区域内自治区本级单项或批量预算金额 20 万元以上，设区市、县级 10 万元以上（定点服务除外）的，需委托政府采购社会代理机构采购或者委托集中采购机构采购。但鉴于目前广西政府法律顾问的普遍状况，广西区域内政府法律顾问采购预算均未达到需委托政府采购社会代理机构采购或者委托集中采购机构采购的条件。据统计，2017 年，广西区本级政府机关通过政府采购平台选聘法律顾问的单位仅有 3 家，广西区域内设区市、县级政府及政府机关通过政府采购平台选聘法律顾问的单位仅有 7 家。大部分政府及政府机关因费用未达到集采标准，故由采购单位按照内控、财务等制度执行。因此，大部分政府及政府机关均未通过公开透明的方式选聘法律顾问，法律服务质量无从得到保障。

（三）法律顾问专业水平有待提高

笔者在这里所提及的“专业水平”更多是从思维高度的角

度进行讨论。根据律师的发源地西方国家对律师的定义，律师的压倒性义务是一心一意为客户的利益服务，这在平等民事主体、刑事被告人和行政相对人的角度并无不妥。但站在政府法律顾问的角度而言，法律顾问不但要具备为政府争取利益最大化的技能，还应当掌握适时帮助政府“踩刹车”的本领。比如政府在处置社会新生事物上，容易出现放纵和严苛两个极端，典型如共享单车等，共享单车一经推出便广受欢迎，原因在于其解决了客户短途出行的需求，填补了社会交通运力的空白。但随之而来的，就是共享单车企业之间的商业竞争导致的负面后果，如乱停放导致的占道、市容不整等问题。部分地市鉴于此，即颁布规范性文件，限制甚至禁止共享单车进驻，这便是过于严苛的表现。作为法律顾问，应当站在平衡公共利益和维护法治的角度，给共享单车事件的处置给予建议，既要满足社会出行需求，也要注重维护社会公共利益。

（四）法律顾问经费保障仍然不足

我国政府法律顾问在经费保障上尚有不足，现今大部分政府法律顾问是低价服务甚至无偿服务。政府法律顾问在工作中的收益与付出严重失衡，必然影响法律顾问为政府提供优质、高效服务的积极性。

三、党委政府法律顾问工作思路

（一）完善制度，保障法律顾问独立性

我国政府法律顾问的管理模式主要由政府法制机构或者司法行政机构主管。因为没有全国性的政府法律顾问管理制度，导致各地法律顾问管理模式不统一，不利于建立政府法律顾问体系，影响政府法律顾问功能的发挥。因此，建立一个科学且统一的政

府法律顾问管理模式，是完善政府法律顾问制度的前提和基础。参考其他地区的经验，笔者认为，可以在国务院层面设置一个法律顾问工作办公室，统一规范各省市的法律顾问工作制度，保障法律顾问独立性。

（二）完善法律顾问选聘机制和考核机制

目前，全国各地政府法律顾问的选聘标准和方式并不一致，不少地方政府法律顾问的选聘标准和程序相当随意。有的省市的法律顾问选聘并未纳入政府采购序列，也没有采取公开招投标的方式进行，而是通过律师和领导层面的关系或者司法行政部门的推荐。这就导致受聘的法律顾问业务水平参差不齐，也无法保障法律顾问在参与政府决策过程中保持客观中立的立场。根据各地国资委就国有企业法律顾问选聘的经验，笔者认为，政府可以在现有已经建立的政府法律顾问人才库管理制度的基础上，进一步规范人才库的准入制度，允许人才库以外符合条件的律师通过公开选聘的方式进入，同时明确人才库的考核机制和退出机制，保障人才的流动性。

（三）强化法律顾问保障

笔者认为，强化法律顾问保障的重中之重是要完善政府法律顾问的经费保障，针对部分省市仍然存在免费聘请法律顾问，将政府法律顾问视为荣誉称号的情况，国家应建立政府法律顾问经费保障机制。这既是促进政府法律顾问制度常态化、持续化的要求，也是提高法律顾问积极性和专业性的举措。建议采取政府购买和财政补贴相结合的方式，对政府法律顾问的法律服务支付劳酬。

四、结论

我国的党委政府法律顾问制度自设立以来已走过 30 多个年

头，虽然有所成就，但法律顾问仍可发挥更大的作用。笔者希望通过借党的十八届四中全会的“东风”，能让我国党委政府法律顾问制度迈上新台阶，在社会治理中体现自身价值。

【完稿时间 2018 年】

参考文献

[1] 王祥修. 外国及香港政府法律顾问制度对我国内地的启示 [J]. 理论与现代化，2014 (9).

[2] 张舒，祝福恩. 政府部门建立法律顾问制度的制度性对策 [J]. 行政论坛，2017 (1).

[3] 宋智敏. 从“法律咨询者”到“法治守护者”——改革语境下政府法律顾问角色的转换 [J]. 政治与法律，2016 (1).

诉讼法编

微信证据实证分析与西部法律服务

王　舒　黄　坚[1]

实证研究是一种从量的层面研究社会现象的方法。作为社会现象的一种，法律现象也具有量的属性，也可以从量的方面进行观察和研究。微信证据作为新型的电子证据，其在司法案例中同样具有量的属性，当然也可以通过实证分析来进行研究，探索其在司法案例中的特征、现状及存在问题等。为了便于查找相关案例，本文作者在 ICourt 公司研发的 Alpha 系统中进行浏览并下载相关裁判文书。经作者向 Alpha 研发团队核实，该系统上所有的裁判案例均来源于最高人民法院信息中心，与中国裁判文书网同源，并同步更新。截至 2018 年 5 月 31 日，经作者在 https：//alphalawyer. cn 系统的案例搜索中输入“微信证据”，共获得 466 个司法裁判案例，剔除因一审、二审重复、同类型集体诉讼或者系统自动重复加载的案例后，获得有效案例 393 个。作者的分析将基于此 393 个案件进行，因网络更新或技术等原因，数据有可能出现偏差。

---

[1] 王舒，女，广西万益律师事务所合伙人，专业领域：公司治理与并购、知识产权、金融、民商事等争议解决，联系电话：13321708566；黄坚，男，广西万益律师事务所专职律师，专业领域：建设施工、房地产开发、金融借贷、公司、合同等各类民商事诉讼及非诉业务，联系电话：18978869634。

一、微信证据的时代性和地域性及其带来的机遇

（一）微信证据的时代性特征

因为裁判文书是 2014 年才开始在互联网公开，因此在 2014 年前的案例中搜索不到含有微信证据的相关案例。自 2014 年起，微信证据的案例逐年增长，其中 2014 年为 10 件、2015 年为 33 件、2016 年为 97 件、2017 年为 209 件、2018 年（截至 5 月 31 日）为 43 件。因为微信聊天软件是 2011 年才面世，2012 年起开始被广泛接受，而诉讼纠纷往往具有滞后性，故微信证据案例逐年增长，具有很强的时代特性，预计今后将会有更多的案件会涉及微信证据。

（二）微信证据的地域性特征

从公布的案例来看，经济发达地区的微信证据占据了很大的比例，其中排名前四的为广东 90 件、北京 59 件、浙江 43 件、上海 34 件，占全国数据的比例达到 57. 5%。反观西部地区，十二个省市自治区仅有 38 个案例，占全国的比例为 9. 7%。其中，四川 12 件、重庆 5 件、广西 5 件、内蒙古 4 件、陕西 3 件、新疆 3 件、宁夏 2 件，云南、甘肃、青海、西藏均为 1 件，贵州为零。（注：宁夏实有案例 6 件，但其中 5 件属于一方当事人相同的系列案件，故归为 1 件；四川有重复的二审案件。）出现这样的现象，与东部沿海经济发达地区的经济纠纷较多、公布的案例较多的因素分不开。但是，另一个重要原因在于，经济发达地区智能手机等终端及微信使用者的密度要高于其他区域。

（三）西部地区法律服务者的机遇

虽然微信具有显著的地域性特征，但时代性才是其核心特

点。只要技术不断发展，特别是“互联网+”和第三方支付平台的蓬勃发展，微信聊天及微信支付的使用人群必然会巨量增加，其覆盖面也必将在欠发达地区扩展。随着经济的不断发展，地区内部和各地区之间的经济往来也会愈加紧密，法律服务者在提供法律服务时遇到涉及微信证据的可能性也将大大增加，而且不仅仅会涉及本地区内部的法律服务，还有可能会涉及跨地区的法律服务。如果西部地区的法律服务者能够在微信证据的固定及展示中占据先机，掌握其核心要素，则在其向当事人提供法律服务时，必将在指示当事人通过微信聊天进行商业洽谈或经济交往、通过微信支付进行交易以及在代理诉讼案件中固定并向法庭展示微信证据等业务能力上具有更强的竞争力。

二、西部地区法律服务所面临的挑战

（一）如何固定微信证据并说服法庭接受微信证据的挑战

从数据分析结果来看，其他地区的微信证据能够获得法庭采纳的比例为77.8%。对比而言，西部地区微信证据获得法庭采纳的比例为55.3%，与其他地区的比例有一定差距。因此，对于西部地区的法律服务者而言，如何固定微信证据、如何向法庭展示微信证据并说服法庭采纳微信证据，具有一定挑战性。

（二）如何迫使对方当事人自认微信证据真实性的挑战

在诉讼中，通过严谨的举证不仅可以说服法庭采信己方证据，也可以迫使对方认可己方证据的真实性。从数据分析来看，在其他地区的案例中，有19.2%比例的案件的微信证据的真实性得到对方当事人当庭确认。对比而言，西部地区的案例中，鲜有微信证据能获得对方当事人对真实性的认可，因此只能说服法庭对微信证据进行分析并采信。这对西部地区的法律服务者而言，无形中增加了胜诉的难度。

（三）判决书未公开法官的证据心证过程所带来的挑战

2002 年 4 月 1 日起施行的《最高人民法院关于民事诉讼证据的若干规定》第 64 条明确规定，审判人员应当对证据的心证过程予以公开。但是多年来，这一问题并没有得到很好的解决。2014 年 1 月 1 日起，《最高人民法院关于人民法院在互联网公布裁判文书的规定》施行后，因为有公开的监督途径，相关问题有所改观，但仍未能得到根治。从公布的案例来看，全国范围内有 14.2% 的案件没有对微信证据进行心证公开，而西部地区的比例则达到了 23.7%。对于法律服务者来说，法院裁判文书的证据心证过程不公开，则无从知晓法院认定事实的依据及准则，不利于向当事人说明其胜负的原因，从而获得当事人的认可，也不利于今后在诉讼中遇到类似问题时进行正确的研判和应对，以提高业务能力。2018 年 6 月 1 日，《最高人民法院关于加强和规范裁判文书释法说理的指导意见》发布，其中第 4 条规定："裁判文书中对证据的认定，应当结合诉讼各方举证质证以及法庭调查核实证据等情况，根据证据规则，运用逻辑推理和经验法则，必要时使用推定和司法认知等方法，围绕证据的关联性、合法性和真实性进行全面、客观、公正的审查判断，阐述证据采纳和采信的理由。"此规定，再次为公众了解法官的证据心证过程提供了契机。广大的法律服务者，特别是西部的法律服务者，如遇到不公开的证据心证过程的情形，可以据理力争。

三、微信证据固定和展示中应当注意的问题

就全国而言，微信证据的固定和展示尚有近三成的比例未获得法庭的采信或确认。通过分析，发现一些普遍存在的问题，需要法律服务者引起足够的重视。

（一）未提交原始载体以便法庭核实原件

电子证据是以电子计算机及其他电子设备为基础的证据，没有专门的电子设备主件，没有相应的播放、检索、显示设备，电子证据只能停留在电子存储介质中，无法被人们感知。因此，电子证据在感知方式上必须借助电子设备，而且必须依赖于特定的软件环境，如果软件环境发生变化，存储在电子介质上的信息可能无法显示或者无法正确显示。可见，微信证据作为电子证据的一种，必须要借助电子设备（计算机或者手机等智能终端），并依靠特定的软件（微信聊天软件），才能正确进行展示。所以，在向法庭展示微信证据时最好一并提交原始载体（计算机或者手机），以便法庭核实原件。但是，从司法案例来看，有相当部分的案件只是提交了微信截图的打印版，并没有提交原始载体以核对原件，难以获得法庭对其真实性的确认。

（二）未提供证据佐证聊天者的身份信息

微信软件的聊天者的名称并没有采取实名制，且名称和头像均可以进行修改，因此如何确定聊天者双方的身份信息，是法庭确认微信证据与案件待证事实之间存在关联性的一个重要因素。鉴于微信软件往往通过手机号码进行用户注册或者通过 QQ 号码进行注册但与手机号码绑定，有些还将微信支付与银行卡号绑定，而微信使用者的名称虽然不一定实名，但其昵称多数会与本人名称中的某一两个字或者使用本名的汉字拼音组合等，或者昵称与其本人工作性质等具有某种关联性，或者其在好友圈或微信群聊天中发布与其生活、家庭、工作等相关信息内容等情形，这些内容都可以作为佐证己方和对方身份信息的相关证据，应当在向法庭展示证据时一并展示。

（三）未能确证聊天信息未经修改、删减或者剪辑等

对于微信证据，对方的抗辩理由多为主张微信证据容易进行修改或者删减等进行重新编辑，因此对真实性不予认可。然而，电子证据恰恰比传统证据更具有稳定性和安全性，对电子证据的修改、复制或者删除均能够通过技术手段分析认定和识别。如前所述，在展示微信证据时提交原始载体以核实微信聊天内容的真实性，或者也可以通过专门的技术鉴定，检测该聊天信息是否为原始载体自动生成，是否存在修改、复制或者删除等剪辑加工行为。

（四）未能正确地对微信证据进行公证导致无法获得法庭认可

在相关案例中，当事人一方虽然提供了对微信证据进行公证的公证文书，但仍未获得法庭对微信证据的采信。此类案件的失败在于：第一，未能确定微信证据的关联性，如在对微信登录操作进行公证时，未经登录就直接进入微信聊天界面，或者是未能展示登录的微信账户是否为与本人具有关联性的手机号码等；第二，未能确定微信信息的真实性，如未对微信聊天内容是否为智能终端（手机）自动生成的电子信息进行公证，或者是未对微信聊天内容的完整性、未经删减等情形进行公证，从而导致法庭无法判断其真实性。

（五）不懂得充分利用证据规则对己方的证据进行补强

在微信不实名的情形下，对方当事人往往提出微信证据不属于其本人微信的抗辩理由，从而否认证据的关联性。而有些当事人因为微信的信息量过大，已经进行部分删除或者虽未删除但只是节选了部分微信证据提交给法庭，在此情况下对方则会以微信

内容不全、经过删减等理由否定微信证据的真实性。遇到此类情形，在已经过了举证期限，且没有提供原始载体或者没有进行微信证据公证的情况下，提交微信证据的一方往往没有能够进一步利用证据规定对己方证据进行补强，最终使己方处于不利状态。对此，只要能确定对方有微信号，或者使用微信号与己方进行联系，则完全可以让对方提供相关的微信号进行核对，确认其所质证微信证据是否与案件具有关联性，其真实性是否能够得到证实等。《最高人民法院关于民事诉讼证据的若干规定》第 75 条规定："有证据证明一方当事人持有证据无正当理由拒不提供的，如果对方当事人主张该证据的内容不利于证据持有人，可以推定该主张成立。"据此，如果能够确定对方当事人有微信号，其与提交微信证据一方当事人通过微信进行联系的，则完全可以要求对方出示其微信号，核实其微信聊天内容与提交的微信内容是否一致，如果对方拒绝提交，可根据前述规定推定提交微信证据一方的主张成立，而这样的操作在公布的案例中不乏成功的经验。因此，充分利用证据规定，也是一项很重要的诉讼技巧。

（六）不注重微信证据的固定与收集

微信属于一种即时聊天软件，即其聊天内容即时发送至对方的终端，平台并不保存或者存储使用者的信息，故信息只能存储于使用者的终端上。简而言之，一旦终端丢失、损坏或者信息被删除，将无法获取、复制或者展示原始信息。从相关案例来看，有部分案件当事人将其微信聊天信息拷贝之后，出现手机丢失的情形，从而使其信息无法核实原件，最终承担不利后果。在现实中，不乏手机丢失的情形，还有部分损坏、出售，或者是因信息量过大之后删除部分聊天信息等情形。因此，法律服务者在为当事人提供法律服务时，如果有通过微信进行经济往来或者商务行为的，最好建议其及时将相关微信进行公证以固定证据，以免出现上述情形时产生不利的后果。

（七）不注意微信证据涉及案外人时的证人出庭作证

部分案例显示，当事人在微信聊天中与案外人进行交流，其内容涉及案件事实，因此提供微信证据以证明其主张。对此，多数当事人并没有意识到该证据并不是直接的证据，须经由案外人出庭作证才能确认微信证据的真实性，因而在提交微信证据时并没有申请案外人到庭作证，故而没有获得法庭的认可。因此，法律服务者在进行微信证据展示时，应持严谨态度，以利于证据被法庭采信。

四、结论

微信证据具有鲜明的时代性和地域性特征，与信息技术和经济发展息息相关。微信证据对于西部法律服务者而言，既有挑战也有机遇，如果能够全面了解微信证据当前存在的问题，正确掌握微信证据固定和展示所应当遵循的规则和标准，则不仅在业务能力上有质的改观，在业务拓展上也将具有广阔的空间。

【完稿时间 2018 年】

参考文献

[1] 左卫民．法学实证研究的价值与未来发展［J］．法学研究，2013（6）．

[2] 黄辉．法学实证研究方法及其在中国的运用［J］．法学研究，2013（6）．

[3] 何家弘．电子证据研究［M］．北京：法律出版社，2002．

[4] 沈德咏．最高人民法院民事诉讼法解释理解与适用［M］．北京：人民法院出版社，2015．

浅论信息时代背景下个人信息权侵权举证责任的分配

——以庞理鹏诉趣拿公司、东航公司案为切入点

袁翠微❶

随着信息时代尤其是移动互联网时代的到来，网络无时无刻不在影响着人们的生活工作，信息商品化已经成为现实需要。个人基于与互联网的联系导致个人信息在网络使用、传播、储存，使得独立于现实生活中活生生的自然人之外，在虚拟的网络世界里，与自然人有密切关系的“信息人（透明人）”日趋形成，对个人信息权的保护已成为法律应有之义。相较于欧美等西方国家，我国对信息权的研究保护相对滞后，但近十年有所重视和突破❷，2012 年全国人大常委会《关于加强网络信息保护的决定》，可谓是我国个人信息权法律保护的标志性事件。2017 年 10 月 1 日实施的《民法总则》第 111 条也明确规定自然人的个人信息权

❶ 袁翠微，女，广西万益律师事务所兼职律师，广西警察学院讲师，专业领域：企业常年法律顾问、合同业务，联系电话：18977789891。

❷ 在个人信息保护上，诸多知名学者建言献策。在个人信息保护法立法草案上，影响力较大的有：齐爱民教授的《个人信息保护法示范法草案学者建议稿》、周汉华教授的《个人信息保护法专家建议稿》；著作上，比较有代表性的有：齐爱民《拯救信息社会中的人格——个人信息保护法总论》（2009）、洪梅林的《个人信息的民法保护研究》（2010）、郭瑜《个人数据保护法研究》（2012）、谢永志《个人数据保护法立法研究》（2013）；论文更是数不胜数。

受法律保护，但《民法总则》并未对个人信息权进行定义。

当前学术界的主流观点认为：个人信息权应当视为一项独立的具体人格权利，受法律保护。随着移动互联网对人类社会的日益渗透，在利益驱动下，个人信息权侵权事件层出不穷，而网络个人信息权侵权案件与其他类型的侵权案件相比，侵权人的经济实力、侵权手段往往存在显著差别。在信息时代背景下，如何对个人信息权侵权的被侵权人给予救济，如何对侵权人的侵权责任予以确认，举证责任的分配至关重要。笔者将以北京市第一中级人民法院（以下简称二审法院）审理的庞理鹏诉趣拿公司、东航公司案[1]为切入点，分析信息时代背景下个人信息权侵权举证责任的分配问题。

上诉人（原审原告）庞理鹏委托鲁超在去哪儿网（www.qunar.com）订购机票1张，后收到诈骗短信，庞理鹏认为，趣拿公司与东航公司导致其个人信息被泄露，个人隐私权利遭到严重侵犯，故向北京市海淀区人民法院（以下简称一审法院）起诉两公司。北京市海淀区人民法院（2015）海民初字第10634号民事判决书判决庞理鹏败诉。庞理鹏不服提起上诉，二审法院判决撤销北京市海淀区人民法院（2015）海民初字第10634号民事判决书，趣拿公司、东航公司承担相应的侵权责任，应按照要求向庞理鹏赔礼道歉。

该案的案由为隐私权纠纷，实则为个人信息权纠纷，对于个人信息权能否通过隐私权纠纷寻求救济，二审法院对此已作出论断："本院认为本案涉及的姓名、电话号码及行程安排等事项可以通过隐私权纠纷而寻求救济"，此问题产生的原因为我国关于信息权立法不完善所致，本文对此问题不作探究。

[1] 具体内容详见北京市中级人民法院（2017）京01民终509号民事判决书。

一、个人信息权侵权举证责任分配与侵权责任原则的关系

侵权行为是指侵权人由于过错侵害他人民事权益，依法应当承担侵权责任的行为。侵权责任即侵权人因侵权行为而依法应当承担的民事责任，按照通说，一般侵权责任的构成要件包括四个：侵权行为具有违法性，侵权行为产生了实际的损害后果，侵权行为与客观损害结果之间具有因果关系，侵权人主观上具有过错。

要确认侵权责任，举证责任分配至关重要，而举证责任的分配与适用的归责原则有密切关系。民事责任的归责原则有三：过错责任原则、无过错责任原则（又叫严格责任、客观责任或危险责任）、公平责任原则。过错责任原则适用一般的侵权责任，此时适用“谁主张，谁举证”的举证责任分配模式，即被侵权人在要求侵权人承担侵权责任时，应对侵权人的主观过错、损害结果与侵权行为之间的因果关系进行举证。特殊的侵权责任适用无过错责任原则，此时在举证责任的分配上，被侵权人对侵权人主观上有无过错并不需要承担举证责任，除了法定的免责事由，侵权人也不能以自身无过错主张抗辩，此时，侵权行为与损害后果之间无因果关系的举证责任由侵权人承担，即采取“举证责任倒置”的举证责任分配模式，由侵权人承担举证责任。适用公平原则时，则由法官出于衡平目的，在举证责任倒置与“谁主张，谁举证”中衡平选择举证责任的分担方式，以平衡侵权人与被侵权人之间的损失。

一审中庞理鹏败诉的原因正是一审法院遵循过错责任原则，采取“谁主张，谁举证”的举证责任分配模式：“当事人对自己提出的主张，有责任提供证据。如果没有证据，或者提出的证据不足以证明当事人的事实主张的，由负有举证责任的当事人承担

不利后果。”而庞理鹏无法证明其个人信息是趣拿或东航公司泄露的，故一审法院判决庞理鹏败诉。庞理鹏上诉的重要理由之一就是“一审法院适用的举证证明责任分配，严重超过庞理鹏的个人证明能力，庞理鹏不予认同。”

然而二审法院认为：“本案的关键是看庞理鹏提供的证据能否表明东航和趣拿公司存在泄露庞理鹏个人隐私信息的高度可能性，以及东航和趣拿公司的反证能否推翻这种高度可能。”[1] 即二审法院采取了举证责任倒置的举证责任分配模式，要求趣拿与东航公司举证其没有泄露庞理鹏的隐私信息（个人信息），并举证其对庞理鹏个人信息的泄露不存在过错，而两公司均无法举证，因此二审法院判决趣拿与东航公司承担相应的侵权责任，向庞理鹏赔礼道歉。正所谓成也萧何败也萧何：举证分配原则的不同，直接导致了一审、二审判决结果的不同。

二、“谁主张，谁举证”的举证责任分配模式在个人信息权侵权诉讼中的不足

个人信息权侵权案件时常出现侵权人与被侵权人实力悬殊的情况，如在本案中，原告庞理鹏只是普通市民，不论财力，还是对航空公司售票系统及有关技术信息的了解、掌控，其实力远远逊色于趣拿公司与东航公司。此种情况下要求庞理鹏承担“趣拿公司与东航公司泄露其隐私个人信息”的证明责任，对庞理鹏过于苛刻，有违公平原则，也不利于维护法律的公平公正。故庞理

---

[1] 《最高人民法院关于适用〈中华人民共和国民事诉讼法〉的解释》第108条可以说是“高度可能性”即盖然性说的体现。

第108条　对负有举证证明责任的当事人提供的证据，人民法院经审查并结合相关事实，确信待证事实的存在具有高度可能性的，应当认定该事实存在。

对一方当事人为反驳负有举证证明责任的当事人所主张事实而提供的证据，人民法院经审查并结合相关事实，认为待证事实真伪不明的，应当认定该事实不存在。

法律对于待证事实所应达到的证明标准另有规定的，从其规定。

鹏上诉称“一审法院适用的举证证明责任分配，严重超过庞理鹏的个人证明能力，庞理鹏不予认同”。

在类似该案的案件中，“谁主张，谁举证”的举证责任分配模式的不足，恰恰可以由举证责任倒置来补充。那么，举证责任倒置的依据是什么？笔者以为，最主要的依据就是公平原则，在此，不得不提到德国学者的代表性学说——危险领域说。

危险领域说主张当事人对于其能控制的危险领域负主要的举证责任，即以需要证明的主要案件事实是由哪一方最终控制的危险领域为标准来最后确定责任的承担，对危险领域的控制力越强，就越应当承担举证责任。危险领域指的是与主要案件事实密切相关的、能够依据事实上或者法律上的手段或者方法进行实际控制的领域，包括生活领域与工作领域。在本案中，二审法院认为：“而从手机证据的资金、技术等成本上看，作为普通人的庞理鹏根本不具备对东航、趣拿公司内部数据信息管理是否存在漏洞等情况进行举证证明的能力。因此，客观上，法律不能也不应当要求庞理鹏确凿地证明必定是东航或趣拿公司泄露了其隐私信息。”此案中的危险领域即为东航、趣拿公司内部信息数据的管理领域，东航、趣拿公司对该危险领域的控制主要体现在对内部信息数据的使用、管理控制、技术控制等事实控制上。处于弱势地位的庞理鹏无法承担趣拿、东航公司泄露其隐私信息的举证责任，出于公平原则，应当由处于控制强势地位的趣拿公司、东航公司承担举证责任，自证其未泄露庞理鹏隐私信息。

如果说公平原则过于抽象，危险领域说则具体地阐述了适用举证责任倒置的公平内涵。当侵权人对危险领域的控制能力（或者说对举证责任证明领域的控制力）远远强于被侵权人时（此时往往伴随着侵权人的经济实力也强于被侵权人的经济实力），实行举证责任倒置，有利于维护弱势群体利益，维护法律公平正义，有效遏制个人信息权侵权行为的发生。

三、盖然性对个人信息权侵权举证责任分配的转移作用

二审法院归纳本案的争议焦点之二是“根据现有证据能否认定涉案隐私信息是由东航和趣拿公司泄露的”，判决书直接提出了“高度可能性”的说法，通过排除“庞理鹏和鲁超泄露庞理鹏隐私信息的可能”，“本院认定东航、趣拿公司存在泄露庞理鹏隐私信息的高度可能”，进而实行举证责任倒置，“东航和趣拿公司的反证能否推翻上述高度可能”，当东航与趣拿公司无法反证推翻上述高度可能时，就需承担举证不能的不利后果。二审判决书中提及的“高度可能”，即盖然性。

盖然性说认为，对法院判决起决定性作用的案件事实如果处于无法明确的状态（即真伪不明）而需要证明时，应依据日常经验来判断该案件事实发生的盖然性：如需要证明的案件事实发生的盖然性较高时，由主张该案件事实未发生的当事人对该事实的未发生承担举证责任。即举证责任的分配取决于需要证明的主要案件事实发生的盖然性及当事人对于该盖然性所持的态度。一审法院采用“谁主张，谁举证”的举证责任分配模式，在庞理鹏无法证明趣拿与东航公司泄露其隐私信息的情况下，认为“法院无法确认趣拿公司和东航公司存在泄露庞理鹏隐私信息的侵权行为，故庞理鹏的诉讼请求缺乏事实依据，法院不予支持”。而二审法院巧妙运用了盖然性说，依据《最高人民法院关于适用〈中华人民共和国民事诉讼法〉的解释》第108条的规定，实行举证责任倒置，要求主张“高度可能”未发生的趣拿与东航公司承担举证责任，从而作出了与一审不同的判决。

需要强调的是，即便在盖然性情况下，二审法院依旧注重探究趣拿公司与东航公司是否存在过错，二审法院认为本案的争议焦点之三是“在东航和趣拿公司有泄露庞理鹏隐私信息的高度可

能之下，其是否应当承担责任”。通过审判，法院认为“本案泄露事件的发生，正是其疏于防范导致的结果，因而可以认定趣拿公司和东航具有过错，理应承担侵权责任”。二审判决趣拿公司与东航公司承担侵权责任的理由，不仅在于其高度可能泄露庞理鹏的隐私信息，更因为其对这种高度可能性即盖然性的发生负有过错。

四、免责事由在个人信息权侵权责任中的作用

即便在本案中二审实行了举证责任倒置，但依旧给予趣拿公司和东航公司主张抗辩的机会，即法院认为案件争议焦点之四是“中航信更有可能泄露庞理鹏信息的责任抗辩事由是否有效成立”。换句话说，不论采取何种归责原则及举证责任分配模式，被告方均可主张法律规定的抗辩事由，即被侵权人有过错、损害是由被侵权人或第三人故意造成的、不可抗力等事由。[1] 本案中，二审法院已经排除了庞理鹏及鲁超的过错，趣拿与东航公司无法证明过错是第三方中航信造成的，其抗辩理由不成立，因而二审法院判决趣拿与东航公司承担相应的侵权责任。

五、对当前信息权侵权案件举证责任分配的启示

由于我国对个人信息权的法律保护仍有待完善，当个人信息权受到侵害时，被侵权人往往以名誉权或者隐私权保护为由提起诉讼。以“个人信息权”作为关键词，在中国裁判文书网上进行搜索（截至 2017 年 6 月 27 日），得到的相关案例为 29 个，排除 1 件行政案件与 3 件刑事案件，剩余的 25 件民事案件中，并未有直接以信息权侵权为案由的案件。在信息权侵权案件中，本案可谓经典，对该案之后的司法实践，不论对于法官断案，还是

---

[1] 《中华人民共和国侵权责任法》第三章“不承担责任和减轻责任的情形”中第 26 ~ 31 条为侵权人的抗辩事由。

律师代理，都有着积极的启示意义。

一是举证责任的分配应当坚持原则性与灵活性。诉讼地位平等是法律面前人人平等应有的含义，但是，诉讼地位平等还意味着对证据提供责任上的平等，举证责任分配的公平正是诉讼地位平等的重要体现。法官在分配举证责任时，应当结合案件具体情况，尤其在法律没有具体规定的情况下，更是要以公平原则、诚信原则等民法基本原则为指导（在本案中，二审法院正是依据诚信原则排除庞理鹏及鲁超泄露庞理鹏个人信息的可能，依据公平原则实行举证责任倒置），综合考量侵权人、被侵权人双方的举证能力（即举证的难易程度），尤其是双方对危险领域的控制力、盖然性因素甚至国家政策因素，灵活决定适用“谁主张，谁举证”的普通举证分配模式，还是适用“举证责任倒置”的特殊举证分配模式。在司法实践中上述处理方式也是得到认同的，《最高人民法院关于民事诉讼证据的若干规定》第 7 条规定：“在法律没有具体规定，依本规定及其他司法解释无法确定举证责任承担时，人民法院可以根据公平原则和诚实信用原则，综合当事人举证能力等因素确定举证责任的承担。”

二是一般侵权责任纠纷坚持过错归责原则。在法律未有具体规定的情况下，个人信息权侵权仍属于一般的侵权责任纠纷，即便采取举证责任倒置，也要以是否有过错作为侵权人是否承担民事责任的标准，过错程度与侵权责任程度相一致，这也是公平原则的另一表现。

三是明晰个人信息权侵权案件中被侵权人与侵权人的举证责任内容。实行“谁主张，谁举证”的举证分配模式时，作为原告的被侵权人需要证明的内容包括：侵权行为已经发生或极有可能发生、损害事实（后果）的发生、侵权行为与损害事实（后果）之间的因果关系。在实行举证责任倒置的举证分配模式时，被侵权人至少要对损害事实的存在，侵权行为或者侵权行为与损害结果之间因果关系的盖然性进行证明。例如本案中，庞理鹏提供的证据虽然不能确切证明趣拿或者东航公司泄露了其隐私，但是可以证明趣拿或者东航公司高度可能泄露了其隐私。即在实行举证责任倒置的情况下，并不意味着被侵权人无须承担任何举证责任。

四是分配举证责任时考虑减轻被侵权人举证责任的负担。在个人信息权侵权案件中，尤其在侵权人与被侵权人实力悬殊的案件中，法官在分配举证时，应当从减轻被侵权人的举证责任负担的角度，本着公平原则进行举证责任分配。本案二审法院的判决思路，无不体现了此因素。

在信息时代背景下，个人信息权侵权事件层出不穷且日益复杂，侵权人与被侵权人在经济、技术掌控能力等方面实力悬殊的侵权案件更是日益增多，举证责任的分配是否恰当、公平，直接关系到被侵权人的合理利益是否得到保护，关系到正义是否得到伸张。如何让老百姓从每一个案件中感受到公平正义，在立法有待完善的情况下，不论是作为裁判者的法官，还是作为代理人的律师，如何发挥主观能动性，灵活使用已有法律，或在法律没有具体规定的情况下，适用民法基本原则甚至是法理解决问题，至关重要。

【发表于《广西警察学院学报》2018 年第 2 期】

参考文献

［1］张睿. 环境侵权民事诉讼举证责任分配之比较研究［J］. 河北法学，2009，27（3）：37.

［2］肖建国. 民事诉讼程序价值论［M］. 北京：中国人民大学出版社，2000：492.

［3］陈瑶瑶. 举证责任倒置在环境侵权诉讼中的理解和适用［J］. 云南电大学报，2007，9（6）：86.

律师调解员资质条件探析

袁翠微[1]

从2006年10月12日全国首家律师调解机构——青岛市涉外律师调解中心成立，到2017年10月16日《最高人民法院司法部关于开展律师调解试点工作的意见》（司发通〔2017〕105号）（以下简称《意见》）发布，历时11年，标志着律师调解得到国家层面认可。

当前，并未形成全国统一的律师调解员资质条件，本文拟从设立全国统一的律师调解员资质条件的必要性、律师调解员资质条件的内容、律师调解员资质条件的制定机构等方面，对此问题进行探析。

一、设立全国统一的律师调解员资质条件的必要性

《意见》对律师调解进行了定义："律师调解是指律师、依法成立的律师调解工作室或者律师调解中心作为中立第三方主持调解，协助纠纷各方当事人通过自愿协商达成协议解决争议的活动。"此时的律师不是代表一方当事人利益的代理律师，其地位是中立的，不代表任何一方的利益，故称之为"律师调解员"。

《意见》中提出四种律师调解的工作模式，一是在人民法

[1] 袁翠微，女，广西万益律师事务所兼职律师，广西警察学院讲师，专业领域：企业常年法律顾问、合同业务，联系电话：18977789891。

院设立律师调解工作室，律师调解员的选任，法院实质发挥着主导甚至决定性作用；二是在公共法律服务中心（站）设立律师调解工作室，律师调解员的选任多由司法行政机关决定；三是在律师协会设立律师调解中心，律师调解员的选任由律师协会决定；四是在律师事务所设立调解工作室，律师调解员直接由律所选派。不同的试点地区，甚至在同一个城市，不同的律师调解室或者调解中心，律师调解员的资质条件各异。如杭州律谐调解中心首批调解员名册的律师，都是执业 8 年以上的资深律师；上海市徐汇区法院联合该区司法局开展的“青年律师见习诉前调解”工作中，就挑选执业年限为 1 年左右的青年律师安排到有关的调解室，在调解法官的指导下参与诉前案件的调解工作。有的学者提出律师调解员需独立执业 5 年以上。设立全国统一的律师调解员资质条件，是律师调解工作规范化、制度化发展的必然要求。

《意见》提出，司法行政机关、律师协会会同人民法院建立承办律师调解工作的律师事务所和律师调解员名册。确认律师调解员资质条件，也是建立律师调解员名册的前提条件。

二、律师调解员资质条件的内容

（一）抽象的资质条件

中国人讲究“德高望重”，人民法院特邀调解员的条件是“品行良好、公道正派、热心调解工作并具有一定沟通协调能力的个人”，仲裁员要求“公道正派”。律师调解员的主要任务是“调停矛盾，解决纠纷”，除了要求具备良好的职业道德、精通法律外，也要求练达人情，如此才能做到以理服人、以情动人，令当事人自愿协商达成协议，解决争议。

因此，在设立律师调解员资质条件时，可以先设立抽象的资质条件：律师调解员应为具备一定的法律专业水平、品行良好、热心调解工作并具有一定沟通协调能力的律师。

但是，抽象的资质条件必须转化为具体的资质条件，即必须有可量化的标准，才能确保律师调解员选任工作的顺利进行。而“热心调解工作与具有一定沟通协调能力”相比较于“一定的法律专业水平、品行良好”，更难以量化，其重要性也略微次之。因此，笔者认为，量化标准主要集中在“一定的法律专业水平、品行良好”两方面。

（二）量化的资质条件

1. “一定的法律专业水平”的量化：律师执业年限

“法律不是逻辑的，而是经验的。”通常情况下，法律执业年限往往与法律专业水平的高低成正比，与法律服务经验的多少成正比，因此，执业年限便转换成评判专业水平高低的一个可量化的标准。如《法官法》规定担任法官必须具备的条件之一是从事法律工作满一年或两年或三年（情况不同，年限要求不同）。《仲裁法》规定担任仲裁员要求从事法律工作或相关工作年限满 8 年或具有高级职称。

担任律师调解员是不是执业年限越长越好呢？调解案件各有不同，并不是每个案件都复杂到需要执业年限满 8 年才可以胜任。鉴于需要调解的案件日益增多，且案件繁简程度、对专业水平的要求均有所不同，建议可以参照法官级别分类的做法，对律师调解员进行级别划分，分为初级、中级、高级律师调解员，对不同级别的律师调解员的年限要求有所不同，且不同级别律师调解员参与调解案件的难度也有所不同（详见表 1），以便适应复杂多变的案件情况以及日益增大的调解需求。

表 1　律师调解员级别划分表

律师调解员级别	执业年限要求	任职的调解机构	主持的调解案件范围
初级律师调解员	满 3 年及以上	基层人民法院设立的律师调解机构；县级公共法律服务中心设立的律师调解机构；市级律师协会设立的律师调解机构；单独的调解中心	案情相对简单、法律关系明晰的案件；基层人民法院委派或委托的案件
中级律师调解员	满 5 年及以上	初级律师调解员任职机构；中级及专门人民法院设立的律师调解机构；市级公共法律服务中心设立的律师调解机构；单独的调解中心	初级律师调解员调解的案件；案情较为复杂，对专业水平有较高要求的案件；中级及专门人民法院委派或委托的案件
高级律师调解员	满 8 年及以上	初级、中级律师调解员任职机构；高级人民法院/最高院设立的律师调解机构；省级公共法律服务中心设立的律师调解机构；省级律师协会设立的律师调解机构；单独的调解中心	初级、中级律师调解员调解的案件；案情复杂、对专业水平要求更高的案件；高级人民法院/最高院委派或委托的案件
律师调解员助理	实习律师或执业不满 3 年	不限	不能主持调解案件，只能协助律师调解员工作

注：1. 法官级别共分为 12 级，也可以将初级律师调解员、中级律师调解员、高级律师调解员再细分为 1 ~12 级。

2. 表中的调解机构，包括各类律师调解中心、调解室，也包括“单独的调解中心”。

3. “主持的案件调解范围”中，除了法院委派或指派的案件，其他案件来自当事人申请、其他机构委托，比如人民调解委员会、公安派出所、村（居）委会、房产局等。

律师执业年限越久，执业经验越丰富，人情世故经验也越丰富，调解案件就更为游刃有余。因此，将律师调解员资质条件的执业年限规定最低满 3 年具有合理性和必要性。

《意见》在提及律师调解员资质条件时，还提及“办案数量”，笔者以为，在设立执业年限条件的情况下，办案数量可以作为一项辅助条件。设立律师调解员资质条件后，在实操中即建立律师调解员名册时还需要考虑律师的专业特长，以便按照律师专业特长对名册进行细分，更好地发挥律师调解员的作用。办案数量、专业特长，可以作为律师执业年限的具体延伸内容，在实操中予以体现即可。

虽然在分级律师调解员制度下，对不同级别律师调解员调解案件范围进行了划分，但是，对于可能无法胜任的案件，律师调解员及时向调解机构提出即可。

2. 品行良好的量化：诚信状况

《律师法》第 5 条规定申请律师执业条件之一是“品行良好”。《律师执业行为规范》第 15 条规定律师不得有以下行为：“（四）其他违反法律、法规、律师协会行业规范及职业道德的行为。（五）其他违反社会公德，严重损害律师职业形象的行为。”

“违反职业道德或社会公德，造成严重不良影响”比较难以量化，但是律师调解员品行良好的量化可以体现在：一是未受过刑事处罚，但过失犯罪的除外；二是未受过行政处罚；三是未受过行业处分。至于“违反职业道德或社会公德，造成严重不良影响”，可以作为一个兜底条款，与具体的量化条款相互补充。

关键的问题是对律师调解员诚信状况是否有年限的制约？是否一朝犯错，终身不用？笔者提出以下设想，见表 2。

表 2　关于律师调解员诚信状况的设想

诚信状况 \ 律师调解员类型	初级律师调解员	中级律师调解员	高级律师调解员
刑事处罚（过失犯罪除外）	一旦触犯则不可入选律师调解员名册或继续担任律师调解员		
行政处罚	申请入选调解员名册前三年及任职期间	申请入选调解员名册前五年及任职期间	申请入选调解员名册前八年及任职期间
行业处分	申请入选调解员名册前三年及任职期间	申请入选调解员名册前五年及任职期间	申请入选调解员名册前八年及任职期间

此处的行政处罚，应当限制在律师因违反《律师法》及相关律师管理的法律法规而受到的行政处罚，如律师因在高速路超速驾驶而受到行政处罚，就不能入选律师调解员名册的，似乎太过于苛刻；行业处分，应当限制在律师违反律师行业管理规范而受到律师协会作出的行业处分（纪律处分）。

对于行政处罚与行业处分，一朝犯错，终身不用，似乎太过于苛刻。但是，另一种观点认为律师调解员应当具有高洁品行，需从未受过刑事处罚、行政处罚或者行业处分。

三、律师调解员资质条件的制定机构

《法官法》对法官的资质条件进行了规定，《仲裁法》对仲裁员的资质条件进行了规定，《人民调解法》对人民调解员的资质条件进行了规定。律师调解员的资质条件要从理论变成实践，就必须转换成规范性文件，那么，哪个组织机构有权制定律师调解员资质条件的规范性文件呢？

有的观点认为，考虑到规范性文件的效力层级，参照《意见》的做法，由最高人民法院与司法部来制定全国统一的律师调解员资质条件的规范性文件。但是，笔者以为，《意见》由最高人民法院与司法部出台，原因之一是律师调解涉及“诉调对接机制”问题，比如调解协议与支付令对接机制、调解协议的司法确认程序等。然而，仅仅就律师调解员本身而言，其身份首先是律师，律师调解员的工作也不局限于仅仅调解法院委派或委托的案件，对于律师调解员的管理以及律师调解员资质条件的制定，应当属于司法行政机关与律师协会的职能范畴。

我国当前律师管理体制实行的是司法行政机关的行政管理与律师协会的行业自律管理相结合的“两结合”律师管理体制。根据《律师法》第 4 条规定，司法行政部门对律师行业进行监督、指导，从《律师法》第 46 条第 1 款规定可以看到，律师的日常管理主要由律师协会负责，也是律师协会的法定职责。当前，随着互联网的高度发达，省级律师协会绝大部分建立了会员数据库，律师协会除了常设执行机构秘书处，还设立了若干个专业委员会及专门委员会对律师进行管理，尤其设立了惩戒委员会及惩戒中心，对律师遵守职业道德与执业纪律的情况进行管理。因此，笔者以为，在制定有关律师调解员资质条件规范性文件的实操中，建议由司法行政机关作为制定机关，采取司法行政机关委托律师协会草拟代拟稿，征求法院意见的做法。

在制定律师调解员资质条件规范性文件时，要注意原则性与灵活性相结合（统一性与地域性相结合），注意抽象的资质条件与量化的资质条件相结合，注意确保制定过程的公开、公平、公正。

《意见》尚处于试点阶段，全国并未形成统一的律师调解员资质条件，建议当前先由省级司法行政部门委托省级律师协会制定本地区的律师调解员资质条件规范性文件的代拟稿，征求当地高级人民法院意见。待日后条件成熟，由司法部委托中华全国律师协会总结各地经验做法，征求最高人民法院的意见，再制定全国统一的律师调解员资质条件规范性文件，即律师调解员资质条件规范性文件的效力至少为部门规章。

当前试点地区各地，甚至同一地区的不同城市，对律师调解员资质条件要求不一，如日后制定全国统一的律师调解员资质条件，导致原本已经纳入当地律师调解员名册的律师，将出现不符合新的律师调解员资质条件的情况时，应同时制定相应的配套措施，给予解决。

四、结语

建立统一的律师调解员资质条件，对确保律师调解工作规范、长远发展，促进社会矛盾纠纷多元化解决机制的构建及完善，化解社会矛盾、维护社会和谐发展，具有重要意义。律师调解工作当前正在试点阶段，对于同一问题，各地做法或有不同，但是，长远而言，律师调解工作规范化、制度化发展势在必行，建立全国统一的律师调解员资质条件是必要的，也是可行的。

【发表于《广西政法管理干部学院学报》2018 年第 5 期，
荣获第十届西部律师发展论坛论文一等奖】

参考文献

[1] 卢嘉献，于是．律师参与调解机制研探［J］．法治论丛，2011，26（5）：129－135.

[2] 卢君．法院委托型律师调解员制度构建思路与方案设计［J］．法律适用，2016（9）.

[3] 刘瑞丰．福田模式律师调解制度研究［D］．沈阳：沈阳师范大学，2014.

[4] 静昕．“律”“法”联动 推动诉调衔接机制新发展［J］．中国律师，2017（12）.

[5]《中国司法》编辑部．律师调解制度主题笔会［J］．中国司法，2017（11）．
[6] 程诚．关于律师调解的思考［J］．商业文化（上半月），2011（5）．

论广西房地产行业调解组织的发展与建议

宁其龙[1]

随着我国城镇化建设的飞速发展，伴随而来的房地产纠纷也随之成倍增长，根据中国裁判文书网 2013—2017 年的统计数据，广西近五年的房屋买卖合同纠纷生效判决数量逐年递增，2013 年 1118 起，2014 年 2119 起，2015 年 2799 起，2016 年 5307 起，2017 年 6030 起。这些数据仅是起诉至法院且已有生效判决的诉讼案件，不是房屋买卖合同纠纷的完全统计数据，实际发生的房屋买卖合同纠纷更多。

笔者作为执业律师，深感此类房屋买卖合同纠纷与日俱增带来的压力，特别是在 2015 年以后，由于民事诉讼案件业务量迅猛增长，法院的民事诉讼案件办结时间明显比 2015 年以前有所延长。限于法官员额制的改革，法官数量的增长远不能满足诉讼案件数量增长的需要，引进诉前调解机制发展房地产行业调解组织，缓解法院办案压力，是当前形势下社会发展实现多元化解社会矛盾纠纷的必然选择。

一、房地产行业调解现状

我国调解组织的发展水平仍落后于社会发展的需要，大部分

[1] 宁其龙，男，广西万益（防城港）律师事务所副主任、专职律师，专业领域：建设工程与房地产、民商事、刑事案件，联系电话：13481700725。

调解组织均是基层组织，设立在村民委员会、居民委员会，限于基层调解员的能力，难以处理专业性行业性较强的矛盾纠纷。

根据 2010 年 8 月 28 日颁布的《中华人民共和国人民调解法》第 34 条规定："乡镇、街道以及社会团体或者其他组织根据需要可以参照本法有关规定设立人民调解委员会，调解民间纠纷"，调解组织不再局限于村民委员会和居民委员会。2011 年 5 月 12 日，司法部发布《关于加强行业性专业性人民调解委员会建设的意见》（司发通〔2011〕93 号）掀开行业性专业性调解组织建设大幕，经过发展，全国各地陆续成立交通事故纠纷、医疗纠纷、旅游纠纷等行业性专业性调解组织。但成立的房地产行业调解组织很少，经笔者检索，仅湖北省宜昌市于 2017 年 12 月 27 日成立了"宜昌市房地产交易纠纷人民调解委员会"，至今不足一年，仍属于探索实践阶段。

广西全区内，均未成立房地产行业人民调解委员会，房地产纠纷除当事人起诉至法院和自行协商和解之外，一般由房地产行政主管部门负责处理。南宁市住房保障和房产管理局主要职责中有一项是"协调处理相关投诉和纠纷"，是以行政管理者的角度处理房地产纠纷。

成立于 1988 年的广西房地产业协会，在协会章程里的业务范围包括"开展与房地产市场经济利益主体关联的行业调解，化解行业矛盾和风险"。虽然广西房地产业协会成立较早，至今已 30 年，且章程里有行业调解这一项，但该协会属于省一级组织，处于宏观指导地位。广西全区 14 个地市，全部房地产纠纷交由省级协会调解组织处理也不现实，真正要处理房地产纠纷问题，还是由相对较为"基层"的地市一级或县一级调解组织处理更为妥当，譬如上文提到的"宜昌市房地产交易纠纷人民调解委员会"。

广西地市一级成立最早的房地产业协会，是成立于 2003 年的南宁市房地产业协会，至今已 15 年，协会章程里业务范围未规定行业调解内容。在南宁市之后，其他地市房地产业协会也陆续成立，均只有协会，没有房地产业人民调解委员会。无论受限于何种原因，广西的房地产行业调解组织并未真正得以发展。

虽然目前广西没有房地产行业调解组织，但也有房地产行业调解，这种调解是以房地产行政主管部门受理投诉的方式处理房地产纠纷，属于行政调解，不是人民调解。[1] 行政调解往往会受限于房地产行政主管部门的特殊地位，产生诸多局限和弊端。

二、存在的问题

在国家转变政府职能、简政放权的大背景下，房地产行政主管部门仍作为“调解员”继续调解房地产纠纷，显然不符合国家改革发展的方向，这种处理方式也已经呈现出许多亟待解决的问题。

房地产行政主管部门这种处理投诉（或行政调解）的职责往往是站在行政管理者的角度上处理纠纷，而不是站在一个纯粹调解员公平的角度上去处理纠纷，往往会受到一些外界因素的干扰，比如身兼多职、人员不足、机构精简、绩效考核、信访维稳等。

房地产纠纷的双方一般是购房者和房地产企业，房地产行政主管部门对购房者没有太多的约束能力，但对房地产企业而言，房地产行政主管部门的行政许可权和行政处罚权都是悬在房地产企业头顶的尚方宝剑。若调解中，房地产行政主管部门要求房地产企业让步，为了企业的发展，没有多少个房地产企业会不妥协，而这种调解的结果往往会偏袒于购房者一方，损害房地产企业的利益，也失去了调解应有的公正性和公信力。如果购房者类

[1] 调解分为三类，即人民调解、行政调解和法院调解。

似于老信访户一样的性质，房地产行政主管部门迫于信访维稳的压力，更难扮演一个居中调解员的角色。

房地产纠纷属于民商事法律关系，以行政管理的手段处理民商事纠纷，已然不符合当前社会发展的趋势，应该将此类纠纷交由中立的调解组织处理，将房地产行政主管部门处理投诉（或行政调解）的这部分“职能”委派专业的行业调解组织处理更为妥当。

三、发展与建议

发展房地产行业调解组织，离不开政府部门的支持，司法部发布《关于加强行业性专业性人民调解委员会建设的意见》已进入第七年，只要政府和各行政主管部门支持，成立房地产行业调解组织不是难事，有很多其他行业调解组织的成功经验可以借鉴。值得仔细研究探讨的是，调解组织成立后，应如何管理，以怎样的模式运营，才能发挥其应有的作用，而不只是摆设。笔者结合执业经验并参考其他调解组织对房地产行业调解组织的管理运营提出以下发展建议：

（一）管理运营模式为“办公室 + 调解员 + 专家库”

成立房地产行业人民调解委员会后，设立调解委员会办公室，负责行政工作。成立之初，调解委员会办公室工作人员可以由房地产业协会工作人员兼任，发展至一定规模后，安排专职工作人员负责。调解委员会办公室工作人员仅负责日常行政工作，不负责主持调解，实行调解工作和行政工作分开。

建立调解员名录，不设专职调解员，调解员均为兼职。如设专职调解员，易产生既是调解员又是工作人员的情形。调解员选任向社会开放，选任条件为热心公益、可以灵活安排时间、有一定法律知识或房地产行业知识等。调解员仅负责主持调解，不常驻调解委员会，不负责调解委员会行政工作，由纠纷双方从调解员名录中抽选调解员主持调解。

建立专家库，由具备一定专业知识的专家组成，例如律师、规划师、建筑师、造价师等。调解中，纠纷双方对某一方面的专业问题争议较大，可以从专家库里选取专家对专业问题进行咨询，咨询可以以电话、网络视频等远程方式进行，不局限于现场咨询。

这种“办公室＋调解员＋专家库”管理运营模式，参考了现有的诉讼、仲裁和调解的优缺点，博众家之长结合调解特有的局限性和房地产行业的专业性进行设置，笔者认为，通过探索实践，可以成为未来房地产行业调解模式的一个发展趋势。

（二）设立调解工作经费

根据《中华人民共和国人民调解法》第4条“人民调解委员会调解民间纠纷，不收取任何费用”的规定，行业调解为公益性质，不向纠纷双方收取任何费用。但为了行业调解健康、长远地发展，吸引更多、优质的调解员，仅仅凭公益是不够的，应有一定的工作经费保障，给予调解员适当的办案补贴。

在《关于进一步加强人民调解工作经费保障的意见》（财行〔2007〕179号）一文中，明确了人民调解工作经费列入同级财政预算，人民调解工作经费包括人民调解员补贴经费（即人民调解员调解纠纷的生活补贴费）。但作为行业调解组织，相对于一般基层调解组织的工作经费只能来源于同级地方政府的保障来说，多了一项选择，调解工作经费也可来源于房地产行业协会会费。

实质上，成立房地产行业调解组织，也是为了当地房地产企业的健康发展，为企业服务。纠纷的其中一方，必定是房地产企业，既然设立行业调解，那么作为当地房地产企业，加入行业协会，缴纳适额的会费也是应尽的义务。而且，行业调解发展成熟后，相比于房地产企业仅以诉讼、仲裁途径处理纠纷，要节省很大的支出成本，这是一个可以达到多赢的举措。

设立专门的调解工作经费之后，调解员补贴经费不应仅仅是调解员调解纠纷的生活补贴费，应达到一定的标准，才能提高调解员的整体素质和办案水平。调解员办案补贴经费提高后，不应再称为生活补贴费，应称为办案报酬（或办案经费）。调解办案报酬标准，可以参考律师法律援助办案补贴和仲裁员报酬进行制定。行业调解属于公益性质，但处理的是民商事纠纷，不属于法律援助范围内的民事纠纷，调解员办案报酬标准应比律师法律援助办案补贴标准高。而仲裁是非公益的，调解员办案报酬标准也不能完全参照仲裁员报酬标准，应比仲裁员报酬标准低。因此，调解员办案报酬标准应在律师法律援助办案补贴标准和仲裁员报酬标准之间折中而定，并随着当地人均年收入水平的提高予以调整。

（三）调解案件来源

在房地产行业人民调解委员会成立之初，发展还不成熟的时候，很少有购房者主动选择房地产行业人民调解委员会进行调解，需要建立一些工作对接机制获取调解案件。

除了倡议房地产企业将不能自行和解的纠纷提交房地产行业人民调解委员会调解外，调解案件可以从两个渠道获取，一个是房地产行政主管部门接到投诉，经当事人同意将纠纷委派房地产行业人民调解委员会进行调解；另一个是法院接到起诉，经当事人同意将案件委派或委托[1]房地产行业人民调解委员会进行调解。

---

[1] 登记立案前，法院将案件交给调解组织调解，为委派；登记立案后，为委托。

唯有确保调解案件来源渠道畅通，通过案件的积累，才能把房地产行业人民调解委员会发展壮大。一个没有案件的调解委员会，只能徒有虚名，这不是成立行业调解组织的初衷。

（四）建立调解与诉讼的工作对接机制

调解与诉讼是紧密相连的，除经调解能即时履行外，都会涉及诉讼，不管是达成调解协议申请司法确认，还是未达成调解协议起诉至法院，均由诉讼作为坚强后盾予以保障。《中华人民共和国人民调解法》《最高人民法院关于人民法院特邀调解的规定》（法释〔2016〕14 号）及其他法律法规或司法解释对调解组织和法院的工作对接机制已作出部分规定，但仍有许多问题需要予以细化，制订详尽的实施细则，建立完善的调解与诉讼工作对接机制。

例如，建立调解组织和法院的材料收讫时间互认机制。根据《最高人民法院关于审理商品房买卖合同纠纷案件适用法律若干问题的解释》第 2 条规定"出卖人未取得商品房预售许可证明，与买受人订立的商品房预售合同，应当认定无效，但是在起诉前取得商品房预售许可证明的，可以认定有效"，如果诉前调解时未取得商品房预售许可证明，房地产企业假意调解拖延时间，在调解过程中取得商品房预售许可证明，那么购房者即丧失起诉合同无效的胜诉机会。建立工作对接机制，材料收讫时间互相认可，即收到申请调解材料的时间，可以认定为法院收到起诉材料的时间，即可解决此对接问题。

除上述工作对接机制外，还有诉前财产保全与诉前调解对接机制、调解证据与诉讼证据对接机制等，这些问题都应该予以细化明确规定。限于篇幅，本文不再展开论述，总而言之，建立完善的调解与诉讼工作对接机制，才能真正实质性地推动行业调解组织发展。

四、结语

行业性专业性调解在我国的发展还属于初级阶段，民众的认知度不高，这与我们的国情有关，但在中央完善矛盾纠纷多元化解机制的指导思想下，发展专业的行业调解势在必行。从 2011 年司法部发布《关于加强行业性专业性人民调解委员会建设的意见》掀开行业性专业性调解组织建设大幕至今，无论是政策法规还是经验积累，成立房地产行业人民调解委员会的条件均已成熟，只是缺少契机和重视，不存在难以逾越的障碍。希望以此文引起政府和社会各界对房地产行业调解组织的关注，促进广西房地产行业调解组织发展。

【完稿时间 2018 年】

参考文献

[1] 孙彩红. 政府职能转变视角下的专业性调解［J］. 贵州社会科学，2017（4）.

[2] 尹明生. 四川省行业性专业性人民调解组织建设实证研究［J］. 西南石油大学学报，2018（1）.

[3] 洛东平，刘道炎. 论我国行业性专业人民调解运行中的五大问题［J］. 三峡大学学报，2016（3）.

[4] 洪冬英. 论人民调解的新趋势：行业协会调解的兴起［J］. 法学研究，2015（11）.

[5] 内蒙古自治区司法厅课题组. 行业性专业性人民调解工作的实践与思考［J］. 中国司法，2016（12）.

[6] 张军. 进一步加强新形势下人民调解工作［J］. 人民调解，2017（8）.

涉外编

浅析“一带一路”背景下中国—东盟自由贸易区民商事司法协助制度的构建

潘海清[1]

根据习主席关于共建“丝绸之路经济带”和“21世纪海上丝绸之路”的构想，国家发改委、外交部和商务部三部门于2015年年初共同发布《推动共建丝绸之路经济带和21世纪海上丝绸之路的愿景与行动》一文，该文描绘了“一带一路”倡议的实施路径与发展蓝图，在一定意义上标志着“一带一路”倡议正式进入实施阶段，在“一带一路”沿线各国中引起很大的反响。“一带一路”政策必将带动我国与沿线国家的互动，推动我国与沿线国家的经贸合作与贸易往来。

“一带一路”沿线国家包括与我国共同建立中国—东盟自由贸易区的马来西亚、印度尼西亚、新加坡、泰国、越南、柬埔寨、文莱和菲律宾等国。近年来，中国与东盟国家关系持续稳定发展。根据有关部门的统计数据，截至2015年年末，中国是东盟第一大贸易伙伴，同时东盟上升为中国第四大出口市场和第二大进口来源地。在“一带一路”倡议下，随着中国与东盟间的贸易领域及投资领域的合作空间不断放开，投资优惠也不断增加，更多的跨国投资主体及贸易产品进入其他成员国境内，国与

---

[1] 潘海清，女，广西万益律师事务所副主任、高级合伙人，专业领域：公司并购、涉外商事、银行金融等法律事务，联系电话：13978880931。

国之间的投资额和贸易额不断攀升，各国相关领域的人员流动也随之增强，不同的社会制度与文化冲突导致民商事纠纷发生的概率更为频繁。诉讼是解决民商事纠纷的重要手段，而在处理涉外民商事纠纷时，各国间不同的法律体系和司法制度不可避免地会产生冲突，涉外民商事纠纷涉及的司法送达、取证及执行判决文书等诉讼行为能否有效实施，很大程度上取决于各国司法机关间的司法协助机制是否完善可行。

一、“一带一路”背景下构建中国—东盟民商事司法协助制度的必要性

（一）司法协助的定义与内容

1. 司法协助的定义

司法协助是指一国法院或其他主管机关，根据另一国法院或其他主管机关或有关当事人的请求，并依据共同缔结或参加的国际条约，或者根据两国间的互惠实践，代为实施或者协助实施一定的司法行为。从司法协助的定义上来看，该行为的实施主体是一国法院或其他主管机关，即国家公权力机关，而不是由一般民事主体或民间组织主动建立或实施。从司法协助的路径上看，该行为的实施由一国发出请求，负责有司法协助义务的另一国根据请求及条约或规定代为实施，而不是由一国在另一国直接进行实施。

2. 司法协助的内容

由前述司法协助的定义可知，司法协助的内容本身是一国法院或其他主管机关代表所在国行使主权的表现，因此，一国不得在他国任意自行实施相关行为。本文主要探讨民商事司法协助，法院解决民商事争议的核心途径是通过当事各方的适当参与，保障参与方的正当诉讼权利，查清事实，依据适用的法律作出裁

决，并执行生效裁决。在完成前述跨国民商事纠纷解决过程中，将涉及诸多需要他国给予司法协助的内容。依据《中华人民共和国民事诉讼法》第276条至第283条以及《最高人民法院关于适用〈中华人民共和国民事诉讼法〉的解释》第543条至第550条的相关规定，在我国缔结或加入的国际条约或与我国互惠的基础上，我国法院和外国法院可相互请求进行司法协助。司法协助的内容包括送达文书、调查取证、承认与执行外国法院判决和外国仲裁裁决以及进行其他诉讼行为。由前可知，司法协助的内容涉及诉讼行为的全流程，其中，送达程序正确是保障当事人能行使合法权利的必要前提，因此也成为判决能够得到承认和执行的基础条件之一。考虑到与没有与我国签订司法协助双边条约的国家间的送达问题，我国最高人民法院、外交部、司法部还制定发布了《关于我国法院和外国法院通过外交途径互相委托送达法律文书若干问题的通知》，规定了我国法院与外国法院通过外交途径相互委托进行司法送达的事项。

（二）构建中国—东盟民商事司法协助制度的必要性

1. “一带一路”倡议下经济全球化的趋势使然

在全球经济一体化的形势下，任何一个国家都不可能独善其身。加强国际司法合作、完善国与国之间司法协助制度，妥善解决经济发展过程中各经济主体的摩擦与争端，从而更好地推进经济的共同发展，是各国必须做出的唯一选择。由此，在“一带一路”倡议下，我国也更加迫切地需要加强与沿线各国进行国际司法协助合作。最高人民法院及时响应国家政策，于2015年7月7日颁布了《关于人民法院为“一带一路”建设提供司法服务和保障的若干意见》（以下简称《若干意见》），提出要积极回应“一带一路”建设中各市场主体的司法关切和需求，为“一带一路”营造良好的法制环境，明确要“加强与‘一带一路’沿线各国的国际司法协助，切实保障中外当事人合法权益。要积极探讨加强区域司法协助，配合有关部门适时推出新型司法协助协定范本，推动缔结双边或者多边司法协定，促进沿线各国司法判决的相互承认与执行”。在前述意见中，最高人民法院多次强调要加强沿线各国间的司法协助，推动缔结司法协定，在此意义上，响应“一带一路”倡议号召，推动我国与“一带一路”沿线东盟各国之间的司法协助制度的构建成为完善全球经济一体化趋势下“一带一路”司法服务和保障体系的重要组成部分。

2. 中国—东盟区域经济合作的必然要求

东盟十国与我国于 2010 年 1 月 1 日建立中国—东盟自由贸易区，2015 年 12 月完成自贸区升级。中国—东盟自贸区是由全球发展中国家组成的最大的自由贸易区，其健康发展在全面铺开的“一带一路”倡议中占有重要地位，而中国与东盟各国间的司法协助体系的完善，即是在此趋势下的必然要求。在没有切实可行的司法协助制度下，很难对中国—东盟自贸区市场主体间民商事纠纷及时作出令各国市场主体信服和满意的裁决，更无法顺利地执行所作出的裁决，由此必将影响各市场主体的跨国投资与合作信心，从而导致双边或多边合作与交流及区域经济的发展受到不利影响。考虑到在法律制度方面，中国与东盟各国之间的司法文化与司法制度差异较大，即便是东盟国家内部在司法文化与司法制度方面也有很大差异，如何求同存异，建立相互可以接受的送达、取证及承认、执行判决的规则并体现为具体稳定的协助机制十分迫切。

二、中国—东盟民商事司法协助现状

（一）中国—东盟司法协助双边条约签订情况

中国—东盟司法协助现状尚处于初级阶段，目前与中国签订双边司法协助协议的国家较少且合作内容并未能涵盖解决国与国间各市场主体民商事纠纷解决的必要环节。目前，我司仅与泰国、新加坡、越南及老挝四国签订了双边司法协定。而在仅与不到一半的东盟国家签订司法协助条约的情况下，所签订的四份司法协助双边条约中，还仅有我国与越南及老挝签订的两份司法协助条约约定了互相承认及执行判决，而在与泰国及新加坡签订的司法协助双边条约中并未进行此项约定，换言之，即便是该两国根据与我国间的司法协助条约实施了送达、取证的相关行为，最后法院所作出的裁决，并无法定依据在对方国家得到承认与执行，而无法执行的判决无异于一纸空文，实际上仍然无法真正解决两国市场主体间的民商事纠纷。

（二）相关公约在中国—东盟各国的适用

在多边条约层面，中国与大部分东盟国家加入了《承认及执行外国仲裁裁决公约》（纽约公约）、《关于解决国家与他国国民之间投资争议公约》（华盛顿公约）和世界贸易组织。中国与东盟各国还签订了《鼓励和相互保护投资协定》、中国—东盟自贸区范畴下《全面经济合作框架协议的争端解决机制协议》与《全面经济合作框架协议投资协议》等文件来解决投资争端。由于《承认及执行外国仲裁裁决公约》主要适用于仲裁机构作出的裁决而不是一国法院或机关作出的判决，而其他几份公约或协作方式中的争端解决机制对于普通民事主体间的民商事纠纷不适用，本文不再对此展开论述。从前述公约签订的情况来看，能够适用于中国与东盟间解决市场平等民事主体的民商事纠纷的实操性公约欠缺，例如，东盟十国均未加入《关于向国外送达民事或者商事司法文书和司法外文书公约》（简称《海牙送达公约》），导致在未签订双边或多边条约的情况下，我国也不适用该公约与东盟各国进行国与国间的司法送达。

三、影响构建中国—东盟各国司法协助制度的因素

（一）政治局势问题

由于历史的原因，中国和部分东盟国家之间围绕着南海问题还存在着争议；同时部分东盟国家由于国内党派纷争或军政府掌权等因素，存在着内阁频繁更迭的情况，造成了政局和政策的不稳定等，影响中国—东盟各国司法协助制度的构建进程，导致了中国和东盟间目前尚未能形成有效的双边司法协助制度的现状。

（二）法律体制问题

由于社会体制与法律文化及传统的不同，中国与东盟各国法律制度存在较大差异。我国是采取大陆法系的社会主义国家，而在东盟国家中，既有社会主义国家，又有非社会主义国家；既有属于大陆法系的国家，也有不少东盟国家属于英美法系，并且，即使在同一法系的国家，各个国家间的具体法律制度及做法也有差别。同时，经济的落后使得部分东盟国家至今仍缺乏良好的法制环境，在东盟某些国家中，仍存在着政府信用堪忧、政府信息不公开、法律法规易变、对外国投资者权利诸多限制等多重问题。中国与东盟各国法律制度的差异给中国—东盟统一的司法协助制度构建带来一定的困难。

（三）语言差异问题

法律的准确适用首先需要对法律条文本身的含义进行深刻理解，语言便是法律文件的载体。由于多数东盟国家都是使用本国的小语种制定和实施法律，在国与国间市场主体民商事纠纷中，如司法机关需适用他国法律，必须取得该国法律的有效翻译件。目前精通中国与东盟多国语言的法律人才十分奇缺，导致无法保

证法律内容在翻译过程中的精准性。就现状而言，无论是中国还是东盟各国，至今都还没有制定相对完整的涉中国及东盟的法律和案例数据库，因此，真正涉及对东盟国家法律的适用和解释的时候，法律依据本身不明和适用中的理解问题将成为首先要面对的问题，将在一定程度上影响彼此之间的法律交流和司法合作。

四、构建“一带一路”倡议下中国—东盟民事司法协助制度的措施

（一）推进国际公约的缔结工作，积极推动东盟国家加入国际公约，并适时签订中国与东盟国家的司法协助双边或多边条约，增强与东盟各国的互惠互信

如前所述，中国于1991年参加了1965年海牙《关于向国外送达民事或商事司法文书和司法外文书公约》，1997年参加了1970年海牙《关于从国外调取民事或商事证据的公约》，但东盟各国并未加入，因此导致公约的司法协助内容无法在中国与东盟各国间适用。在“一带一路”倡议下，我国应不断地致力于研究与促进与沿线各国就司法协助缔结公约，并积极鼓励和促进东盟各国加入和承认有关司法协助公约，以促成中国与东盟间在国际公约层面的适用和协助。同时，考虑到中国—东盟自由贸易区的地域性，还应加强自贸区内双边与多边司法协助条约的缔结，为司法协助提供有力依据。

另外，在目前东盟部分国家尚未与我国缔结司法协助协定的现状下，根据国与国间的司法合作交流意向及互惠承诺，尝试我国法院主动出击，先行给予对方国家司法协助，主动推动与东盟国家建立互惠互信的关系。

（二）推动中国与东盟间法律领域的合作，加强人才培养和法律交流

人才是构建中国—东盟司法协助体系的核心竞争力。构建中国—东盟司法协助体系的当务之急是必须培养出一批有能力主导并参与实施的人才。一方面，应通过举办各种国与国间的学术论坛及专题培训，加强国与国之间的法律交流合作。笔者注意到，自 2004 年中国举办中国—东盟博览会以来，我国在博览会期间曾多次主办中国与东盟间的法律合作论坛、法官论坛及检察官论坛，论坛主题中对于司法协助的内容虽有所涉及，但更多的是提出问题，在推动相关司法协助体系建立方面成效甚微。自“一带一路”倡议提出以来，各法律机构争相成立“一带一路”法律研究中心，但从成果上来看，仍需加强相关研究的深度，并及时形成研究成果以提供给相关政府部门作为参考。另一方面，各国必须加大对本国通晓国际合作法律制度，同时又精通他国语言的人才培训力度。就我国而言，司法部及中华全国律师协会从 2013 年开始实施的涉外领军人才培养计划，成功地培养了数百名涉外业务方面的律师人才，但目前相关培训更多地强调投资与并购领域的实训，尚未深入触及民商事争议解决层面。建议将来在涉外领军人才中专门培养一批深刻理解并能熟练运用国际民商事争议解决及法律适用规则的人才，并在国际争议解决中大胆启用相关人才，以使得人才的培训不只停留在理论层面，使人才在实操中进步，以尽早培养出涉外商事争议解决的“黄金一代”。另外，可考虑设立多个国际法律人才培养基地，由各国指派法学专家互相授课及学习，从而更深刻地理解不同国家乃至不同法系间的法律原则与规定，并同时建立和完善东盟法律交流平台，从而寻求出各方满意的司法协助方式及路径，逐步构建起和谐的中国—东盟自由贸易区司法协助体系。

五、结语

通过关注和分析“一带一路”倡议下中国—东盟自贸区司法协助的必要性，并结合该区域司法协助现状进行剖析，笔者从司法协助规范的制定、人才的培养及平台的搭建等方面为构建中国—东盟自贸区司法协助体制提出了可行的措施。司法协助体系的建立任重而道远，借着“一带一路”倡议的东风，法律共同体从业人员应投入更多的关注与研究，对体系构建提出可行性方案和设想，并协助落实与实施。

【刊载于《涉外律师在行动——“一带一路”法律实务特辑》，法律出版社，2016 年】

参考文献

［1］高兰英，隆雨蕊. 论构建中国—东盟民商事司法协助制度的必要性和可行性［J］. 人民论坛，2012（04）.
［2］张军. 目标与路径：中国与东盟国家的司法交流与合作［J］. 广西大学学报（哲学社会科学版），2011（01）.
［3］邓崇专. 东盟自由贸易区的特点及我国涉东盟民商事关系法律的价值取向［J］. 河北法学，2007（01）.
［4］刘晓巧. 中国与东盟国家的民商事司法协助［J］. 桂海论丛，2005（04）.
［5］陈伊璇，廖盛峰. 中国—东盟民事司法协助制度探析［J］. 桂海论丛，2007（06）.
［6］彭瑞驷. 中国与东盟成员国间知识产权民事司法协助制度模式初探［J］. 对外经贸，2015（10）.

中外合资经营企业合营合同谈判

——以中方小股东权益保护为视角

潘海清[1]

随着中国引进外资的广度与深度增加，外商投资领域的法律纠纷大量出现，中外股东之间的权益之争日益增多。实践中，中外股东间的矛盾多隐含在合营企业设立时的合作架构之中。利益兼顾和资源互补是中外合资企业及中外合作企业开展合作的基本前提，设计平衡的企业机构是合营企业获得成功的根本保障。在中外合资经营企业及中外合作企业设立过程中，中方股东往往因为出资较少或提供合作条件较少而丧失在合营企业中的话语权，导致无法很好地保护自己的权益。本文以中外合资经营企业合营合同为研究对象，集中研究中外股东矛盾集中的董事会决策机制、股权稀释、分红比例及股权转让、关联交易监督等几个方面，逐一分析其中的问题，进而提出对策和建议，以帮助中方小股东充分保护自己在合营企业或合作企业中的合法权益。

一、中方小股东在中外合资企业中权益保护的必要性

中外合资经营企业（以下简称合营企业），是指中国合营者与外国合营者依照中华人民共和国法律的规定，在中国境内共同

---

[1] 潘海清，女，广西万益律师事务所副主任、高级合伙人，专业领域：公司并购、涉外商事、银行金融等法律事务，联系电话：13978880931。

投资、共同经营，并按投资比例分享利润、分担风险及亏损的企业。作为外商投资的主要形式，中外合资经营企业为我国国民经济做出了巨大的贡献。在中外合资经营企业中，除一些依法必须由中方控股或相对控股的行业外，外国投资者作为注入资金方，一般都要求将股权比例设置为外方占注册资本比例的70%或以上，以达到控制公司的目的。在该情况下，中方所占比例一般少于全部注册资本的三分之一。鉴于“资本多数决”原则的天然缺陷，多数外方大股东凭借手中表决权的优势，把大股东的意志上升为合资企业的意志，通过采取不公平的关联交易转移利润、占用公司资金、稀释股份等手段侵犯公司中方小股东的合法权益。虽然2005年10月27日十届人大常委会第十八次会议修订通过的《公司法》规定了股东召集权、表决权回避、异议股东股份收买请求权等一系列旨在保护小股东权利的制度，但是，针对外商投资企业的特殊的投资者结构，《公司法》的制度设计仍无法对大股东产生有力的约束，而常常使得小股东的投资期望落空。因此，为了体现股东平等原则，有必要从合营合同及公司章程制度设计等内部约束文件上对大股东的权利进行一定的限制，以保护中方小股东的合法权益，从而实现我国引入外资的目的。

二、中方小股东在中外合资企业中的权益保护措施

对合营企业而言，合营合同，是指合营各方为设立合营企业就相互权利、义务关系达成一致意见而订立的文件，是合营企业设立的基础，合营各方根据合资合同规定的原则订立合营企业章程。笔者曾参加过多起合营企业设立的谈判工作，在合营合同的谈判过程中，除了语言冲突的适用、争议解决仲裁机构的选择等中外双方常见的分歧集中点外，笔者认为，以下几个方面对保护中方小股东的利益有着决定性的影响，中方小股东应当高度重视，并采取有效的保护措施。

（一）董事会决策机制的权利制衡

与内资的有限公司不同，合营企业在治理结构上没有股东会，董事会作为最高权力机构，有权决定合营企业的一切重大问题。董事会成员由中外双方协商产生，其比例仍然取决于公司的股权结构。若一方持有合营企业的多数股份，则该方将顺理成章地争取到董事会的多数席位和董事长的委任权。同时，由于合营企业的董事会是股东委派的产物，因此，合营企业董事会的权力配置主要受制于大股东，公司的经营大权仍处于大股东的运筹之中。根据我国《中外合资经营企业法》及《中外合资经营企业法实施条例》的规定，合营企业章程的修改，合营企业的中止、解散，合营企业注册资本的增加、减少及合营企业的合并、分立必须经过出席董事会会议的全体董事一致通过方能作出决议。除以上几项外，可由合营各方自行约定董事会表决机制。在实践中，大部分外方大股东会主张除法定必须由出席董事会会议的董事一致通过的事项外，其他均设定为出席董事会的董事绝对多数通过甚至简单多数通过即可。事实上，这一规定可能导致的结果将是除法定一致通过事项外，外方可以通过指示其委派的董事投出赞成票而自行决定合营企业的其他任何事项。如此一来，往往使得中方小股东只能被动地作为旁观者，而无法参与合营企业的经营管理及监督，无法保障己方的利益。

笔者认为，法定必须由董事会一致通过的事宜都是关系到公司根本利益的重大事宜，因此法律做了强制性的规定。但是对于关系到公司重大利益的其他事宜，特别是直接或间接关系到投资各方利益的重大事宜，合营各方特别是小股东，也可以要求必须由董事会全体董事一致通过才可作出决议。例如，中方小股东在进行合营合同谈判时，可要求增加将调整合营企业分红比例、独立审计师的选定、财会制度的重大变更、处置合营企业的重大资产（注：这些重大资产往往是中方小股东作为出资投入到合营企业的自然资源及土地使用权等）等事项设定为必须由出席董事会的董事一致通过的事项，来对外方的经营行为进行有效的监督，以防止大股东损害中方小股东的利益。

（二）防止股权被稀释

很多跨国公司在中国的投资，其着眼点在于以产业体系为背景，以占领和控制市场为目标的长远投资，其目标就是为了进行产业控制，实现在华市场利益最大化。近年来，中方小股东在合营企业中的股权被外方大股东稀释的情况屡有发生。笔者了解到，某知名中外合资矿业有限公司设立时，外方仅持有合营企业65%股权，企业经营过程中，外方不断以扩大合营企业规模或弥补企业亏损的名义要求增加合营企业的注册资本。虽然我国《公司法》规定，公司新增注册资本时，股东有权优先按照实缴的出资比例认缴出资。但是，由于中方的全部财力及优势资产在合营初始时已经投入合营企业，无力继续增资，只好同意外方单方增资，从而导致中方在合营企业持有的股权比例不断被摊薄，几年下来，外方持有合营企业的股权已增至90%，而中方股东的股权被稀释至10%，同时，由于中方持有股权比例的不断降低，中方在合营企业董事会所占席位也被减到仅有一位，使得整个合营企业已经实际全部掌控在外方手中。

笔者认为，当合营企业真正面临困境或机遇，需要额外资金时，如双方股东由于资金实力等各种因素无法同时增资的，可以通过由合营企业进行融资或外方提供股东借款来实现，不一定非得通过增资来为合营企业筹集资金。通过债权融资方式产生的融资利息或股东借款利息由合营企业支付，不影响合营企业的控制权，中方股权不被稀释，能够有效地保护中方小股东的利益，也更符合双方合作的初衷。

值得注意的是，在实践中，虽然合营企业注册资本的增加依法应由董事会全体成员一致通过方能进行，但是外方也常常在合营合同中设定中方必须同意增资的前提条件，也就是说，有些外国投资者要求在合营合同中规定，当达到一定条件时，中方必须同意外方提出的增资要求以促使董事会一致通过增资的决议，否则，中方将被视为重大违约，外方有权强制对合营企业进行增资，如中方在该情况下无法缴纳增资的，中方所持股权将被稀释，中方所占的董事会席位也相应减少。前述增资前提条件往往又设定得十分模糊和宽松，使得中方的董事代表实际上很难有足够的理由否决外方的增资计划。在这里我们暂且不讨论强制增资的约定是否已经突破我国合营企业法及商务部门对合营企业股权变更的审批管理规定，从保障中方小股东权益的角度出发，笔者建议，在合营合同谈判中，尤其是在中方提供稀缺的自然资源等作为出资或合作条件的情况下，中方可利用谈判时的有利地位，坚持要求在中方缴清合营企业设立时所认缴的出资的前提下，中方在合营企业中持有的股权比例不得降低，以达到防止股权被稀释的目的。

（三）设定最低利润分配比例

股东投资公司的目的就是赚取公司的利润，这也是股东的基本财产权利。由于在设立合营企业时，中方小股东用于出资的往往是其所拥有的优质资产及自然资源经营权利，除在合营企业中拥有的股份外，中方小股东本身剩余的资金有限、资产盈利能力亦有限，其生存及盈利将主要依赖于合营企业分红。而外资进入中国市场是以占领和控制市场为目标的长远投资，它有实力和财力经受得住初期的亏损。因此，在实践中，外方大股东利用其资金优势以扩大投资等各种名目故意操纵合营企业少分红或不分红的情况屡见不鲜，这一举措直接导致中方小股东的资产或资金被锁死却得不到回报，严重影响中方小股东的利益甚至存亡。尽管2005年《公司法》增加了对于公司连续盈利却连续不分红达五年时，股东有权要求公司按合理价格回购股份的规定，但仍然不能有效保护中方小股东的股益。因为在此种情况下，中方小股东只能选择从合营企业中退出，间接地也使得外方大股东达到了独占公司的目的。

笔者认为，为解决大股东与小股东在利润分配与企业长远发展投入这一关键事项上的矛盾分歧，在进行合营谈判时，中方小股东可要求在满足法律法规对企业提留各项法定公积金的前提下，设定合营企业每年用于分配的税后利润的最低比例，以确保小股东投资利益的及时实现，同时又满足外方大股东对于企业发展的长远规划。

（四）设定跟随出卖权

跨国投资协议中常见的“跟随出卖权”（Tag - Along Right），是指如果公司多数股东出售其股权，则少数股东有权加入交易，以同样的对价出售持有的公司少数股权。在中外合营企业中，外方控股股东在合营企业设立后，出于产业战略调整或其他原因，可能会考虑转让其股权。在此种情况下，即使中方对外方转让的股权具有优先购买权，由于资金不足等原因，中方小股东往往没有能力购买，而实际上由第三方接手外方股权成为公司大股东。如此而来，该第三方的资信与能力等各方面因素都将对中方小股东利益能否实现产生直接影响。

笔者认为，当小股东与大股东设立合营企业是基于外方大股东自身特有的优势的，如专有技术、市场占有率或商誉等，考虑到外方股东的更换将影响到合资公司的核心竞争力及股东利益，在进行合营谈判时，小股东可要求设定跟随出卖权，即当大股东将股权出售给第三方时，中方有权要求将股权以同样的对价同时出售给该受让方，而大股东则有义务将此作为将股权转让给第三方的附加条件。

值得注意的是，跟随出卖权与优先购买权一样应当是小股东的权利，而不应被设定为一项义务，否则将有可能使得中方小股东被动出售股权，反而损害中方股东的自主权。另外，小股东的优先购买权与跟随出卖权并不矛盾，实际上所起的作用也不相同。在笔者曾经参与的一次中外合资企业架构的谈判中，外方拟以跟随出卖权来代替中方小股东的法定优先购买权，考虑到中方在跟随外方出卖股权的过程中是否能够实现股权利益取决于外方转让股权的动机以及最后谈判的转让价格，跟随出卖权并不能代替优先购买权，这两种权利是分别从两个不同角度保护小股东的利益，在中方的坚持下，外方的建议最后没有得到采纳。

（五）完善关联交易监督机制

在实践中，关联交易的表现一般为关联方之间购买或销售商品、购买或销售除商品以外的其他资产、提供或接受劳务、代理等活动。目前，我国的合营企业中的关联交易问题比较多，相当一部分的外资企业拥有遍布世界各地的关联企业，利用关联交易转移定价等方式是跨国公司谋求整体利益最大化的惯用手段，通过此方式很容易将合营企业利润转移到低税负地区，利润转移后，合营企业往往处于亏损的状态，在该情况下，国家税收资产流失，中方小股东的投资利益得不到保障。相反地，在外方股东的操纵下，合营企业一方面连年亏损，另一方面却不断追加投资，扩大经营规模，最后又导致中方小股东的股权被稀释。

笔者认为，应当在合营企业设立时就建立完善的关联交易监督机制。首先，应当确定关联交易的原则，即关联交易必须是独立的，合营企业进行关联交易支付的对价不能高于通行的市场条件；其次，每个财政年度就本年度即将发生的关联交易制订预算，并由合营双方一致同意通过后实施；同时要求合营企业管理层按月或按季度向合营双方披露关联交易情况，并须符合财政部印发的《企业会计准则——关联方关系及其交易的披露》规定；再次，给予管理层一定的交易金额的授权，超过授权范围的关联交易须经过合营双方一致通过后方可进行；最后，建立关联交易追责制度，对合营一方违反关联交易规则的行为实施严厉的制裁措施，在合营合同中明确约定因一方进行关联交易导致合营企业或其他股东利益受损的情况下的责任，从而对关联交易进行多角度的监督。

展望未来，随着全球经济一体化进程的不断加快，外资并购在中国仍将保持持续发展趋势。中国社会经济形势日益复杂，经济结构和产业结构调整在给吸引外资工作带来巨大机遇的同时，也带来了严峻的挑战。在推进中外企业合资及合作中，中方股东要善于发挥本地化优势，积极学习借鉴内外部先进经验，培养优秀人才，运用法律手段来保护本方利益，促进达到中外股东共赢的局面，才能有效地利用外资，实现吸引外资的目的。

【刊载于《涉外律师在行动——中国涉外律师领军人才文集》，法律出版社，2014 年】

参考文献

［1］张远忠．外资并购国有企业中的法律问题分析［M］．北京：法律出版社，2004．
［2］李侠．跨国公司控制中外合资企业的动态分析［J］．贵州大学学报（社会科学版），2005（6）．
［3］黎筠．中外合资企业治理结构探讨［J］．学理论，2010（11）．
［4］孙林．合资经营中的风险与防范［J］．科技创业月刊，2011（8）．

中国—东盟自由贸易区投资争端解决机制构建浅析

凌　斌　潘海清　张　莎[❶]

中国—东盟自由贸易区（下称自贸区）于2010年1月1日正式建立，标志着世界第三大自由贸易区的诞生。随着中国与东盟国家的经济、贸易往来的迅速发展，自贸区各成员国经济发展一体化是大势所趋，客观上需要制定各成员国共同遵守的法律规则。因此，各成员国应当通过磋商构建自贸区投资争端解决机制，制定共同遵守的国际公约，从而使自由、便利、透明并具有竞争力的投资机制目标得以实现，促进自贸区各国经济的合作与发展。

一、自贸区投资争端解决机制的定义

自贸区投资争端解决机制是指自贸区成员国政府之间、成员国政府与另一成员国私人之间、成员国私人与另一成员国私人之间基于对某一投资的管理、经营、运营、销售或其他处置的行为

---

❶ 凌斌，男，西南政法大学法学博士后，广西万益律师事务所主任、高级合伙人，专业领域：知识产权、并购、破产与重整、清算、建设工程与房地产，联系电话：13307719383；潘海清，女，广西万益律师事务所副主任、高级合伙人，专业领域：公司并购、涉外商事、银行金融等法律事务，联系电话：13978880931；张莎，女，广西万益律师事务所合伙人，专业领域：房地产、金融、企业并购、公司治理，联系电话：13471190072。

而出现纠纷后的纠纷解决程序。

二、构建自贸区投资争端解决机制的必要性

“市场经济就是法治经济”，投资争端解决机制的构建及完善是保障自贸区建立自由、便利、透明、竞争的投资体制以及促使自贸区各成员国参与经济一体化的关键因素。自由、便利的投资环境势必带来活跃的经济发展，活跃的经济环境需要公平而富有效率的争端解决机制，而以政治方法作为解决争端的主要方式显然已不能满足市场经济公平、效率的内在要求；同时，以法律方法解决国际经济争端也是目前国际社会解决经贸争端的主要手段。因此，利用现有的中国—东盟博览会平台，通过召开中国—东盟司法部长级会议或论坛等方式进行磋商，构建完善的投资争端解决机制是自贸区良性运行及促进自贸区稳定、和谐发展的迫切需要。

三、自贸区投资争端解决机制的内容

（一）成员国与成员国政府间投资争端解决机制

成员国与成员国政府之间的投资争端，是指资本输出国政府与资本输入国政府之间的投资纠纷，包括因私人投资者用尽东道国法律规定救济方式未能得到满意结果而引发的母国外交保护所产生的纠纷。根据《中国—东盟全面经济合作框架协议投资协议》（以下称《投资协议》）第13条的规定，自贸区成员国与成员国政府之间投资争端解决机制适用《中国—东盟全面经济合作框架协议争端解决机制协议》（以下称《争端解决机制协议》）。《争端解决机制协议》规定争端解决途径包括磋商、调解或调停以及仲裁。以上三种途径的规则主要为：①磋商，磋商是强制性前置程序，由起诉方书面提出，且磋商必须保密；②调解或调

停，该程序必须是各方同意，且随时开始随时终止；③仲裁，该程序的启动前提是磋商未能解决争端，仲裁庭一般包括 3 名成员，双方各指定一名，并就指定第三名仲裁员达成一致，仲裁庭的职能是对审议的争端作出客观评价。《争端解决机制协议》总体上具有科学性，但仍存在未设置救济程序等方面的不足。

本文建议就成员国政府之间的投资争端解决机制做如下完善：①设立争端解决的常设机构以跟踪争端的解决及执行情况；②设置救济程序，以在裁决确实存在不公正时可以启动救济程序，避免、减少冲突；③建立仲裁员选拔数据库制度，完善仲裁人员选定机制，《争端解决机制协议》第 7 条第 6 款规定了仲裁人员的担任条件，但应由谁来确定仲裁员具备规定的条件，争端双方应从何处选择具备条件的仲裁员，不甚明确；④加强对执行仲裁裁决的监督以达到解决争端的实质效果。

（二）成员国政府与另一成员国私人之间争端解决机制

成员国政府与另一成员国私人之间的争端，是指成员国政府与另一成员国私人投资者之间，因成员国政府违反《投资协议》相关规定而给另一成员国私人造成损害而产生的投资纠纷。根据《投资协议》第 14 条第 4 款的规定，目前自贸区成员国政府与他国私人之间投资争端的解决途径包括：①提交有管辖权的争端缔约方法院或行政法庭；②如果争端所涉缔约方和非争端所涉缔约方均为国际投资争端解决中心公约的成员，则可根据《国际投资争端解决中心公约》及《国际投资争端解决中心仲裁程序规则》提交仲裁；③如果争端所涉缔约方和非争端所涉缔约方其中之一为国际投资争端解决中心公约的成员，则可根据国际投资争端解决中心附加便利规则提交仲裁；④根据《联合国国际贸易法委员会的规则》提交仲裁；⑤由争端所涉方同意的任何其他仲裁机构或根据任何其他仲裁规则进行仲裁。同时，《投资协议》还对提交调解或仲裁的时效及国内行政复议前置程序进行了规定。但是，《投资协议》规定的争端解决机制尚存在一些不足之处，如：自贸区无常设的争端解决机构；争端可能提交国内法院或行政法庭进行解决，但如何确定管辖权不明确，甚至出现本国法院审理本国政府作为当事人的案件的情形；争端解决途径不统一等。

本文建议对现有的成员国政府与他国私人之间的投资争端解决机制进一步完善，应磋商完善的内容主要包括：①设立解决投资争端的常设机构，机构的设置及职能应以公约的形式予以确定；②确定争端解决机构的管辖；③统一确定争端解决途径，如调停、仲裁程序，其中重点应规定仲裁程序，包括提交仲裁的程序、仲裁庭的组成、仲裁庭的职能以及裁决的作出、解释、修改、取消、执行等；④成员国承认裁决效力的承诺等。

（三）成员国的私人与另一成员国私人之间争端解决机制

《投资协议》规定的争端解决机制仅包括成员国政府间、成员国政府与另一成员国私人之间的投资纠纷，而对各成员国私人之间投资纠纷则留给了各国国内法去解决。实践中，经常出现外国投资者按照东道国的国内法律规定的程序寻求救济，但结果却不尽如人意的情形，除了东道国可能存在的地方保护主义因素外，还有投资者对东道国司法制度的不信任等主观原因。因此外国投资者之间的纠纷通常会选择通过国际仲裁方式解决。但无论是选择国内诉讼还是国际仲裁，要取得承认并执行诉讼及仲裁结果的实质效果，对于私人之间的投资争端解决仍需建立统一的司法协助体系。该协助体系主要包括送达司法文书、民事诉讼调查取证、法院判决承认与执行、仲裁裁决的承认与执行以及互相提供法律和司法实践信息。

目前，中国及东盟成员国在司法协助方面加入的国际公约主要有：《关于向国外送达民事或商事司法文书和司法外文书公约》《关于从国外调取民事或商事证据的公约》《承认及执行外国仲裁裁决公约》。其中，前两个公约仅中国加入，后一个公约中国与所有东盟成员国均加入；而对于外国判决的承认和执行，中国及所有东盟成员国均未加入相关的国际公约。从 1994 年开始，中国与部分东盟成员国就司法协助签订了双边协议，其中与泰国签订《关于民商事司法协助和仲裁合作的协定》（1994），与越南签订《关于民事和刑事司法协助的条约》（1998），与新加坡签订《关于民事和商事司法协助的条约》（1997），与老挝签订《关于民事和刑事司法协助的条约》（2001）。前述双边协议均包括送达法律文书、调查取证、仲裁裁决的承认与执行；与越南、老挝签订的条约包括法院判决的承认与执行；与泰国签订的条约包括交换法律情报；与新加坡签订的条约包括相互提供法律和司法实践资料。

从目前自贸区民商事司法协助的现状来看，存在的主要问题是：①渠道不统一，司法文书不能及时送达；②调查取证核准程序复杂，难度大；③民事及商事判决难以得到承认和执行；④法律和司法实践信息不能及时相互提供。出现前述问题的主要原因是中国与东盟各成员国基本无共同参加的国际公约，没有多边协定并且双边协定签订较少，相互之间的司法协助主要依赖互惠关系。该现状与自贸区的经济、贸易快速及长远发展极不适应。

本文建议中国与东盟各成员国应当通过磋商，求同存异，对司法协助体系分类建立共同遵守的自贸区公约：

（1）制定送达司法文书公约。该公约具体内容应主要包括：送达的文书范围、送达或接收机关、送达时间等。司法文书是仲裁及诉讼的重要环节，应寻求便捷、高效的送达途径，因此可以考虑直接由本国法院转递，以减少中间环节，提高效率。

（2）制定民商事调查取证公约。该公约具体内容应主要包括：调查取证范围、请求书的发出及接收机关、拒绝请求的条件、调查取证条件等。提交证据既是争端各方的义务也是权利，同时也是争端各方观点得以支持的根本所在。调查取证途径应便捷并兼顾诉讼成本，因此可以考虑向本国法院提出请求并直接由法院进行协助。

（3）制定判决、仲裁裁决的承认与执行公约。该公约具体内容应主要包括：执行条件、执行机关、执行期限等。判决、仲裁裁决的承认与执行，保证了当事人诉讼与仲裁目的的实现，避免当事人再另行诉讼，减少诉案，节省了诉讼成本，有利于自贸区投资的便捷开展。

（4）制定提供法律和司法实践信息的公约。涉外案件往往要了解外国法律，对外国法律了解与否在一定程度上会影响裁判的公正性及裁判执行的效果。而外国法律的查明无论是对于裁判者还是争端的当事人都十分困难，因此，各成员国之间相互提供法律和司法实践信息，对于外国法律的查明与理解是必要的，并有利于争端的公正解决。

【发表于《法制与经济》2010 年第 2 期】

参考文献

［1］蒋志文．中国—东盟自由贸易区的（民商事）司法协助［R］．中国—东盟自由贸易区法律事务论坛．

［2］唐青阳．论中国—东盟自由贸易区投资纠纷的法律适用［R］．中国—东盟自由贸易区法律事务论坛．

［3］彭溆．论世界贸易组织争端解决中的司法造法［M］．北京：北京大学出版社，2008．

［4］中国—东盟自由贸易区争端解决机制分析［EB/OL］．（2012 - 11 - 1）．http：//www. issncn. com/html/35393_1. htm．

［5］李俭．关于构建中国—东盟自由贸易区争端解决机制法律框架的几点思考［EB/OL］．http：//www. lawtime. cn/article/lll760940766034oo1826．

涉外海商事案件中离岸关联企业人格混同的法律责任探讨

覃　晴[1]

在国际贸易中，国内很多外贸经营者基于税收优惠、管理方式、投资待遇以及法律环境等方面的考虑，通常选择在中国香港、英属维尔京群岛、开曼群岛、百慕大群岛等地注册离岸公司[2]，以实现其特殊目的。离岸公司的设立，一方面使得海外上市、跨境并购变得方便快捷，另一方面更是有利于公司在资本运作、全球贸易上实现巨大的成功和跨越。然而，离岸公司设立的初衷毕竟或多或少是出于对我国现行法律的规避，由于一般离岸管辖区的监管相对松散，对公司资料和财产的保密性要求又非常高，无形中纵容了某些投资者利用离岸公司关联企业及关联交易来转移债务履行的风险。本文将针对笔者办理的一个涉及离岸公司关联企业案件存在的问题，结合我国相关公司法律制度及司法实践，剖析离岸关联企业人格混同情况下可能承担法律责任的判断标准和界限。

---

❶ 覃晴，女，广西万益（防城港）律师事务所主任、专职律师，专业领域：海商海事、公司治理、民商事争议解决，联系电话：18677020515。

❷ 离岸公司，泛指在离岸法域内依据离岸公司法规范注册成立，只能在公司注册地以外法域从事经营的公司。

一、案例简介及相关法律问题

（一）基本案情

2016年6月，船东W船务公司与租家H海运公司签订航次期租合同，由H海运公司承租W船务公司所属的一艘大型散装货船在中国台湾高雄交船，至澳大利亚装载煤炭运回中国港口还船。在该船抵达国内F港前，H船务公司委托了一家国内的F船代公司代理该货船在F港卸煤期间的装卸业务。在该散货轮抵达F港后两天，即被B海事法院扣押。扣押前后，F船代公司共垫付了各种港口费用共计人民币60余万元。由于H海运公司是一家注册地在塞舌尔的离岸公司，H船务公司也非境内公司，二者在诉讼和执行方面都有一定障碍。因此，F船代公司遂将青岛H船务公司、W船务公司告上法庭，要求青岛H船务公司、W船务公司支付港口费用。

（二）相关法律问题

本案出现了五个不同主体，分别是“W船务公司”（境外）、“H海运公司”（境外）、“H船务公司”（境外）、“青岛H船务公司”（境内）、“F船代公司”。W船务公司与H海运公司存在船舶租用合同关系，H船务公司与F船代公司之间存在船舶代理合同关系。而H海运公司、H船务公司、青岛H船务公司三者之间名称、业务相近且境内的办公地址都在同一办公楼层。

本案的争议焦点在于F船代公司能否要求青岛H船务公司承担付款义务。由此引申出的法律问题主要有两个：一是能否确认H海运公司（境外）、H船务公司（境外）、青岛H船务公司之间存在人格混同；二是能否要求青岛H船务公司对H船务公司（境外）的债务承担责任，本文将针对以上两个问题进行讨论。

二、关联企业人格混同的判定

关联企业是市场经济发展的产物，关联企业的兴起不但降低了成本，提高了效率，同时也在一定程度上优化了资源的配置。但是，我们不得不承认，关联企业易出现法人人格混同，且在责任主体、法律适用等方面不同于传统的人格混同，给法人人格否认制度适用带来了挑战。

我国公司法上的人格否认制度，主要体现在《公司法》第20条第3款之规定❶，而该条文又过于原则性，对于控股股东利用多个关联公司独立人格逃避责任的情形并不能直接适用。虽然，理论界普遍认为关联公司可以适用人格否认制度，但是在判定关联企业人格混同的标准，以及责任的承担等问题上，却有不同的声音❷。实践中，人格混同的关联公司对外承担连带责任的参考依据主要是最高人民法院发布的指导案例15号❸，该指导案例对人格混同的界定、责任承担形式和范围，均作了较为明确的规定。

结合国内外学说判例，以及我国的司法实践，笔者认为关联企业的人格混同主要表现在人、财、务三个方面。“人”即组织机构与人员的混同，“财”即财务管理、资金使用的混同，“务”即业务领域的混同。具体的体现可能是公司资产不分、人员业务

---

❶ 我国《公司法》第20条第3款规定：公司股东滥用公司法人独立地位和股东有限责任，逃避债务，严重损害公司债权人利益的，应当对公司债务承担连带责任。

❷ 有的学者认为，关联公司适用公司人格否认时，控制股东、沦为木偶的姐妹公司应与债务人公司一道对债权人承担连带清偿责任。而一些学者则认为，关联公司适用公司人格否认时，应当否认关联公司各自独立人格，将关联公司视为一体，对某一关联公司的债权人承担连带责任。

❸ 该指导案例的裁判要点确认：1. 关联公司的人员、业务、财务等方面交叉或混同，导致各自财产无法区分，丧失独立人格的，构成人格混同。2. 关联公司人格混同，严重损害债权人利益的，关联公司相互之间对外部债务承担连带责任。

交叉、经营场所或注册地相关、共用银行账户或电话号码、电子邮箱等，以至于让人难以分清交易的相对方。

在前面的案例中，F 船代公司已经举证证明了 H 海运公司、H 船务公司、青岛 H 船务公司三者之间存在公司名称相近，办公地点、联系电话和电子邮箱也基本一致的情况。但仅凭这些证据，还不能排除上述三个公司是在集团公司、母子公司结构之下，控制公司对其下属公司人员、业务、财务统一管理的模式。因为只要这种模式没有实质性侵害下属或关联公司的独立人格，就不宜轻易认定为人格混同。

因此，实务中主张关联企业存在人格混同，除了列举关联企业人格混同的各种表象特征外，还需提供关联企业在财产方面混同的更多实质性证据。

三、关联企业人格混同的责任承担

关联企业出现人格混同，并且损害到了其他债权人的利益，其直接的法律后果就是否认其人格。而关联企业因人格混同，进而否认其人格，通常也被称为法人人格否认制度的扩张。根据最高人民法院指导案例 15 号的裁判观点，关联企业人格混同的责任就是，关联企业相互之间对外部债务承担连带责任。

然而，一些学者认为，关联公司扩张适用公司人格否认时，除了揭开人格混同的关联公司的面纱外，还应进一步揭开关联公司背后滥用权利的控制股东的面纱。对于这一点，笔者持赞同意见。我国公司法人人格否认制度确立的目的，本身就是为了限制股东滥用其法律上的有限责任，从而加强对公司债权人利益的保护。

四、离岸关联企业适用法人人格否认制度的必要性

现代公司法人制度中的股东有限责任，极大地刺激了资本市

场的繁荣，推动了社会经济的发展。同时，公司法人的人格独立，也难免为一些股东逃避法律责任、谋取经济利益提供了便利。在离岸公司盛行且普遍被当作一种投融资工具的今天，国内企业的实际投资人，利用离岸公司对国内公司进行控股或者控制，为其免受追责，提供了更多一层的“保障”。反过来，对于国内公司或离岸公司的债权人而言，由于追究离岸公司法律责任以及执行问题上的困难，使得债权人的权益往往难以实现。可见，离岸公司在法人人格滥用上的风险，远远高于一般普通企业。

正是在这样的现实背景下，对人格出现混同的离岸关联企业适用人格否认，有利于规范离岸公司的发展，降低控制股东滥用离岸公司的特殊法律身份，以及公司法人人格独立的“盾牌”，损害债权人利益的风险。回到前面的案例，如果 H 海运公司、H 船务公司、青岛 H 船务公司三者之间确实存在人格混同，那么 F 船代公司通过法人人格否认，直接追究国内的青岛 H 船务公司的连带责任，显然比追索境外设立的离岸公司 H 海运公司、H 船务公司更有保障，对离岸公司适用人格否认的必要性和优越性显而易见。

五、针对离岸关联企业出现人格混同问题的一些对策

（一）在立法层面上适度扩张法人人格否认的责任主体范围

我国公司法将法人人格否认后的责任主体严格限定为公司股东，显然是关联企业存在人格混同时，难以追究非股东主体的关联企业连带责任的法律障碍。为了解决责任主体缺位的现实问题，从保护债权人利益的角度出发，有必要在一定程度上扩大法人人格否认的责任主体范围，将关联企业（甚至包括离岸公司）

视为一个整体，当关联企业出现人格混同之时否认其人格，以关联公司的所有资产对外承担连带责任。

（二）在司法实践中妥善解决管辖权及判决的承认与执行问题

在处理涉及离岸公司相关法律问题的时候，由于公司注册地多在境外国家，这些国家为了吸引更多的投资者，不会轻易公开离岸公司相关信息，更不会将对其管辖权拱手相让。因而，在司法实践中争取到此类案件的管辖权显得尤为重要。对此，我们可以尝试着以侵权行为实施地和侵权结果发生地来确定管辖法院，以解决目前管辖权存在的问题。❶ 同时，也要解决好判决的承认与执行问题。

（三）在具体交易时注意防范离岸公司法人人格滥用的风险

由于离岸公司在法律上的特殊性，普通公民、企业在与离岸公司进行交易时，要特别注意有可能产生的欺诈及发生纠纷后难以追偿的风险。因此，在交易前应主动审查离岸公司的资信情况，必要时可要求其公布公司的股东和最终受益人的信息，尽可能要求离岸公司提供担保。对于交易过程中发现离岸公司存在与国内企业属同一股东或最终受益人实际控制之下的情形，要注意保存有关证据。确保离岸公司滥用法人人格独立逃避债务时，得以揭开其“面纱”。

---

❶ 有学者认为可以从公司实际控制人滥用公司法人人格独立的行为性质来分析，其行为实质上属于一种侵权行为，以侵权行为实施地和侵权结果发生地来确定管辖法院。

六、结语

任何制度的设立都要与其时代背景相契合，法律制度也毫无例外。在我国“一带一路”倡议下，大批的中国企业实现了走出去、引进来，与此相配套的法律制度也要跟上现实发展的需要。本文对涉外海商事案件中离岸关联企业人格混同法律责任进行探讨，正是希望能够对离岸公司有可能产生的避税、洗钱、资本外逃以及债务转移的风险，提供一种解决问题的新思路和新途径。

【2018 年第十届西部律师发展论坛论文一等奖】

参考文献

［1］杜麒麟. 反向刺破公司面纱的制度构建与适用［J］. 法学评论，2016（6）.

［2］吴建斌. 公司法人格否认成文规则适用困境的化解［J］. 法学，2009（7）.

［3］林昊. 离岸公司的运用及相关法律问题［J］. 时代法学，2001（1）.

［4］吕来明，杨明敏. 论我国公司资本制度的改革及债权人利益的保护［J］. 法律适用，2013（12）.

［5］胡继红. 全球化视野下现有国际金融监管法律制度的局限及其克服［J］. 法学评论，2003（3）.

［6］邹海林. 指导性案例的规范性研究——以涉商事指导性案例为例［J］. 清华法学，2017（6）.

［7］张诗伟. 离岸公司法理论、制度与实务［M］. 北京：法律出版社，2004.

［8］刘卫，何宁. 法人人格否认制度在关联公司中的适用［J］. 法制博览，2018（3）.

［9］刘净. 指导案例 15 号《徐工集团工程机械股份有限公司诉成都川交工贸有限责任公司等买卖合同纠纷案》的理解与参照［J］. 人民司法，

2013（15）.
［10］樊纪伟. 关联公司扩张适用公司人格否认之检讨——兼评最高法院指导案例 15 号［J］. 湖南大学学报（社会科学版），2016（3）.
［11］李雨松. 司法人人格否认对离岸公司的适用［J］. 四川理工学院学报（社会科学版），2017（10）.

“一带一路”背景下，提升国际仲裁法律服务初探

王　琼[1]

随着“一带一路”建设的不断推进，中国企业参与沿线国家投资建设、工程承包、国际贸易等的范围和领域不断扩大，因此不可避免地会涉及许多法律问题和争议纠纷，如何让我国的国际仲裁法律服务为“一带一路”建设者保驾护航，最大限度地维护其合法权益，争取高效、优质、保密、经济地解决投资者在国际商事合作中的纠纷，让我国的国际仲裁成为解决国际商事纠纷的首选，更好地为“一带一路”建设发展的深入推进提供便利的法律服务。

根据国家统计局发布的《中华人民共和国 2017 年国民经济和社会发展统计公报》显示，2017 年，我国对“一带一路”沿线国家进出口总额、对外承包工程业务完成营业额、对外劳务合作派出各类劳务人员以及沿线国家在我国的直接投资均大幅增长，由此伴随而来的国际商事纠纷也呈增长趋势，而且越来越复杂化。因此，大力发展我国国际仲裁机构在商事争议解决中的优势，为“一带一路”建设提供优质高效的法律服务，是时代的需要，也是国家发展战略的需要。

---

[1] 王琼，男，广西万益律师事务所专职律师，专业领域：民商事、婚姻家事、劳动争议、涉外法律事务，联系电话：13207818396。

由于“一带一路”沿线国家在政治、经济、文化、宗教、法律等方面与我国均存在较大的差异，且大多属于不同的法系，包括英美法系、大陆法系、伊斯兰法系，虽然国际仲裁在跨境商事纠纷解决上有许多优势，但争议各方如何在诸多利益权衡中找到平衡点，从而选择中国的国际仲裁机构作为争议解决地或适用中国的仲裁规则，不仅取决于争议各方的利益考虑，也取决于我国国际仲裁机构整体发展水平、仲裁规则的可接受性、仲裁员的水平、仲裁服务质量以及仲裁费用、便利性等诸多因素。

随着改革开放和经济快速的发展以及“一带一路”建设的深入，我国在国际仲裁制度的发展、仲裁机构和仲裁员的数量、案件的数量以及涉案金额、仲裁裁决的公信力等方面都取得了巨大的成就，目前已走在亚洲国际仲裁业务的前列。许多仲裁机构为了适应“一带一路”建设的发展需要，不断完善仲裁规则和扩大规模，朝着国际化方向迈进，如北京仲裁委员会在其仲裁规则中增加了“追加当事人”“多方当事人之间的仲裁请求”“合并仲裁”“临时措施”和“紧急仲裁员”等条款，在法律适用方面引入“友好仲裁条款”，在仲裁服务中追求“尊重当事人意思自治”和“专业、高效”的仲裁理念；武汉仲裁委员会在北京组建了“一带一路”（中国）仲裁院，主要受理和审理“一带一路”建设中与工程项目相关的争议或纠纷；而华南国际经济贸易仲裁委员会和深圳仲裁委员会则实现强强联合，合并成立深圳国际仲裁院；上海则明确提出要建设“一带一路”国际仲裁中心。

但是，由于我国国际仲裁制度及仲裁机构起步较晚，仲裁员水平、仲裁法律服务水平相对较低，因此，如何提升我国国际仲裁法律服务的质量，为“一带一路”建设提供更加优质高效的服务，显得尤为重要和迫切。现从以下几个方面进行分析：

一、完善相关法律，为国际仲裁规则的修订与执行提供法律支持

由于我国的仲裁法还需要不断完善以适应国际商事仲裁发展的需要，因此，为保障与服务“一带一路”建设的发展，最高人民法院发布若干重要司法文件，要求正确理解和适用《纽约公约》，“依法及时承认和执行与‘一带一路’建设相关的外国商事海事仲裁裁决，……要探索完善撤销、不予执行我国涉外、涉港澳台仲裁裁决以及拒绝承认和执行外国仲裁裁决的司法审查程序制度，统一司法尺度，支持仲裁发展”。随后，最高人民法院颁布的《关于人民法院进一步深化多元化纠纷解决机制改革的意见》《关于为自由贸易试验区建设提供司法保障的意见》，也先后表示支持仲裁制度改革、支持仲裁机构的创新发展，以“提升我国纠纷解决机制的国际竞争力和公信力”，而最高人民法院《关于人民法院为“一带一路”建设提供司法服务和保障的若干意见》中通报的八个案例，则彰显中国法院保护投资、认可和遵循中国签订的国际公约和协定、推动仲裁国际化。这些重要司法文件对我国国际仲裁业务的国际化发展指明了方向，对今后有关“一带一路”纠纷的解决及仲裁规则的修订提供了法律支持，有利于我国仲裁与国际接轨。

二、加强与国外知名仲裁机构的相互交流、学习，把握国际先进的仲裁制度和仲裁理念

一方面，应该积极开展学习国外知名的国际仲裁中心的仲裁规则，在案件的裁决中灵活运用最新的仲裁规则和仲裁理念。如新加坡国际仲裁中心在其修订的仲裁规则中增加了“追加当事人”（Joinder of Additional Parties）、“合并仲裁”（Consolidation）、“多份合同仲裁”（Multiple Contracts）、“扩大快速程序的适用”

(Expedited Procedure)、“加速紧急仲裁程序”(Interim and Emergency Interim Relief)、“删除新加坡作为默认仲裁地的条款”(Seat of the Arbitration)、“早期驳回仲裁申请和答辩”(Response to the Notice of Arbitration)。这些规则的增加和修订，为快速高效、经济地解决纠纷提供了制度保障，增强了仲裁机构的吸引力和快速解决纠纷的能力。另外，可尝试国外的临时仲裁机制(Ad hoc Arbitration)、快速解决争议机制(Expedited Procedure)和可替代争议解决机制(Alternative Dispute Resolution，ADR)，以最低的成本、最短的时间解决纠纷，最大限度地减少仲裁各方的时间、财力，最大限度地挽回各方的损失。

另一方面，应不断地派遣仲裁员到国外知名的仲裁机构和“一带一路”沿线国家实地培训、学习深造，了解当地的法律知识、宗教文化、国际惯例，扩大国际法律知识面和国际视野，提高语言运用水平和仲裁员的国际裁决水平。

三、加大力度，宣传我国的仲裁规则优势，提高仲裁机构的知名度

众所周知，仲裁机构的仲裁规则决定着仲裁庭能否公平、高效地作出裁决，而仲裁规则中仲裁员选择方式、证据规则、裁决期限、临时救济措施、回避理由、送达方式等都在当事人选择仲裁机构及仲裁地方面起着决定性作用。我们应该及时在“一带一路”沿线国家宣传仲裁规则新的变化和存在的优势、服务质量的提高等，以扩大影响力和知名度。沿线国家中，新加坡、马来西亚等国家的仲裁机构、律师事务所都在中国通过参加国际论坛、专题讲座等方式，大力宣传其仲裁规则优势，以吸引中国的企业选择其当地的仲裁规则或仲裁机构，这也无形中加大了与我国国际仲裁机构之间的竞争。

四、运用新技术提高案件的管理水平和服务效率，降低办案成本

当今世界，科技日新月异，作为我国的国际仲裁机构，应该运用新技术，尝试实行网上仲裁。选聘专业性、责任性和服务意识强的仲裁员，通过完善网络仲裁规则，简化仲裁程序，利用电子网络提交案件材料，进行文书送达、举证质证，最后做出仲裁裁决。这样无疑会大大提高办案效率，降低办案成本，也为仲裁当事人节省仲裁成本，可收到事半功倍的效果。

五、加强服务创新，拓宽服务领域和范围，吸引更多的外国投资者选择中国国际仲裁机构

仲裁机构要树立创新无止境、服务无止境的理念，在案件的办理中发挥团队精神，尽可能地为当事人提供周到的服务，增加人文关怀，以减少因语言障碍、文化差异、法律不同引起的抵触情绪。同时可借鉴新加坡、马来西亚等国为外籍仲裁机构和法律人士豁免签证和工作许可证的制度，以方便其参加仲裁事务。

随着“一带一路”建设的不断推进，国际仲裁机构在解决跨国商事纠纷中发挥的作用越来越大，仲裁机构之间的竞争也在不断加剧。因此，我国的仲裁机构在国际商事仲裁中要不断地扩大影响力，除了在我国相关法律框架下，对仲裁规则作出及时的修订，发挥仲裁规则优势，提高仲裁机构在国际仲裁中的竞争力、知名度外，还应不断加强与国外知名仲裁机构的交流、学习，把握国际先进的仲裁制度和仲裁理念，提高仲裁员国际仲裁裁决的水平和仲裁裁决的公信力、可接受性；运用新技术提高案件的管理水平和服务效率，加强服务创新，拓宽服务领域和范围，增强仲裁的便利性，降低办案成本，以吸引更多的仲裁当事

人选择中国仲裁机构或中国的仲裁规则作为纠纷解决方式，从而更好地为“一带一路”建设发挥仲裁在国际商事纠纷解决中应有的作用。

【完稿时间 2018 年】

律师行业编

中国律师涉东盟法律服务面临的机遇、问题及其对策

凌　斌[1]

中国—东盟自由贸易区（以下简称自贸区）系全部由发展中国家组成的世界上最大的自由贸易区，至2010年1月1日自贸区建立时，自贸区内人口超19亿，GDP接近6万亿美元，贸易总额达4.5亿美元。为建成自贸区，中国与东盟分别签署了《中华人民共和国政府与东南亚国家联盟成员国政府全面经济合作框架协议》（以下称《框架协议》）、《框架协议货物贸易协议》（以下称《货物贸易协议》）、《框架协议争端解决机制协议》（以下称《争端解决机制协议》）、《框架协议服务贸易协议》（以下称《服务贸易协议》）、《框架协议投资协议》（以下称《投资协议》）。前述协议的签署及自贸区的建立，促进各缔约方之间的经济、贸易及投资合作，作为为经济发展提供法律服务的中国律师，面临前所未有的机遇及挑战。

一、中国律师涉东盟法律服务面临的机遇

经济基础决定上层建筑，法律服务机遇总是伴随经济贸易的

---

[1] 凌斌，男，西南政法大学法学博士后，广西万益律师事务所主任、高级合伙人，专业领域：知识产权、并购、破产与重整、清算、建设工程与房地产，联系电话：13307719383。

发展而产生。分析自贸区经济、贸易及投资合作发展的态势，可以了解律师涉东盟法律服务面临的机遇。律师涉东盟法律服务机遇主要表现在投资、贸易、知识产权等领域。

（一）中国律师涉东盟投资法律服务面临的机遇

1. 中国与东盟相互投资现状及特点

自 2002 年 11 月《框架协议》签署后，中国与东盟相互间投资不断扩大。2003 年，东盟对中国投资为 29.3 亿美元，中国对东盟投资仅为 1.89 亿美元。2009 年，东盟对中国投资额为 46.8 亿美元，中国对东盟投资为 30 亿元。截至 2009 年年底，中国与东盟相互间累计实际投资额接近 600 亿美元。

中国与东盟相互投资存在如下特点：

（1）投资由单向性发展为双向性。《框架协议》签署前，中国与东盟投资关系基本上是单向进行，中国是投资目的地，东盟是投资来源地。《框架协议》签署后，中国与东盟投资关系逐渐呈现双向发展态势。中国企业已将东盟作为主要投资目的地之一。

（2）投资地域分布不平衡。东盟对中国投资的来源地相对集中，主要是新加坡、马来西亚、菲律宾等国，投资的目的地亦相对集中，主要是珠三角区域、长三角区域、福建省、山东省等地。中国对东盟的投资目的地主要集中在新加坡、缅甸、柬埔寨、印尼、越南等国。

（3）投资产业结构有所差异。东盟对中国投资基本上投向制造、房地产及旅游等劳动密集型和资金密集型行业，较少涉足技术密集型行业。中国对东盟的投资除投向机械制造、交通、能源等劳动密集型和资金密集型行业外，重点向技术密集型行业发展，近年来开始涉足生物制药、电子信息、化工、电气等行业，与东盟投资的产业结构有所差异。

2. 涉东盟投资法律服务的机遇

（1）为东盟企业在中国投资提供法律服务的机遇。

① 东盟对中国投资逐年稳定增长，越来越多的东盟企业进入中国的各个领域进行投资，其需要知悉涉及市场准入、投资壁垒、土地管理、税收优惠、投资保障、外汇管理等中国的相关投资法律、政策，而向中国律师购买前述法律服务是其了解中国相关法律规定及保障其合法权益的最佳途径。

② 在中国经济转型的大背景下，东盟已在中国投资的劳动密集型及资金密集型企业将不可避免地进行调整甚至发生产业转移。在企业产业调整及转移的过程当中，劳资整合、易地搬迁、关停转产、投资建设等经济事件层出不穷，需要在中国法律的框架内和谐处理，法律服务在与企业寻求发展和进步过程中共生共赢。

（2）为中国企业在东盟投资提供法律服务的机遇。

中国对东盟投资迅猛发展，投资目的地已遍布东盟各成员国。中国企业赴东盟投资前，需要了解中国对有关境外投资管理规定、境外投资行为规范；投资目的地国家对市场准入、投资壁垒、土地管理、税收优惠、外汇管理的法律及政策；WTO 投资机制及争端解决机制、自贸区投资协议及争端解决机制等，中国律师可向中国企业提供咨询服务及其他法律服务。

（二）中国律师涉东盟贸易法律服务面临的机遇

1. 中国与东盟贸易现状及特点

2003 年以来，中国与东盟的贸易一直保持逆差态势。2009 年中国对东盟贸易额为 2130.11 亿美元，其中出口额 1062.97 亿美元，进口额 1067.14 亿美元。截至 2010 年 8 月，中国对东盟贸易额为 1854 亿美元，其中进口额 973 亿美元，同比增长 54%，出口额 881 亿美元，同比增长 40%。在服务贸易方面，东盟是中国对外承包工程的重要市场，2003—2008 年中国对东盟承包工程完成营业额由 17.61 亿美元增至 46.7 亿美元，平均增长 21.5%；东盟是中国最大的海外劳动市场，新加坡、印度尼西亚、马来西亚、缅甸、泰国和越南是中国对东盟劳务输出的主要国家。

中国与东盟贸易存在如下特点：

（1）基本实现“零”关税。自贸区建成后，中国对东盟的平均关税从之前的 9.8% 降至 0.1%，东盟 6 个老成员国文莱、印度尼西亚、马来西亚、菲律宾、新加坡、泰国对中国的平均关税从 12.8% 降低至 0.6%。

（2）贸易额增长较快。如前述，截至 2010 年 8 月，中国对东盟进出口贸易额同比均增长 40% 以上，远远高于中国整体进出口增幅。

（3）贸易对象相对集中。中国主要的贸易国为马来西亚、新加坡和泰国。

（4）服务贸易发展良好。为满足服务贸易发展的需要，2010 年第七届中国—东盟博览会增加了服务贸易专题。与东盟相比，中国在旅游、建筑、计算机与信息服务、个人文化与休闲等行业存在比较优势。

（5）贸易的商品结构优化。进出口商品结构日益改善，逐步由初级产品向工业制成品尤其是机电产品和高新技术产品方向发展。

2. 涉东盟贸易法律服务面临的机遇

（1）为中国企业出口贸易提供法律服务的机遇。

中国企业开展出口贸易主要关注中国出口管理、出口退税、相关规定及出口目的地成员国的进口管理、海关管理、检验检疫、关税制度、贸易壁垒、外汇管理、贸易救济措施、贸易争端解决机制等相关规定。出口贸易量的增长将导致买卖合同、货物运输、信用证、通关、退税、诉讼、仲裁等传统法律业务的增长。此外，自贸区建成后关税壁垒基本消失，反倾销、反补贴、保障措施、技术壁垒已成为各国贸易竞争的主要手段，为出口企业提供相关预防及应诉服务将成为律师业务增长点。

（2）为中国企业进口贸易提供法律服务的机遇。

中国企业开展进口贸易主要关注出口国出口管理、中国进口管理、海关管理、检验检疫、关税制度、贸易壁垒、外汇管理、贸易救济措施、贸易争端解决机制等相关规定。律师可为之提供咨询及相关法律服务。譬如：服务贸易协议签署后，各成员国之间自然人流动更加便利，与部分经济发展水平较低的东盟成员国相比，中国的工资及社会福利水平具有明显优势，将吸引东盟部分成员国大批劳动力。自然人的跨国流动对大多数中国企业而言是新生事物，如何趋利避害有赖于律师的专业服务。

（三）中国律师涉东盟知识产权法律服务面临的机遇

1. 中国与东盟知识产权现状及特点

自贸区各成员经贸活动的进行，与知识产权的流动相辅相成；相对成熟的国际贸易和国际投资活动中都蕴含着知识产权的成分。中国—东盟博览会自举办以来，一直将高新技术作为会议主题之一。自贸区各成员国中，除老挝尚未最终加入 WTO 外，其他成员国均已经是 WTO 正式成员国。自贸区各成员国都是世界知识产权组织（WIPO）的成员国，但加入的公约不尽相同。中国、柬埔寨、印度尼西亚、老挝、马来西亚、菲律宾、新加坡、越南系《保护工业产权巴黎公约》成员国；中国、新加坡、印度尼西亚、菲律宾、柬埔寨、老挝系《世界版权公约》成员国；中国、菲律宾、泰国系《伯尔尼保护文学和艺术作品公约》成员国；中国、新加坡、越南系《商标国际注册马德里协定有关议定书》成员国；中国、印度尼西亚、老挝、马来西亚、菲律宾、新加坡、泰国、越南系《专利合作公约》成员国。

中国与东盟知识产权存在如下特点：

（1）自贸区各成员都是 WIPO 成员国并分别加入部分公约，加入公约的各成员国权利及义务的行使及救济有法可依。中国是自贸区加入 WIPO 公约最多的国家之一。

（2）自贸区各成员国之间知识产权发展水平与保护水平参差不齐，中国知识产权发展水平与保护水平较高。

2. 涉东盟知识产权法律服务的机遇

“经济贸易投资，知识产权先行”，《框架协议》第 7 条将知识产权作为合作扩展的领域并把技术转让作为加强合作的措施。中国与东盟之间的投资和贸易迅速发展以及贸易商品结构的优化必然导致各成员国企业在本国及他国获得知识产权保护的需求。各成员国企业日益重视知识产权战略的制定与实施，以获取并保持市场竞争优势，知识产权的创设、运用、管理、保护等业务将持续增长。

（1）为中国企业对东盟投资、贸易提供知识产权法律服务的机遇。

中国企业对东盟投资、贸易关注如下涉及知识产权尤其是涉及商标和专利的规定：中国知识产权部门法、知识产权边境措施、中国与投资贸易目的地成员国共同加入的 WIPO 公约、投资贸易目的地国家知识产权边境措施、该国知识产权部门法及该国知识产权司法政策等。

（2）为东盟企业对中国投资贸易提供知识产权法律服务的机遇。

东盟企业对中国投资、贸易关注如下涉及知识产权尤其是涉及商标和专利的规定：东盟企业本国知识产权部门法、知识产权边境措施、该国与中国共同加入的 WIPO 公约、中国知识产权边境措施、中国知识产权部门法及知识产权司法政策等。

二、中国律师把握涉东盟法律服务机遇面临的问题

（一）语言能力不足，阻碍有效交流

东盟各成员国除新加坡和菲律宾官方语言为英语外，各国官方语言均不相同且属小语种。中国精通东盟各成员国语言特别是小语种的律师极少，与东盟企业沟通存在隔阂，难以进行有效交流。

（二）缺少权威译本，东盟信息不全

中国精通东盟各成员国小语种的法学家或精通法律的小语种翻译家极少，东盟各成员国相关法律、法规、政策的中文译本匮乏且未经权威机构认定。由于权威信息的缺失，中国律师对东盟各成员国相关法律、法规、政策缺乏准确、全面的了解。

（三）律所品牌有限，专业能力不强

中国律师事务所品牌知名度不高，缺乏完善的内部管理制度，承担执业风险能力较差，难以满足与东盟各成员国特别是较发达成员国律师事务所业务接轨的需要。中国律师参与中国对东盟经济贸易、投资合作机会不多，专业化程度不高，缺乏在国际法、国际条约、WTO 规则、国际贸易、投资融资、反倾销、反补贴、保障措施、技术壁垒等方面学有专长的律师。

（四）竞争处于劣势，服务机遇流失

服务贸易协议虽然没有法律服务的具体承诺，但却约定适用《服务贸易总协定》。《服务贸易总协定》中，界定了服务贸易的四种方式：跨境服务、境外消费、商业存在和自然人流动。除商业存在较难实现外，其他三种法律服务贸易方式容易实现，客观

上存在竞争。由于东盟各成员国华侨较多，中国改革开放较早，东盟各成员国部分律师精通中国语言，了解中国法律及政策。东盟律师在东盟各成员国对中国投资、贸易相关非诉讼法律业务承接上较中国律师而言具备竞争优势，导致本来属于中国律师的业务流失。

三、中国律师把握涉东盟法律服务机遇的对策

（一）加强语言学习，消除交流障碍

中国律师应加强对东盟各成员国语言的学习，尤其是对中国与东盟投资、贸易的主要国家新加坡、菲律宾、马来西亚、泰国等国语言的学习，提高语言水平。中国律师事务所还可以利用中国经济、社会发展程度较高的优势，吸引部分东盟国家既懂中文又懂法律的人才为中国律师事务所工作。

（二）构建专业团队，提高专业水平

随着自贸区各成员国经济、贸易、投资合作的深入发展，企业对法律服务的需求日益细化。中国律师事务所应找准定位、统一理念、完善管理、树立品牌、专业分工、团队协作，为企业提供优质、高效的法律服务以满足企业的实际需要。

（三）借助社会力量，获取东盟信息

律师应主动与对东盟法律有研究的政府机构、社会团体、高等院校、各国使领馆及商务代表处等联系，取得东盟各成员国相关尤其是投资、贸易、知识产权方面的权威法律、政策等资料。

（四）建立协作网络，实现资源共享

个体的力量无疑是有限的，有志于开展涉东盟业务的中国律

师事务所之间应加强联系、交流信息、取长补短、深化协作，避免重复建设，实现资源共享。中国律师事务所还应积极与东盟各成员法律服务机构建立战略合作关系，互通有无，实现利益共享。

【发表于《中国—东盟法律评论》2011 年第 1 期】

参考文献

[1] 邓志勇，文彩云．水润花开、共享硕果［N］．南国早报，2010－10－20（4）．

[2] 陈宇航．中国与东盟国家间投资法律保障问题的研究［C］//中国—东盟诉讼法律理论与民事行政检察制度专题的研讨会优秀论文汇编．

[3] 易在成．构建中国与东盟自由贸易区知识产权协调制度［EB/OL］．http：//blog. sina. com. cn/blog_69da7edf0100kkys. html.

[4] 张晓君．中国—东盟〈服务贸易协议〉与中国服务业的发展［J］．河北法学，2010（3）．

[5] 陈承帼．法律服务贸易的发展前景［C］//西部律师论丛第三届西部律师发展论坛的优秀论文集．南宁：广西教育出版社，2010.

[6] 刘树森．中国—东盟自由贸易区丛书［M］．桂林：广西师范大学出版社，2009.

中等规模律师事务所发展的困惑与思考

——万益探索和实践

凌　斌[1]

一、困惑

截至2015年年初，广西万益律师事务所（以下简称万益）基本情况为：成立19年，员工共计72名，其中律师62名，实习律师、律师助理、行政人员10名；办公面积大约1000平方米，有办公管理软件；近三年年均收入接近2000万元；两度被评为全国优秀律师事务所；所内律师曾3人次担任中华全国律师协会理事、常务理事，3人次担任广西律师协会会长、副会长。在广西居一流、在国内为不上不下，属于中等规模的律师事务所（以下简称律所）。

当是时，律师各行其是，缺乏公共支撑；资历观念明显，新晋成长缓慢；传统案源为主，市场开拓不足；品牌依赖个体，整体认同感弱；核心业务欠缺，公共案源极少；执行力度不强，管理效率低下；注重既得利益，缺乏长期规划。

是只顾一代、维持现状，还是兼顾后晋、改革发展？可选择

[1] 凌斌，男，西南政法大学法学博士后，广西万益律师事务所主任、高级合伙人，专业领域：知识产权、并购、破产与重整、清算、建设工程与房地产，联系电话：13307719383。

的路径并不是很多。律所的“人合”的特点，使合伙人在决策的过程中容易接近于无原则地讲情面，患得患失中，争论不休，议而不决。

二、思考

维持现状之得，无外乎不触动既得利益、维护表面之和气；维持现状之失，必包括冲突坐大、后续乏力。改革发展之利，在于调整分工优配置、推陈出新可持续、尊规共建得共享；改革发展之弊，在于投入巨大而效果不确定、有伤和气乃至分道扬镳。

维持现状的得失，改革发展的利弊，对于中等规模的律所为数不多的合伙人而言，或许无须痛陈，业已心知肚明。

其实很少人会直接声称反对改革，而更多的是以稳健的改良为名维持现状。但如逆水行舟，不进则退；往往在不变的表象下，暗流涌动，人心背向。

律师帮别人解决问题时善于把复杂问题简单化，但在解决自己的问题时往往把简单问题复杂化，导致难以决策，几近“医者不自医”。

对于律所而言，或许改革方案的制定、发展措施的执行、共建共享的规则等均非难点，难就难在路径选择的过程。

三、探索

改革发展需要长期、持续地投入大量人员、时间及金钱，短期内难以建成，更难以见效。未来市场的判断、律所行业的定位、律所可持续发展、业务冲突的取舍、运营成本的分担、各行其是的习惯、权益调整的阵痛等因素，会影响合伙人对律所长期发展利益预期的判断，从而产生发展理念的分歧。万益将理念的沟通与整合作为改革发展至关重要的前提。

“行业先锋，百年万益”，根据自身的现状，万益提出改革发展的定位。

根据定位，以客户满意及员工幸福为追求，万益梳理、调整服务理念：“高效、优质，共建、共享”。“高效、优质”的内涵是：客户至上，响应快速；专业服务，优质保障；效率优先，优质兜底。“共建、共享”的内涵是：合作共赢；共建是共享的基础和前提，共享是共建的动力及目标。

根据定位及理念，万益致力于改革不适应律所发展的环节，通过制度安排，共同建设一个高效、优质、共享的平台，提高客户满意度；使处于各个发展阶段的员工、处于各个专业团队的律师在技能、收入等方面能得到满意度较高的发展；打通员工晋升通道，探索合伙人退休机制，鼓励各尽其能、各得其所、人文传承、和谐相处。

根据定位及理念，万益坚持效率优先、制度跟上，及时调整管理机构，设立 3 人的管委会，行使合伙人会议的大部分职权，强化执行主任的职能，高效决策、快速执行、事见实效。解决了合伙人会议因合伙人众多而产生为议而议、议而难决、决而难行的弊端。

万益合伙人在尽可能充分沟通的基础上按合伙协议及章程规定进行表决，通过改革发展方案。改革发展方案通过后，因理念不同，三名合伙人申请退伙并转所。

四、实践

万益一边快速推进改革，一边完善各种制度，在短期内客观上造成制度建设落后。万益实践的过程中，注意把握程序公平的平衡：改革发展规则及制度的制定者最先承担义务与责任，最后享受利益。以此产生制度公信力，赢得改革发展的最大程度的理解与支持。

对外而言，“客户至上”是万益宗旨，万益以客户需求为导向配置资源，以为客户提供高效优质服务为最高目标；对内来讲，“员工幸福”是万益的目标，万益致力于保障新晋员工的收入及规范培训，树立骨干律师行业专业地位，提升合伙人在行业内外的影响力。

万益在统一发展理念、管理机构调整、办公场所配置、软件系统更新、人才引进培养、业务指引规范、专业团队建设、业务市场拓展、分配制度探索、律所品牌规划等十个方面，进行实践。

万益根据自身定位，扩大律所规模。律所规模建设，包括办公场所、分支机构、人员数量，也包括支持机构、人员高效运转的办公设备及软件系统。万益兼顾客户信息的保密性及青年律师的成长性，在新装修的办公区内，对律师办公、会议、接待等功能区域进行了合理的布局和配置，实现办公区与接待区分离。所有合伙人及律师均在接待、会议区与客户洽谈，保障私密性及案件资料的安全性；保障青年律师成长的办公空间。改革一年来，总所及分所办公室面积达到约 4000 平方米。

万益认为人才是律所发展的基石，律所的竞争就是人才的竞争。万益设立律师和实习律师最低工资保障制度、合伙人硬性传帮教制度、大学生实习培养计划。改革一年来，万益总共引进 40 名专业人才，其中律师及实习律师 27 名、市场专员 10 名、行政人员 3 名。

万益建立所内所外结合的学习、培训制度，着力提高律师的业务能力和服务水平，引导律师进行职业规划、共享执业经验、研讨疑难案件、探索团队建设等。

万益根据管理的需求更换办公软件，建设移动办公平台。律所发展，其内涵应当包括有效整合资源、降低成本、控制风险、提高服务效率、保证服务质量。万益启用“律师 E 通”软件及服务器，建设移动办公平台，通过内外网接入和移动 APP 的接入，实现实时高效管理。

万益根据社会、经济发展，引导律师深耕传统业务、开拓新兴业务，及时调整专业分工，组建专业团队，规范业务指引，为客户提供高效、优质的法律服务。每一业务领域均有熟悉该领域法律知识及具备丰富经验的合伙人、律师及专业人员。万益既提倡专业分工，又强调团队合作，每一个业务团队在需要时均可迅速获得其他业务团队的全力配合与支持。

万益规范业务指引，强化知识管理。为了保障律师的办案质量，提升青年律师的业务水平，万益制定了当事人接待、尽职调查、诉讼策略分析、立案、举证、质证、文书写作、开庭、案件信息管理等约 30 个业务指引，规范律师办案流程。其中，（交通事故）侵权诉讼团队进一步探索：在市场开拓、接洽当事人、案件办理跟踪、开庭与执行等阶段，每个阶段都有专人负责，做到流程统一；强调案件标准化作业，每一份文书均使用标准模板，力求每一个案件质量达到同一标准；该团队成员包括法律专业人员、医学硕士、会计师、市场专员等各类专业人士，在伤残评定、损失计算等方面得到足够的专业支撑，在市场化开拓案源方面取得良好成效。

万益研究中国裁判文书网等公布的相关裁判文书，借助大数据分析，把握司法裁判导向。2016 年年初，万益就房地产、银行、涉外民事、知识产权、交通事故、刑事等六个领域中国裁判文书网公布的广西相关裁判文书进行分析，捕捉相关审判信息，把握裁判的导向与尺度，提高律师的案件实务分析能力及结果预判能力。

万益通过扩大行业内外交流、积极参与公益活动、搭建信息推送平台、增强各类媒体沟通合作等方式提高品牌的知名度及美誉度。

万益对分配制度进行试点探索，现阶段公司制、提成制等多种分配模式并存，逐步寻找适合自己、各方接受的合理分配制度。

“路漫漫其修远”“计划没有变化快”，万益将大胆探索，小心求证，努力实现“行业先锋，百年万益”。

【完稿时间 2016 年】

中新互联互通南向通道建设中的西部涉外律师法律服务机会

潘海清[1]

为推进“一带一路”倡议的进一步落实，并在充分考虑与中国“西部大开发”发展战略融合的前提下，2015 年 11 月 7 日，中国和新加坡两国政府签署《关于建设中新（重庆）战略性互联互通示范项目的框架协议》及其补充协议，标志着“中新（重庆）战略性互联互通示范项目”的启动。该项目旨在加强两国在金融、物流运输、航空及信息通信方面的深入合作。在该项目推进过程中涉及的南向通道建设将给西部涉外律师创造多样化的法律服务机会。

一、中新互联互通项目南向通道概述

“中新互联互通项目南向通道”是指从重庆出发，经广西等沿海、沿边口岸，以公路、铁路、海运等多种运输形式，连通到新加坡及东盟各国的国际物流大通道。“南向通道”的概念于 2017 年 2 月 27 日在中新互联互通项目联合协调理事会第一次会议上被正式提出。半年后，中国重庆、广西、贵州、甘肃四地政府于 2017 年 8 月 31 日就合作共建中新互联互通项目南向通道签

[1] 潘海清，女，广西万益律师事务所副主任、高级合伙人，专业领域：公司并购、涉外商事、银行金融等法律事务，联系电话：13978880931。

署协议。2018 年 6 月，四地政府与青海省政府就相关合作签订备忘录。南向通道的合作范围在中国西部省区中还将进一步扩大。

中新互联互通项目南向通道在海上与东盟 9 个国家相连，在陆上与中南半岛的 7 个国家相连，将“丝绸之路经济带”和“21 世纪海上丝绸之路”衔接形成完整环线。南向通道涉及三种物流组织形式，一是南向铁海联运线路，由“渝黔桂新”铁海联运班列从重庆出发至广西钦州港，再衔接海运抵达东盟各港口，进而联通国际海运网；二是南向跨境公路班车线路，从重庆南彭出发，经广西以及云南沿边口岸出境，通往越南、老挝、泰国、缅甸等中南半岛国家；三是南向国际铁路联运线路，利用西南地区铁路网络，通过凭祥、河口、磨憨、瑞丽等沿边口岸，与泛亚铁路网络衔接，连接中南半岛。

中新互联互通南向通道极大地缩短了通往东南亚国家的物流时间，降低了物流成本，对于改变中国西部地区物流格局、推动西部地区企业与国际市场形成货物供应链具有重要意义。

二、中新互联互通南向通道建设中的西部涉外律师法律服务机会

2016 年 12 月，司法部、外交部、商务部、国务院法制办四部委颁布《关于发展涉外法律服务业的意见》，决定采取多种举措大力发展我国涉外法律服务业。受地理位置及经济发展水平的限制，虽有前述政策支持，目前西部涉外律师实际能够获得的涉外法律服务机会还十分有限，中新互联互通南向通道的建设正好给西部涉外律师创造了宝贵的法律服务机会。根据法律服务内容的不同，笔者将中新互联互通南向通道建设中西部涉外律师的主要法律服务机会进行分类介绍。

（一）熟读国际规则，积极建言献策，为政府监管提供法律服务

中新互联互通项目南向通道的顺利实施，离不开政府的政策引导、平台搭建及有效监管。各西部参与省份均注重鼓励及推动南向通道建设工作。以广西为例，2018 年广西政府工作报告将“聚焦深度融入‘一带一路’建设，进一步提升开放型经济水平”及“推进中新互联互通南向通道建设”作为 2018 年广西政府的主要工作之一，并于 2018 年 6 月制定颁布《广西关于加快推进中新互联互通南向通道建设的若干政策措施》支持中新互联互通南向通道建设。但是，政府仅出台扶持政策还远远不够，南向通道沿线涉及多个国家，由此不可避免将会在海关、进出口检验检疫、司法协助、适用运输规则等方面存在差异，为实现南向通道的有序运行，政府需要充分认识现有规则及运用规则，并理顺及协调与相关方的法律关系，以创造良好的营商环境。例如，铁路运输在南向通道的三种物流组织形式中占有相当大的比重，但在涉及跨境铁路运输时存在适用规则不一的问题。目前，关于国际铁路运输的国际公约有《国际铁路货物联合运输协定》（以下简称《国际货协》）及《关于铁路货物运输的国际公约》（以下简称《国际货约》），二者在运输单证、承运人责任等多方面存在重大差异。在南向通道物流铁路运输中，如涉及两个国家的主体或运输地时，将极有可能出现选择适用规则的问题。客观上来看，我国加入的《国际货协》规则体系仅有苏联、东欧、蒙古、朝鲜、越南等 12 国，成员较少，且当货物的始发地和目的地不都位于缔约国时，该规则将不适用。在此情况下，南向通道中各主体就铁路运输行为适用《国际货约》的可能性更大，政府需要考虑两个规则的衔接问题，以使得我国市场主体参与南向通道运行有章可循。众所周知，国际法律规则专业性强，涉及内

容繁杂，且原文多以外文写成，对非专业人士而言理解起来难度较大，在此过程中，西部涉外律师可主动作为，加强对国内及国际相关法律规则的法律研究，并适时向政府提出法律意见及建议，助力政府解决政策制定及监管中的法律及规则冲突问题。

（二）加紧钻研、积极创新，为跨境物流运输、跨境贸易、园区及港口建设等提供法律服务

为跨境物流运输提供法律服务。首先，中新互联互通南向通道建设大幅带动物流行业的发展，但跨境运输通常涉及多种运输方式且涉及的规则复杂，目前多式联运体系尚未有效建立，通常一单货物运输由多个承运人承接，涉及多份运输单证的转换，导致各主体间责任划分复杂，收集证据难度大，在出现纠纷时容易发生互相扯皮的情况。而多式联运体系的重点与核心是由同一承运人负责整个运单，作为全程的责任承担主体，即“一单到底”，此模式法律关系清晰、运行效率高，是目前国际运输业发展的主流方向，其中涉及的托运人与承运人之间、同一运单项下的不同承运人之间的责任划分、权益保障等需要涉外律师进行法律层面的精心策划与设计。其次，在“互联网+”的大趋势下，国际化便捷及高效的物流体系建立有赖于国际化的电子化信息交换平台的有效搭建。而目前绝大部分的国际联运纸质运单没有实现电子化，货物信息与运输信息不能形成电子数据传送，不利于监管部门的高效监管。目前，广西政府已将“建成多式联运信息综合平台”列入2018年度政府工作计划，并大力推动建设“中国东盟信息港”，国际化的平台建立必然涉及多国数据库的对接，在建立信息化平台涉及的域名注册和保护、用户数据保护、知识产权以及新兴的区块链等方面都值得西部涉外律师深入发掘法律服务机会。

为跨境贸易提供法律服务。现代跨境物流蕴含大量商机，南

向通道建设在促进物流业发展的同时将必然带动进出口贸易的繁荣。但是，由于国际贸易主体处于不同法域，法律环境及文化背景差异大，且其中不乏一些信用较低、违约风险高的交易对手，西部涉外律师可以接受国内或国外客户的委托，联合国外的律师共同对相关主体及贸易合作项目进行法律尽职调查、提示交易风险，并根据调查结果及国际通行规则提出交易结构及制作法律文件，并在货款催收、信用证运用、争议解决等方面提供法律服务。同时，贸易贯通的实现离不开资金的融通，目前中国和新加坡两国在金融创新合作方面已取得进展，如我国企业到新加坡发行境外债券、新加坡企业也在我国发行人民币债券；我国企业设立的房地产信托在新加坡交易所上市等，随着合作程度的不断加深及南向通道建设的进一步落实，西部涉外律师应可以在跨境投融资、运单融资、供应链金融、保理、承运人保险等方面寻找到更多的法律服务机会。

为园区及港口建设提供法律服务。为推动中新互联互通项目及南向通道建设，部分省区正集中优势资源兴建产业园区或物流园区，同时，南向通道各个主要连接点也需要加强铁路与港口之间的连接建设以实行多式联运间的无缝衔接。例如位于广西南宁的“中新南宁国际物流园”已完成拿地，即将开工建设；甘肃兰州国际港务区的铁路集装箱中心站、保税物流中心、多式联运物流园等正在加紧建设。在这些项目建设及运营过程中，可能涉及外国投资主体或其他涉外因素，涉外律师在招投标和工程施工的法律服务、项目融资、人才引进等方面均容易找到作为的空间。

（三）增强参与国际仲裁的能力，在跨境争议解决中寻找法律服务机会

南向通道的建设带动经济交往机会增多势必伴随着投资纠纷

或贸易摩擦数量的增加，由于司法裁判及判决执行涉及一国主权，导致各国间关于司法协助的程度有限，且耗时相对较长，一般不被国际商事参与主体所采用。在综合考虑仲裁的专业性、不公开性及根据《纽约公约》其裁决在全球众多参与国被承认及执行的可能性的基础上，国际商事行为的主体大多事先约定采用国际仲裁的方式解决争议，参与跨境物流的当事各方也不例外。经笔者搜索中国裁判文书网，未找到一例跨境物流合同纠纷的诉讼中有外国主体参与的情况。加上临时仲裁在国际仲裁界的持续发展这一有利倾向，使得专业涉外律师有更多的机会参与国际仲裁。与此同时，笔者也注意到，近年来国际仲裁裁决不被我国法院承认的情况也偶有发生，因此，西部涉外律师应主动加强对国际物流领域的主流仲裁机构及其仲裁规则的了解，在南向通道涉及的跨境争议解决事务中寻找服务机会，指导客户理性选择仲裁机构及灵活运用仲裁规则，并积极参与建设、推广我国本土涉外仲裁机构及仲裁规则，增强我国涉外仲裁机构及涉外律师在国际仲裁舞台中的话语权。

三、结语

中新互联互通南向通道建设给西部涉外律师带来了新的法律服务机会，西部涉外律师本着地域优势，应抓住这一历史机遇，趁着国家大力发展涉外法律服务业的东风，不断努力提升专业技能，积累服务经验，寻找新形势下的业务增长点，同时为社会经济发展提供专业价值。

【完稿时间 2018 年】

参考文献

[1]《人民日报》点赞“中新互联互通项目”，催生重庆开放新机遇［EB/

OL]. [2018 - 6 - 25]. http://www.sohu.com/a/236625079_671977.
[2] 中新南向通道建设提速 现代跨境物流蕴含商机 [EB/OL]. [2018 - 6 - 23]. http://www.snet.com.cn/276/207345.html.
[3] 广西出台优惠政策支持中新互联互通南向通道建设 [EB/OL]. [2018 - 6 - 23]. http://www.gxswt.gov.cn/htmlContent/detail/9a5a2ca4 - 9c26 - 473a - a3f8 - d1fb3a9c00d0.
[4] 莫世健，陈石．论国际铁路运输公约对“一带一路”的重要性 [J]. 山东科技大学学报（社会科学版），2016 (2).

从互联网营销角度探讨青年律师的成长

袁翠微　张海波[1]

自1979年律师制度恢复以来，尤其近十几年，律师行业每年人数持续递增。据司法部统计，截至2015年年底，全国律师人数达29.7万多人。虽然无法直接查询到青年律师的占比，根据其他有关资料，笔者估计青年律师占比至少30%。可以说，青年律师，是律师行业的未来。青年律师的成长，事关律师行业的发展。青年律师智则律师行业智，青年律师富则律师行业富，青年律师强则律师行业强。

本文中探讨的青年律师，包括领取实习证的实习律师与领取了律师执业证但执业年限不足五年的律师（不一定是年纪轻的律师）。一位青年律师的成长，需要三至五年的时间。现实中，因多方面原因，青年律师成长面临着许多问题和困难，而收入偏低、缺少案源、专业水平不足，被视为制约青年律师成长的三大困难。

同样适用二八定律，律师法律服务市场80%的业务收入，被20%的律师占据。属于80%里的年轻律师，人数日益增多，

---

[1] 袁翠微，女，广西万益律师事务所兼职律师，广西警察学院讲师，专业领域：企业常年法律顾问、合同业务，联系电话：18977789891；张海波，男，菲律宾Tarlac State University博士，广西万益律师事务所执行主任、高级合伙人，专业领域：企业法律风险防范、公司治理、企业并购、政府法律顾问，联系电话：13977180632。

竞争日益激烈，压力日益增大。青年律师的成长过程，可以用六个字、三个词语概括：生存、发展、成才。青年律师要成长，应当怎么办？众说纷纭。本文拟从互联网营销的角度来探讨青年律师的成长问题。

营销，百度词条的解释是："企业发现或挖掘准消费者需求，从整体氛围的营造以及自身产品形态的营造去推广和销售产品，主要是深挖产品的内涵，切合准消费者的需求，从而让消费者深刻了解该产品进而购买的过程。"仅从字面上理解，"营"，营利之意，"销"，销售之意。营销，顾名思义，为了营利而进行的销售。

律师营销是什么？有人将律师营销定义为："律师在法律服务市场中、开展法律服务过程中所运用的各种方式和方法，是律师为实现客户价值和建立客户忠诚度，并在此基础上不断扩大公众的认知度和影响力，从而拥有大量忠诚客户的努力过程。"从这个定义可以看出，律师营销至少包括三个方面的内容：营销的方法、营销的目的和营销的成效。营销的方法，考验着律师的专业水平和解决问题的能力；营销的目的，是为了获得客户，实际上就是获得案源，获得业务收入，解决生存问题；营销的成效，是扩大律师的认知度和影响力，解决律师的发展问题。一旦三者进入良性循环，"专业水平的不足，案源的缺少，经济收入的偏低"这三个问题都可以得到很好的解决。因此，笔者认为：律师营销，是青年律师成长的加速器。做好律师营销，有利于加快青年律师的成长，可起到事半功倍的作用。

提到营销，有的青年律师会忧虑："我肚子都没有填饱，哪里有钱搞营销？"律师营销，自然需要成本，丰俭由人。此处的成本，或是金钱，或是时间，或是智力劳动等。青年律师如何做好营销呢？世上不缺少美，缺少的是发现美的眼睛。世上也不缺少营销的办法，缺少的是发现营销办法的眼睛。营销的方法多种多样，也不乏效果好、成本低廉甚至免费的营销办法。例如互联网营销。

当今世界是个互联网的世界，网络无处不在，无时不在影响着我们的生活。与传统的营销方式相比，互联网营销的优势在于：其一，互联网营销可以扩大营销的受众面积，有利于扩大青年律师的公众知名度和社会影响力；其二，互联网营销成本梯度大，可丰俭由人，存在成本低廉甚至免费而效果良好的营销方式；其三，互联网营销效果较好，长期坚持下来，可以为青年律师累积客户，带来案源；其四，互联网营销持续时间长，一但营销信息进入网络，理论上便可以无限制长时间存在，除非被撤销或者删除。

互联网营销的方式，主要有以下几种。

1. 法律电商营销

随着移动互联网的日益发达，电子商务对各行各业产生翻天覆地的影响，法律服务业也开始踏入电子商务的领域，是一片蓝海，商机巨大。近几年，国内陆续出现十几家法律电商，例如赢了网、知果果等，百度也在2014年10月推出百度律师直达号。法律电商的优势在于：平台实力比较雄厚，专业性强，管理规范，以经营有偿法律服务产品为主。加入法律电商，利用法律电商平台资源，是青年律师拓展案源、增加业务收入的好方式。法律电商主要有两类：一类是提供法律服务产品，例如知果果；另一类是专门为律师和客户搭建有偿法律服务平台，例如赢了网。这就意味着青年律师付出的劳动，会有所回报（不排除某些情况下律师需要承担一些免费的法律咨询）。法律电商的弊端在于：由于法律服务的非标准性，法律服务产品难以标准化，当前，法律电商推出的法律服务产品多为程序明确（如商标注册、专利申请）、代写比较成熟但内容相对简单的法律文书（比如租赁合同、离婚协议），这类法律服务产品，技术含量不高，因此收费不高。尤其是简易的法律文书，趋向于借助大数据由系统自动生成，如此一来，法律电商反而蚕食了此类业务的市场。有的法律电商对律师的执业经验即执业年限往往会有一定要求，年轻律师不一定能够满足其要求。例如，某法律电商只吸收执业十年以上的律师作为其平台的律师库成员。因此，青年律师在挑选法律电商时，应当结合法律电商的经营模式，选择适合自己的法律电商来进行营销。

2. 自媒体营销

网络盛行的今日，人人都是自媒体。青年律师要善于利用微博、微信、QQ 等自媒体进行自我营销。青年律师，针对社会热点焦点问题，撰写高质量的法律评论文章，通过微博、微信发表，是自我营销的一种极好方式。这种方式，金钱成本几乎为零，需要付出的是智力劳动。同时，此方式对加强青年律师对法律的研究能力、对案件的分析能力大有裨益，有利于提高青年律师的专业水平。律师中“一搏成名”“一文成名”“一书成名”的，不乏其人。例如，中国律师在微博上粉丝较多的是一位专打行政诉讼的律师。又如，广西万益律师事务所以中国裁判文书网公布的广西 2015 年 1 ~ 12 月各级法院的判决书为对象，推出了 2015 年广西银行民商事诉讼案件大数据分析报告、广西贿赂案件量刑情况大数据分析报告等系列大数据分析报告，律师事务所对全区法院判决书进行分门别类的分析，在广西尚属首次，在业内业外引起广泛影响，而参与撰写分析报告的年轻律师，也因大数据分析报告的火热而提升了自身的知名度。

3. 社交网络平台营销

离开了人的网络没有任何意义，网络的本质是人与人之间的交流。随着网络的发展，也产生了许多社交网络平台，例如百度贴吧、知乎、天涯社区等，尤其移动互联网时代的到来，微信朋友圈成为社交平台的一匹黑马，更是催生了微商的大行其道。青年律师可以充分利用知名的社交网络平台进行自我营销，展现专业水平，积聚人气，累积潜在客户群。例如，某律师通过在知乎上发表高质量的热点问题法律分析文章，经过一段时日，累积了十几万的粉丝，为其招揽了不少客户，带来案源。

4. 法律门户网站广告营销

法律门户网站广告营销是律师网络营销最早的方式之一，通过向法律门户网站（出名的网站如华律网、中顾网等）交纳一定费用，由网站运营商为律师在网站上打广告，律师往往通过免费咨询的方式体现专业水平，将当事人从线上吸引到线下，开拓案源。此种方式的弊端在于律师需要耗费大量时间去回答免费的法律咨询，从海量的咨询用户中挑选高价值的案件。当然，对于没有经验又缺少案源的青年律师，免费的法律咨询也是其积累执业经验、提高执业水平的有效途径。

5. 搜索引擎营销

搜索引擎营销也是律师网络营销的最早方式之一。搜索引擎营销的代表模式是百度。该方式需要律师向搜索引擎的运营商付费，一旦消费者输入特定条件的关键字，搜索引擎会自动跳出某律师相关的链接，从而诱导消费者单击到律师的相关网页或者律师个人网站。此种方式需要付费，而且排名的先后，与付费的高低直接相关联。此种方式，对收入偏低的青年律师，会有一定压力。

6. 自建网站营销

对于经济较为宽裕的青年律师，可以考虑建立个人网站。但是，建立网站，需要丰富的内容作为支撑，一个网站的运营，耗费的人力、财力和时间较多，往往是律师事务所或者律师团队才能支撑。青年律师个人的网站，其实大多只是一个网页。

7. 传统媒体的营销

当今，电视、报纸、广播等传统媒体，都会直接与网络融合，在互联网上发行电子版。青年律师也要注重与传统媒体的营销，现实中的机会非常多。随着依法治国的深入推进，社会民众法律意识的不断提高，法律类的栏目极易吸引民众眼球，因此，许多电视台、报纸、电台都会与当地律师协会合作，打造法律栏目或者节目。此类合作的主要特征是律师参与活动提供法律咨询讲解以无偿为主，对于律师的“回报”，便是增加律师本人或所在律师事务所的曝光度，提升其知名度。例如，广西律师协会就与广西发行量最大的报纸《南国早报》合作开辟了“南国法援”栏目，与广西电视台综艺频道合作开展《律师到现场》节目，甚至中央电视台 12 频道也推出律师参与的法律栏目《法律讲堂》等，栏目或节目的社会影响力都极好。青年律师要善于把握机会，多参加此类法律活动，不仅可以增加在传统媒体的曝光度，同时还可增加在互联网上的曝光度。广西好几位青年律师，便是参加了《律师到现场》节目，随着节目的播出，知名度得到极大的提升，案源也随之而来。

律师为当事人提供法律服务的过程，是一项综合复杂的具有创造性的工作，最终的立足点，还是在于律师的专业素养。律师营销，只是促进青年律师成长的外在手段，或者说，为青年律师的成长创造良好的外部环境，青年律师切不可舍本逐末，过分注重营销而忽略了专业素养的提高。青年律师要成长为优秀律师，除了做好营销，必须要做好以下几个方面的工作，不断提升自身的综合能力：

①要做好自身的职业规划，确立好个人职业的发展方向，选择适合自己发展的律师事务所。

②要做好知识经验的累积，不仅要做好专业知识积累，也要加强政治、经济、心理、礼仪等非专业知识的学习；不仅要培养理论学习能力，更要培养分析问题、解决问题的应变能力和创造力。

③要善于利用社会资源，培育自己的客户群体，掌握维系客户的方式方法。

④要养成良好的工作习惯，形成认真负责、严谨细致的工作态度，确保服务质量的优质高效。

⑤要注重加强律师职业道德修养，诚信执业。

⑥要塑造良好专业的职业形象，做到礼仪优雅等。因篇幅有限，笔者不予以展开论述。

【完稿时间 2016 年】

参考文献

[1] 营销 [EB/OL]. (2016-7-18). http://baike.baidu.com/view/3905.htm.

[2] 律师营销其实并不难 [EB/OL]. (2016-7-18). https://www.douban.com/group/topic/39185206/.

[3] 黑马，糊涂仙. 一位大律师的感悟：律师该如何做网络营销 [EB/OL]. (2016-7-18). http://www.shichangbu.com/article-17706-1.html.

[4] 李娜，赵大程. 青年律师要努力在服务“四个全面”战略布局中建功立业 [N/OL]. (2015-03-23) [2016-7-18]. http://www.acla.org.cn/html/xinwen/20150323/20357.html.

互联网律师业务发展瓶颈问题原因的探究

袁翠微　潘海清[1]

随着移动互联网时代的到来，电子商务发展迅猛，对许多行业产生深刻影响，法律服务业也不例外。有数据显示，2014 年中国法律服务的市场规模已经超过 1000 亿元，2017 年则将达到 5000 亿元。在“互联网 + 法律”服务时代，面对互联网法律服务这片蓝海，对法律电商、律师事务所及律师，既是机遇，也是挑战。

互联网法律服务是什么？把某种法律服务通过标准化、规范化、流程化打包成一个产品，通过互联网实现交易。与货物商品交易，或者餐饮、旅游、娱乐等服务业相比，为何互联网律师业务发展缓慢？互联网律师业务发展的瓶颈问题是什么？笔者以律师法律服务的特性为出发点，从以下三个方面进行阐述。

一、律师法律服务发生概率的低频性，是互联网律师业务发展的瓶颈问题之一

律师法律服务发生概率的低频性，决定了律师业务不会是电

---

[1] 袁翠微，女，广西万益律师事务所兼职律师，广西警察学院讲师，专业领域：企业常年法律顾问、合同业务，联系电话：18977789891；潘海清，女，广西万益律师事务所副主任、高级合伙人，专业领域：公司并购、涉外商事、银行金融等法律事务，联系电话：13978880931。

子商务中发展最早最快的领域。

产生法律服务需求的原因有二：其一，主体之间的纠纷已经无法协商解决，只能通过诉讼解决，即诉讼业务；其二，主体为确保其行为合法的同时又能达到预期目的而需要律师协助解决，即非诉讼业务。这就决定了法律服务不具有广泛的需求性，不是一种必需品，其发生的概率不高，即“低频性”。“中国人的法律需求其实是一个低频需求，不同于购物、吃饭等刚性需求”，有的人也许一辈子都不会需要律师，有的企业也许十年都没有找过律师。市场是只看不见的手，总是向最需要的地方伸展，因此电子商务中货物交易是最早最快发展起来的。网购行为大量集中在日常消费品上，从图1可以看到，当前国内最大的两家电商提供的网购商品均为自然人的日常用品，并没有法律服务产品。

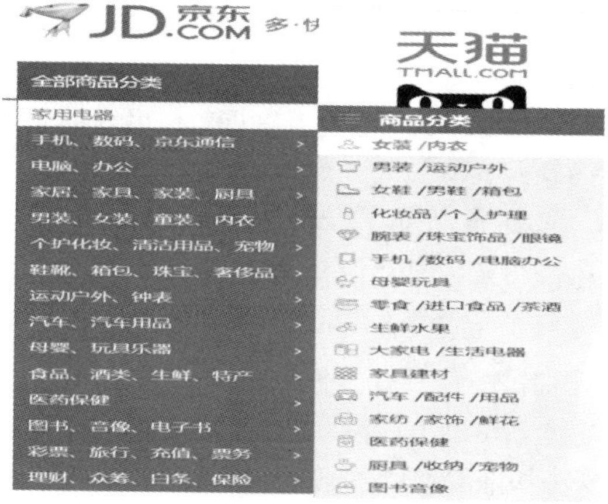

图1　电商的商品分类

我国电子商务起步于1990—1993年，成熟期是2010年。国内互联网法律服务业起步较晚，21世纪初期，雨后春笋般冒出一批法律门户网站。号称“中国法律第一网”的中顾法律网（http：//www.9ask.cn）是2005年创立的，华律网（http：//

www. 66law. cn）是 2004 年创立的。这些网站的收入主要来自律师支付的广告费，律师在网站上的服务主要是提供免费法律咨询。律师需要在海量的免费咨询用户里挑选优质潜在客户吸引到线下。这样的运作模式带有“O2O”的影子，但这些网站还不是真正的法律电商。法律电商源于美国，比如 1999 年成立的 Legalzoom，而中国 2012 年诞生了十几家法律电商型网站，起步稍晚。

二、律师法律服务操作过程的非标准性，是互联网律师业务发展的瓶颈问题之二

法律电商要完成一项项法律服务，必须以可量化操作的步骤来进行，否则在定价、服务体验、利益分配、售后服务上存在很多操作性难题。律师法律服务操作过程的非标准性，决定了律师法律服务难以形成可量化的标准产品，这是互联网律师业务发展中的核心问题，也是法律服务与互联网难以融合的关键问题，是最难解决的问题。

有形商品的质量、成分、重量、外观、包装等均可进行量化，形成一定的规格型号从而达到标准化。一类是完全标准化，比如每一台型号为 LE39B3300W 的 LED 海尔彩电；另一类是大体标准化，比如每一包“好想你”品牌的执行产品标准号为 Q/HXN0006S 的“和田枣夹核桃”。产品标准化的优势在于能够大批量生产复制，从而降低生产成本。

法律服务却难以做到标准化，原因何在？因为法律服务提供的不是有形产品而是智力成果。发明创造、商标和作品都是智力成果，一旦它们以物质的方式体现出来，它们的物质载体却可以标准化。例如，作者脑海里的故事是智力成果，一旦该“故事”以物质形式体现出来，被印刷成一本书时，就可以标准化生产。那为什么法律服务难以标准化？因为法律服务与知识产权不同，

它具有自身的特殊性。

其一，法律服务需求及产生原因的非类似性，导致法律服务难以标准化。如将法律服务视为一项产品，当事人的需求和业务的具体事实即案情就是“原材料”，而每一位客户的需求、每一个案件的案情，也许会出现类似的部分，但不会完全相同。客户需求的不同与案情的不同，决定了法律服务是一种个性化的服务，具有“一对一”的特性，导致法律服务难以量化，进而导致难以标准化。

其二，法律服务外在形式的差异性，导致法律服务难以标准化。作为一种智力成果，法律服务最终也会以一定形式表现出来，例如法律文书、庭审辩护或者代理、调查行为等，但是，其外在形式也具有差异性。例如，即便有的法律文书在格式上是标准的，但内容不会完全一致；或者有的法律服务在流程上是统一的，比如申请商标注册，所需材料的种类也是统一的，甚至每一份材料的标题都是相同的，但每份材料的具体内容还是不同。尽职调查的项目不同，调查对象、内容也会不同。如此一来，法律服务难以标准化。

其三，法律服务的无法提前完成性（或称事后形成性），导致法律服务难以标准化。有形产品的购买行为在消费者付款之时，商品大都已经存在，即便其所购买的商品暂时断货，购物者也可以通过产品说明书之类的材料得以了解商品。法律服务却完全不同，当事人购买法律服务时，因专业知识的缺乏，有的当事人对律师提供法律服务的内容知之甚少；同时，律师也无法在双方达成委托合意的时候就拿出一个现成的“法律服务产品”，因为此时律师的法律服务并未开始。例如，诉讼案件中，当事人与律师签订委托代理合同后，律师才会开展实质性工作，对案情进行分析调查，做出案件分析报告，草拟起诉状，出庭应诉等。又如，尽职调查中，律师需要开展大量调查工作，但最后呈现在当事人眼前的只是一份《尽职调查报告》。律师提供法律服务，不是单纯地提供一件“货物”，而是提供一种“服务行为”，是一个持续不断的过程。现实情况复杂多变，决定了律师在提供法律服务的过程中需要与当事人不断沟通，二者需要建立起彼此之间的信任关系。标准化意味着先有产品标准，然后按照标准批量生产产品。而法律服务是先有服务，才有服务成果，如何标准化？显然难以做到。

其四，法律服务过程参与主体的多元性，也导致法律服务难以标准化。例如，刑诉案件中侦查人员、受害人、公诉人、被告、法官、证人、鉴定人等，在不同的阶段，会参与进入诉讼程序。在非诉讼业务中，当事人委托事项不同，将导致涉及主体不同，数量也不同。如果是一项房地产项目，政府部门、开发商、拆迁户、鉴定机构等多方机构人员都会牵涉进来。如此一来，如何标准化？显然难以做到，而且，调查取证、出庭应诉等法律服务必须在互联网线下才能完成，也加大了法律服务标准化的难度。

综上，律师服务是一个语言沟通、信息采集读取、法律化梳理、资源整合、再按照个案（包括诉讼、非诉）需求进行输出或运作这样一系列的逻辑化的脑力和体力劳动，是一种创造性的劳动，是一种服务的过程。因此，法律服务难以量化，也难以标准化。

三、律师法律服务价格的模糊性，是互联网律师业务发展的瓶颈问题之三

电子商务与传统商品交易最大的差别在于价格优势、速度优势。标准化有形产品通过大批量生产复制，降低了产品的生产成本。电子商务通过减少流通环节，再一次降低了产品的流通成本。二者结合形成“网购”比实体店购买“便宜”的现象。

在法律服务无法标准化的前提下，互联网法律服务还可以廉价吗？狮吼网联合创始人陆海天认为：“第二代是标准化的法律服务，核心资源是提供廉价的法律劳工，向消费者收钱。比如请律师起草完一个文件可能花5000元，现在通过网上服务可能300元就搞完了。”

当前，法海网、赢了网、法大大、知果果、法斗士、易法通等国内十几家兴起的法律电商，纷纷各显神通，而价格更是其中的关键。例如，知果果（http：//www. zhiguoguo. com）号称“国内首家专注于知识产权领域的垂直法律电商平台”，免费商标注册、外观设计专利申请是其明星产品。从知果果网站的截图（图2）可以看到，该网站并非所有产品都是免费的。广西某家律师事务所商标代理收取的服务费是800～1000元，著作权登记的服务费是500～1000元，异议复审的服务费3500元起步。除去免费项目，知果果网站的收费，有的比市场价格略低。

图2　知果果网站提供的服务

赢了网（http：//www. yingle. com）首创律师竞标模式（图3），但该网站同样以免费法律服务咨询作为吸引客户的手段。笔者打开一份《盛先生的房产土地案》，该案共有15位律师参加竞标，14位律师提供法律意见，法律意见通过赢了网法律顾问评审的律师数量是11位，11位律师的报价情况为：300元（1位）、5000元（1位）、8000元（1位）、10000元（1位）、

15000 元（1 位）、20000 元（4 位）、30000 元（3 位）。上述报价均为“一次性收费”，均为“一审代理前收费”，最低报价 300 元仅为最高报价 30000 元的百分之一。然而，中标获得委托的高律师，并非报价最低的律师，他的报价为 20000 元，其业务水平指数为 2016，是 11 人中最高者；其法律意见评分为 86.00，在 11 人中位居第二；其简历评分为 9.0，在 11 人中位居第三。

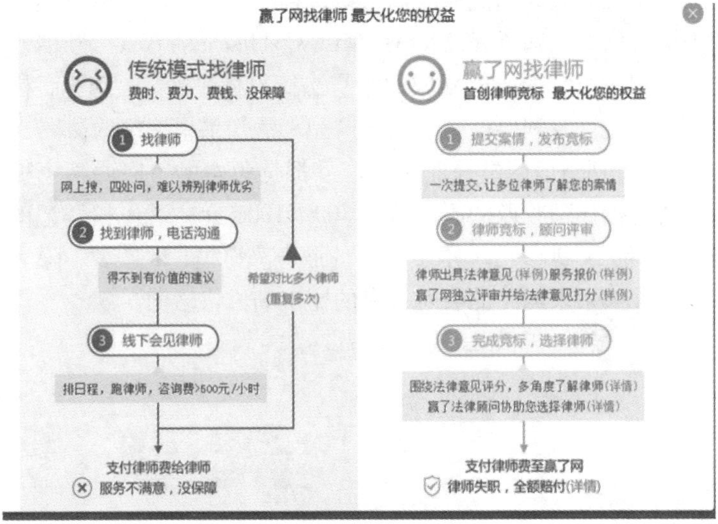

图 3　赢了网律师竞标模式

经过知果果与赢了网的比较可以发现，法律电商中，收费价格低廉的法律服务产品，多为非诉讼类中程序较为成熟、相对简单的业务。比如商标注册，其流程由商标局确定，材料商标局也有明确规定。至于诉讼类案件或复杂的非诉讼业务，即便通过法律电商的推荐，其价格也难以低廉。如文中所列举《盛先生的房产土地案》中的盛先生，也并未选取报价最低的律师。这与陆海天先生提到的“标准化的法律服务”“廉价的法律劳工”的说法，显然不一致。

“需求者总是喜欢用更低的价格来购买服务，但是就法律行业而言，知识劳动本来就不廉价。为了降低成本，只能做出标准化的可以批量复制的产品。”律师法律服务是一种垂直服务，是针对具有特定需求的特定主体提供的专业性服务。律师是专业人士，一名优秀律师的培养成本较高，这种培养成本自然会体现在其提供的法律服务价格上。律师的法律服务价格，包括但不限于以下因素：法律业务本身的复杂程度、律师本人专业水平的高低、经验的多少及律师个人的声誉影响力、办理案件耗费时间长短、人员多少、距离的远近、案源的稀缺程度、律师与当事人关系的亲疏、收费方式、案件的社会影响力等。这些要素的不同，必然导致法律服务价格的模糊性。尤其采取风险代理的情况下，律师服务价格更加难以确定。法律服务的特别之处还在于：律师提供的法律服务与当事人的主观需求，并不当然划等号。当二者出现差异时，甚至会引发当事人与律师之间就法律服务价格产生纠纷，引起法律服务价格变动。

综上，笔者认为：标准化的法律服务产品，至少在现阶段，无法覆盖法律服务的全部领域。恰恰相反，当前只有极少数的法律服务领域可以做到标准化，即便是成熟的法律电商也无法完全取代律师的地位。“LegalZoom 无法完全取代律师的角色，它的业务范围主要集中在非诉讼业务上，比如申请商标、创建公司、书写遗嘱以及订立租赁合同等”，复杂疑难的法律业务以及出庭应诉等，法律电商无法离开律师独自承办，仍需律师亲力亲为。在人工智能尚未高度发达之前，试图通过低廉价格来推行网络法律服务的做法，并不可行。互联网法律服务的发展，必须要解决非标准化服务与差异化收费的问题，解决线上服务与线下服务的问题。

探讨问题发生的原因，目的在于解决问题，由于篇幅有限，如何解决互联网律师业务发展的瓶颈问题，无法在此文讨论，笔者很是遗憾。愿此文可以抛砖引玉，引来更多探讨。

【刊载于《面向“一带一路”的律师法律服务——第八届西部律师发展论坛获奖论文集》，兰州大学出版社，2017年，荣获2016年第八届西部律师发展论坛论文二等奖】

参考文献

［1］王映．法律服务电商难题［J］．封面故事，2016（01）．

［2］康丹．法律服务行业在互联网时代的发展契机［J］．清远职业技术学院学报，2013，6（5）．

［3］王映．法律服务弄潮“互联网+”［J］．互联网观察，2015（09）．

［4］陈丽丽．国外互联网内容管理的经验［J］．人民法治，2015（12）：35－37．

［5］陈秋兰．聚焦：互联网+法律服务—第四届中国信息网络与高新技术法律实务研讨会综述［J］．中国律师，2015（10）．

［6］熊汀，王欣．浙江律师：互联网金融法律服务的新思考［J］．中国律师，2014（9）．

［7］法律服务O2O，只是看上去很美？［EB/OL］．（2016－7－15）．http：//news.xinhuanet.com/legal/2016－02/21/c_128737397.htm.

［8］“法律电商”词条［EB/OL］．（2016－7－16）．http：//baike.sogou.com/v62845269.htm？fromTitle=%E6%B3%95%E5%BE%8B%E7%94%B5%E5%95%86.

［9］电子商务［EB/OL］．（2016－7－15）．http：//baike.baidu.com/link？url=6mEHAJVePNkdylbSfDIf7x9iOFKV8ayYvph91hS11UtzqXUV7RTErZANlY4r6gQKOkGqwBuFL4－3ZHfWrwoZbK.

［10］李万祥．法律电商：创新“互联网+”时代下法律服务［EB/OL］．（2015－11－01）［2016－7－16］．中国经济网，2015年11月01日，http：//www.ce.cn/xwzx/gnsz/gdxw/201511/01/t20151101_6866828.shtml.

［11］猎律网中国版legalzoom，一次划时代法律服务市场变革领导［N/OL］．鲁晚报，（2015－7－24）［2016－7－16］，http：//news.163.com/15/

0724/22/AVAQ878J00014AED. html.

［12］蔡航．法律服务为何电商化［EB/OL］.（2014－8－26）［2016－7－16］. http：//www. grandall. com. cn/grandall－research－institute/legal－study/grandall－forum/140826153048. htm.

［13］蒋勇．如何观察法律服务互联网化路线图？［EB/OL］.（2016－6－14）. http：//tech. 163. com/16/0606/07/BOS257NV00097U7V. html.

［14］互联网［EB/OL］.（2016－7－1）. http：//baike. baidu. com/link? url＝svRhAIrm4D－dQQ1Ra3un－Ihknme7ml5dLfH9sy67ygAQuNEJc45XxkmQ79mgflpQoLXPgI7IPXNkcQaTESkGbk3Gj6XpaM6zldHfkataKqy.

［15］纪立平．“互联网＋法律”又一个千亿市场［EB/OL］.（2016－6－14）. http：//edushi. baijia. baidu. com/article/113777.

［16］梧桐理想．易法通：法律服务电商［EB/OL］.［2016－6－3］（2016－7－16）. http：//finance. qq. com/a/20160603/023983. htm.

［17］赢了网：创新法律服务如何角逐“互联网＋”［EB/OL］.［2016－5－19］（2016－6－14）. http：//sh. people. com. cn/n2/2016/0519/c134768－28364231. html.

［18］陈慧．谈谈互联网时代的法律服务［EB/OL］.（2016－6－14）. http：//www. 360doc. com/content/15/0120/20/873070_442388906. shtml.

［19］陈庆麟，许华亮．法律服务也可以网购了“互联网＋法律”已在路上［EB/OL］.（2015－11－3）［2016－6－14］. http：//tech. ifeng. com/a/20151103/41500509_0. shtml.

［20］尹燕德，朱林海，丁伟晓，等．法律服务如何对接互联网时代［EB/OL］.（2016－6－14）. http：//www. lawyers. org. cn/info/b7d3c6c949cd4c62abaf6b2525340f9a.

［21］林平，唐超．业界研讨“互联网＋”时代下法律服务行业创新［EB/OL］.（2015－11－06）［2016－6－14］. http：//www. acla. org. cn/html/fazhixinwen/20151106/23366. html.

浅谈律师协会如何搭建青年律师发展平台

袁翠微[1]

梁启超的《少年中国说》曾言："少年智则国智，少年富则国富，少年强则国强"，律师行业亦是如此。当前青年律师人数不断增多，有的省（市）青年律师比重甚至超过了律师总人数的50%，青年律师的发展问题，已经成为事关律师行业发展的突出问题，亟须解决。

对青年律师的定义至今未能取得一致意见。笔者认为，青年律师包括实习律师（含有志于申请律师执业但未取得实习律师证的律师助理）与执业年限不满五年的新执业律师。当前青年律师面临的执业问题复杂多样，但归纳起来主要表现为三个方面：专业水平的不足，案源缺少带来的收入偏低，发展前景或职业规划的困惑。这是影响青年律师发展所有问题中的根源性问题，解决好这三个问题，青年律师发展问题便可迎刃而解。

律师协会作为行业自治组织，应当结合自身职能，整合各方资源，发挥领导、监督、沟通作用，为青年律师发展搭建平台。

---

[1] 袁翠微，女，广西万益律师事务所兼职律师，广西警察学院讲师，专业领域：企业常年法律顾问、合同业务，联系电话：18977789891。

一、主动出击，整合资源，为青年律师搭建培训平台，提升青年律师的专业水平

工欲善其事，必先利其器。青年律师要解决生计问题，必须提升专业水平。通过国家司法考试只是表明青年律师具备从业的理论基础，并不表示青年律师具备了执业的实践操作能力，即专业水平尚未能够胜任复杂多变的执业情况，因此，青年律师一旦开始执业，其职业继续教育就提上日程并伴随其职业生涯的全部。律师协会可以从以下几个方面，为青年律师搭建培训平台，以提升青年律师的专业水平。

（1）发挥组织作用，为实习律师实习搭建平台。名师出高徒，实习期间，实习指导老师（以下简称实习导师）对青年律师的成才起重要作用。律师协会应当建立完善的实习导师的遴选、考核制度，以建立导师库的方式将执业经验丰富、专业水平高、责任心强的资深律师遴选为实习导师，并通过考核制度对实习导师进行督促，确保实习导师认真、尽职完成对实习律师的指导，确保实习律师在实习期有所学，有所得，掌握一定的执业技能，达到一定的专业水平，为日后执业打下坚实基础。

（2）发挥桥梁作用，为青年律师培训搭建平台。律师协会可采取多种方式，搭建青年律师培训平台，促进青年律师提升专业水平：一是通过建立师资库的形式，将业内专业水平较高的资深律师或业外的专家学者纳入师资库，由律师协会统筹组织安排为青年律师授课。二是发挥专业委员会的作用，开展青年律师培训。例如，成都市律师协会依托其专业委员会，“以国外知名大学的案例教学法为蓝本，创造了成都特色的以案例实践教学为主要模式的专业培训机制，开展了专门的案例实践教学活动”。三是专门针对青年律师设立专项培训项目，比如中华全国律师协会举办的青年律师领军人才训练营、涉外律师领军人才库等培训项

目，对青年律师而言都是极好的培训机会。四是利用协会资源，加强青年律师交流活动，以交流促进青年律师提升专业水平。比如，采取青年律师到先进地区优秀律师事务所，甚至国外律师事务所交流学习的方式，提升青年律师的专业水平。比如广西律师协会通过与马来西亚的 ricky tan & co（陈行昌）、kevin & co（凯文）、罗章武三家律师楼签订交流合作协议，每年互派若干名青年律师到对方律师事务所进行为期两周左右的学习交流。又如，截至 2016 年，“两岸四地青年律师论坛”已在中国香港举办了六届；截至 2017 年西部律师发展论坛已在西部 9 个省（市、自治区）连续举办了九届，每一届广西律师协会都组织若干名青年律师参加论坛，还给予参会青年律师交通或住宿补贴。

二、开拓创新，采取多种方式，为青年律师搭建业务发展平台，为青年律师增加收入创造条件

根据马斯洛人类需求层次理论，物质需求是人类最基础的需求，青年律师也不例外，食不果腹，哪里还有激情做律师？如何解决当前青年律师因案源不足而导致收入偏低的现状，律师协会虽然不能直接为青年律师开拓案源，但是可以为青年律师搭建业务发展平台，为其增加收入创造条件。

（1）发挥监督作用，督促律师事务所保障青年律师最低收入。律师协会要督促律师事务所，禁止律师事务所向实习律师收取培训费；督促、鼓励律师事务所通过最低工资和业务提成（或奖励补贴）的方式，通过律师事务所或者由律师事务所协调案源多、经济收入高的资深律师，适当“牺牲”一些案源或收入，对新执业律师给予扶持，确保青年律师的收入能够达到当地最低工资水平，解决温饱问题。鼓励律师事务所采取租房补贴、购车补贴、购房补贴或者贷款等方式，对青年律师给予经济扶持，确保青年律师得以顺利成长。对于青年律师收入保障工作出色的律

师事务所，律师协会应当给予适当宣传表彰，甚至可以考虑对其团体会费给予适当减免以资鼓励。

（2）减轻青年律师会费交纳义务，减轻青年律师生活压力。各省律师协会在会费收取上，都会不同程度地减免青年律师的会费。比如，广西律师协会对于新执业两年的专职律师，会费只收取标准会费的50%；北京市律师协会则是采取“实习期满并通过本会申请律师执业人员考核，首次领取《律师执业证》的专职和兼职律师，自发证日期当月起12个月内免交个人会费，第13个月至第24个月减半交纳个人会费，自第25个月开始全额交纳个人会费，第25个月至年度考核开始期间的会费按月计算……”的做法。

（3）加强宣传，为提升青年律师品牌价值搭建平台。一是为青年律师搭建各类媒体宣传平台。律师协会可利用官方微信、网站、律师杂志等平台，开展青年律师宣传。律师协会还可与媒体合作，通过电视、电台、网络等媒体宣传青年律师，比如，广西律师协会与广西发行量最大的报纸《南国早报》开辟“南国法援”栏目，与广西电视台综艺频道合作开展《律师到现场》节目，组织广西青年律师踊跃参加中央电视台12频道的《法律讲堂》栏目。通过推荐青年律师参加此类法律栏目活动，增加青年律师曝光度，使其知名度得到极大提升，案源也随之而来。在移动互联网时代，微信、微博等自媒体日益发挥作用，律师协会鼓励青年律师通过自媒体发表论文或者案例分析之类体现律师业务能力的方式，打造自我品牌，提升自我价值。二是为青年律师搭建荣誉平台。律师协会在设置荣誉奖项时，适当考虑一些适合青年律师的奖项，比如“十佳青年律师奖”或类似奖项，有助于打造青年律师品牌影响力，为其开拓业务创造增值条件。三是为青年律师搭建营销平台。通过组织青年律师参加“法律服务六进”等公益法律服务活动，以公益活动为载体营销青年律师，而青年律师在提供公益法律服务的同时，不仅加强了业务锻炼，也增加了曝光率，为其拓展业务创造条件。

（4）合作共赢，为青年律师增加收入搭建平台。当前，有关政府部门或者政法机关需要律师为其提供公益法律服务，比如法援援助中心需要律师值班、法院的涉法涉诉信访接待需要律师值班、信访局信访接待需要值班，此类活动当前多属于公益性质，并不是按照市场价格向律师支付服务费，但是会给予律师一定的交通（误工）补贴。律师协会可推荐具有一定执业年限的青年律师参与类似活动，不仅可以增加青年律师业务锻炼的机会，也可以为青年律师增加收入。比如，广西律师协会与南宁市部分城区法院合作，开展“青年律师志愿服务岗”活动，由广西律师协会指派青年律师到南宁市良庆区人民法院“志愿岗”提供为期半年的法律服务，法院给予适当补贴，有的律师事务所也给予一定补贴，确保在法院“志愿岗”提供服务的青年律师得到一定的收入保障。又如，律师协会可与法律援助中心沟通，将法律援助案件安排给具有一定执业年限的青年律师办理。

三、高屋建瓴，引导青年律师做好职业规划，保障青年律师发展前景

（1）推动青年律师专业化发展，引导律师事务所为青年律师做好职业规划发展。青年律师发展前景很大程度上取决于其职业规划，专业化发展是律师事务所与律师行业发展的必然趋势，青年律师发展也不例外。律师事务所是青年律师培养的主要阵地，在青年律师职业规划上，律师事务所应一马当先。律师协会应当督促律师事务所完善青年律师职业规划的有关制度或者做法，将对青年律师的培养纳入律师事务所年度考核内容或者评优评先考量条件，督促律师事务所做好青年律师的职业规划与专业化发展培养。尤其注意引导律师事务所克服传统的师傅—徒弟

“一对一”的“传帮带”模式的弊端，整合律师事务所的律师资源，结合业务来源、导师专长、青年律师个人兴趣爱好等诸多因素，将青年律师职业规划与专业化培养做到科学合理、切实可行、富有成效。要督促律师事务所为青年律师的发展提供可上升空间，及时吸纳优秀青年律师成为合伙人，并组织律师事务所对青年律师培养开展经验交流，推广成功经验。

（2）加强人文精神感化，引导青年律师养成良好的职业道德，增强青年律师的归属感。德胜才者谓之君子，才胜德者谓之小人。律师培养良好的职业道德，不仅是律师个人职业发展的需要，也是律师行业健康发展的需要。律师协会要发挥监督引领作用，通过年度考核、培训交流等方式，引导青年律师培养良好的职业道德，树立职业自豪感。同时，律师协会要对青年律师给予人文关怀，通过开展文化体育等活动，令青年律师感受、体会律师协会的凝聚力、向心力，对律师协会有家的归属感，对律师行业有职业归属感。

（3）提供资金支持，为青年律师持续发展保驾护航。青年律师培养工作需要大量经费，除了申请政府财政资金支持外，律师协会还可以通过社会捐赠方式，设立青年律师培养基金，通过设定基金奖励条件，对符合条件的青年律师给予资金支持或奖励。比如，对青年律师攻读硕士、博士学位给予支持，对获奖论文给予奖金等，令青年律师对前景发展有信心。例如，浙江省部分律师事务所向浙江省律师协会捐款，用于设立浙江省青年律师培养基金。

不积跬步无以至千里，不积小流无以成江海。青年律师的成长，不可一蹴而就，急功近利。律师协会作为行业自治组织，不仅要从顶层设计上规划青年律师发展的方向和大局，制定并不断完善有关青年律师发展的规章制度，也要结合自身优势，倾注人力、物力、财力，在实习考核、培训交流、业务拓展、品牌宣传、情操陶冶等方面，搭建各层次平台，切实促进青年律师的发展。而青年律师，要抱着谦虚、谨慎的态度，带着“六心级”（信心、决心、恒心、用心、耐心、细心）的准备，不骄不躁地开始自己的律师之路，坦然接受社会大熔炉的历练，坚持不懈，终将有所成就。

【发表于《广西政法管理干部学院学报》2017 年第 5 期，
荣获第九届西部律师发展论坛论文三等奖】

参考文献

[1] 律师营销其实并不难[EB/OL].（2017 - 6 - 18）. https://www.douban.com/group/topic/39185206/.

[2] 糊涂仙．一位大律师的感悟：律师该如何做网络营销［EB/OL］.［2017 - 6 - 18］. http://www.shichangbu.com/article - 17706 - 1.

[3] 高洪伟．浅论青年律师的发展［EB/OL］.（2012 - 9 - 7）［2017 - 6 - 18］. http://www.acla.org.cn/yn1/2929.jhtml.

[4] 陈召强．青年律师的执业困难与突围路径——对江苏省徐州市青年律师的调查分析［EB/OL］.（2012 - 10 - 09）［2016 - 6 - 18］. http://www.acla.org.cn/yn1/3478.jhtml.

[5] 钟辉．关于青年律师高效成长的思考［Z］. 中国律师微信公众号，2017 - 6 - 19.

[6] 米良渝．青年律师成长的三个决定：定位、思路和心态［EB/OL］.［2017 - 6 - 16］. http://www.acla.org.cn/html/industry/20150817/22358.html.

[7] 青年律师成长的九大误区［EB/OL］.［2017 - 6 - 16］. http://mt.sohu.com/20150530/n414140794.shtml.

[8] 李娜，赵大程．青年律师要努力在服务“四个全面”战略布局中建功立业［N/OL］.（2015 - 03 - 23）［2017 - 6 - 18］. http://www.acla.org.cn/html/xinwen/20150323/20357.html.

[9] 律师成长之路 3：什么样的律师才是好律师［EB/OL］.［2017 - 6 -

18]. http://wenku. baidu. com/view/27603b174431b90d6c85c784. html.
[10] 律师成长之路4：优秀的律师是如何修炼的[EB/OL].[2017-6-18]. http://wenku. baidu. com/view/0830bd395727a5e9856a6187. html? re=view.
[11] 律师成长之路7：法律调研（2）[EB/OL].[2017-6-16]. http://wenku. baidu. com/view/4455bbec81c758f5f61f6782. html.

旅游业对法律服务的新需求与律师业务拓展的思考

黄小娜[1]

党的十八大以来，我国旅游业发展迅速，越来越多的人开始通过旅游方式寻求精神享受和文化体验，旅游成为衡量现代生活水平的重要指标。随着旅游经济的快速增长，旅游业已成为国民经济的战略性支柱产业和与人民群众息息相关的幸福产业。

一、旅游业对法律服务的需求

“2018 年全国旅游工作报告”显示，根据国家旅游局数据中心的测算，“2017 年旅游业综合贡献 8.77 万亿元，对国民经济的综合贡献达 11.04%。预计 2017 年我国旅游总收入达 5.4 万亿元，2017 年国内旅游市场为 50 亿人次，2017 年国内旅游收入为 4.57 万亿元。2017 年入境旅游人数为 1.39 亿人次，2017 年出境旅游市场为 1.29 亿人次。”

在欣喜于以上数据反映出我国旅游业发展取得的成绩之时，值得注意的是旅游业快速发展势必会带来更多的纠纷，这也是国家建立与完善旅游现代治理体系的意义之所在。与其他类型的法律纠纷相比，旅游纠纷有其特殊性，而当前旅游业的发展又强化

---

[1] 黄小娜，女，广西万益律师事务所专职律师，专业领域：合同纠纷、公司法律顾问、涉外商事，联系电话：13617885515。

了旅游纠纷的自身特性，从而对法律服务提出了更多新的要求。主要表现为：

（一）法律服务日益专业化的需求

旅游活动不仅涉及吃、住、行等多个环节，而且往往是跨区域甚至跨国界的，由此决定了旅游活动不可避免地涉及多个服务提供者，如旅行社、餐饮店、景区旅游部门等。有鉴于此，旅游纠纷的处理势必要厘清多个服务提供者的法律关系，也需要同时掌握多个相关行业的业务知识。

（二）法律服务及时性的需求

旅游活动的时间通常持续较短，在活动期间，如有某个环节出现纠纷，旅游者都迫切需要及时解决和处理，以免影响下一个环节或整个旅游计划。可见，旅游活动各个环节相关联的特性对旅游法律服务的效率提出更高要求。

（三）法律服务方式便利性需求

旅游者进行旅游活动大多是要追求身心愉悦，而旅游纠纷的出现已干扰到这一目标的实现，如若解决纠纷的方式复杂或成本较高，无疑将给旅游者增加过多的负担。于是，为了降低旅游纠纷所带来的负面影响，那些容易获得、低成本的法律服务更值得旅游者青睐。

二、当前旅游法律服务的现状

《2018 年全国旅游工作报告》明确提到，我国旅游产业体系日臻完善，旅游的新格局已初步形成。与旅游业的快速发展相比，当前律师行业提供的法律服务尚不能满足旅游业对法律服务的需求，仍有诸多需要完善之处。

（一）旅游领域的专业化律师不足

在“无讼案例”平台上以“旅游合同纠纷”为关键词进行检索，得到与此相关的法院公开判决书为8570篇，其中2015年1423篇，2016年2279篇，2017年2767篇（以上数据截至2018年6月24日）。该数据统计的只是通过诉讼方式解决的一部分旅游纠纷，由此不难推测出实际生活中旅游纠纷的数量势必更多。然而，面对如此多的纠纷需求，目前律师行业内却极少听闻以“旅游法”为专业的律师。不可否认的是，有一部分律师会参与到旅游纠纷的处理中，但该数量势必会比以“公司法”“劳动法”“房地产法”等具体的部门法为专业化标签的律师数量少。

（二）法律服务形式较为单一

根据《旅游法》的规定，旅游者与旅游经营者发生纠纷时可选择的解决方式有四种：协商解决；向有关部门或组织申请调解；提请仲裁；提起诉讼。目前律师参与旅游纠纷解决大多集中在仲裁和诉讼中，提供的更多是诉讼法律服务。然而，基于前述旅游纠纷法律服务需求的分析可知，仲裁、诉讼方式耗时长、成本高，难以满足旅游业多元化的法律服务需求。

（三）法律服务缺乏“引导性”

鉴于旅游纠纷的特殊性，当事人更愿意采用非诉讼方式快速解决纠纷，若非仲裁或诉讼需要，极少主动委托律师。因此，相较于其他领域，律师参与旅游纠纷处理的“被动性”更为明显。此外，造成当前律师“被动”参与的局面，与律师行业对旅游法律服务领域的市场关注度不够，对客户需求缺乏深度分析有关。

三、律师拓展旅游法律业务的建议

国家旅游局在《2018 年全国旅游工作报告》中强调要“坚持走依法治旅之路”，要为旅游业的发展提供良好的法治环境。在此背景下，律师在提供法律服务时应立足于国家政策要求，注意把握市场需求动态，优化法律服务质量。

（一）转变服务理念，认准专业化道路

法律服务顺应市场需求并不可否认法律服务提供者能够发挥主观能动性，积极开发和挖掘旅游业的法律服务市场。因此，面对新领域的业务拓展，律师必须转变以往“等客户上门委托”的服务观念，采取积极主动的方式引导客户接受法律服务。具体而言，在遇到旅游纠纷时，更多的客户在进入诉讼或仲裁阶段才会委托律师，结果旅游纠纷大部分通过非诉方式解决了。因此，律师在开拓该领域业务时，可积极寻求方式向客户展示律师在非诉阶段所能提供的法律服务内容及服务效果，引导客户提前聘请律师，实现律师在协商、投诉阶段介入纠纷解决。

当然，再好的服务理念都离不开过硬的专业能力，律师的服务水平才是提供良好服务的根本。与其他领域一样，旅游业的快速发展决定了传统的法律服务模式及内容无法满足其对法律服务的需求。在此情形下，鉴于律师个人时间、精力有限，笔者认为走专业化道路才是律师保持长远生存与发展的途径。

（二）妥当定位目标客户，提供多元法律服务内容

无论在何种业务领域开展业务，律师都应首先明确所要服务的是哪些对象。根据《最高人民法院关于审理旅游纠纷案件适用法律若干问题的规定》对“旅游纠纷”所作的定义即“旅游者与旅游经营者、旅游辅助服务者之间因旅游发生的合同纠纷或者

侵权纠纷”可知，旅游纠纷所涉及的主体有三类：旅游经营者、旅游辅助服务者、旅游者。不同的主体对法律服务内容的具体需求并不相同，所以，律师在明确服务对象的基础上须根据不同客户调整法律服务策略及内容。

对于“旅游经营者”即通常所指的旅行社，律师提供的法律服务应侧重于旅行社提供旅游服务的各类合同及资料的合规性审查、日常各项业务的法律风险防控、内部员工法律培训、旅游纠纷解决等。如果律师服务的是“旅游辅助服务者”，在提供法律服务时应重视对客户所提供的服务内容和质量的合法合规性审查，还须注意分辨客户与旅游经营者之间的职责界限。而一旦律师接受的是旅游者的委托提供法律服务，在维护客户合法利益的同时还应致力于寻找高效、及时的纠纷处理方式。

（三）优化法律服务方式，提升客户服务体验

首先，针对旅游纠纷处理对法律服务提出的便捷、高效要求，律师可借助互联网技术及时与客户进行接洽，在旅游纠纷进入诉讼或仲裁前提供在线旅游法律服务咨询、纠纷处理谈判、投诉、申诉等服务，减少因客户与服务提供者之间的时空差异带来的障碍，简化工作流程，提高工作效率。其次，律师可通过行业大数据分析了解旅游纠纷具体类型、客户偏好、行业法律需求发展趋势等，为客户制定个性化服务方案如旅游纠纷协商谈判、草拟调解协议、代为进行旅游投诉等，不断创新服务模式。此外，律师还可以灵活运用多种渠道如微信、微博、个人网站等开展业务营销推广，提升行业知名度，扩大潜在客户群体，在客户与律师之间搭建更多便捷的沟通“桥梁”，从而降低客户为寻找律师所付出的时间、金钱成本。

四、结语

《2018 年全国旅游工作报告》指出，“旅游现代治理体系初

步建立”包括《旅游法》的颁布实施与旅游行业相关法律政策文件的出台，全国25个省（区、市）成立了旅游发展委员会，旅游综合改革效果显著等，充分显示出国家对“依法治旅”的重视及倡导。在此形势下，律师如何把握旅游业发展给法律服务带来的机遇，引领自身在适应旅游法律服务新需求中得到长足进步，为改善旅游业外部法治环境贡献一份力量，是一个颇具现实意义的话题。

【完稿时间2018年】

参考文献

［1］李金早.2018年全国旅游工作报告［EB/OL］.（2018－01－09）. http：//travel. china. com. cn/txt/2018－01/09/content_50205965. htm.

［2］连俊雅. 中国旅游业非诉纠纷解决机制的完善［J］. 江西社会科学，2017（1）：204.

［3］万灵娟. 关于国内旅游业非诉纠纷解决机制研究［J］. 旅游度假，2018（2）：5.

大数据对律师业务的帮助与挑战

莫云云　张曼琳[1]

一、大数据的概念、现状及在法律领域的应用

“大数据”是近年来的热词之一，社会各界都对云计算、大数据等驱动经济数字化转型因素表达了高度关注。

（一）大数据的概念

所谓大数据，指无法在一定时间范围内用常规软件工具进行捕捉、管理和处理的数据集合，是需要新处理模式才能具有更强的决策力、洞察发现力和流程优化能力的海量、高增长率和多样化的信息资产。

（二）大数据的现状

近两年来，大数据发展浪潮席卷全球。全球各经济社会系统采集、处理、积累的数据增长迅猛，大数据全产业市场规模逐步提升。据国内外权威机构最新测算，至 2022 年，全球大数据市

[1] 莫云云，女，广西万益律师事务所专职律师，专业领域：破产与重整、清算、公司治理、民商事纠纷，联系电话：15994486816；张曼琳，女，广西万益律师事务所专职律师，专业领域：公司法务、金融证券、企业破产与重组、劳动人事纠纷等，联系电话：18260869908。

场规模将达到800亿美元，年均实现15.37%的增长。

（三）大数据在法律领域的应用

在法律领域，伴随我国最高人民法院不断推动司法文书、录像等资料的网络公开，上网公开的千万数量级的裁判文书构成了当下最典型的案例大数据。通过中国裁判文书网的建立和推广，以及像北大法宝、无讼等网站对典型案例、公开裁判文书的收集和多维度检索分析，对我国公开的裁判文书进行分析，通过数据统计和分析对裁判文书中的数据段和规则进行深入挖掘并进行进一步归类整理，并在不同的裁判文书的数据中发现共性和规律。可以说，线上公开的一切司法过程其实是法律大数据的构成部分，所有裁判文书中的案件情况、代理意见、法院判断等内容都将被呈现在网络中并且被数据化。当我们不断使用机器解构裁判文书中的数据时，就能根据机器所理解的数据推导出规律，并且依据规律对同类事物作出判断，了解当下的司法现状。

截至2018年6月25日，中国裁判文书网作为全球最大的裁判文书公开平台，公开的裁判文书数量为47616732篇，随着司法过程线上化的深入，越来越多的法律大数据资源将在线上沉淀下来，并在法律领域发挥更大的价值。

二、大数据对律师业务的积极作用

科技的发展，总是推动着各行各业的发展，对律师行业也一样。大数据的兴起就是科技发展的必然结果，它被运用到律师的工作中，当然是因为其可对律师行业起到了积极的作用。

（一）节省了工作时间，提高了工作效率

以往律师在办理案件的过程中，主要依赖于个人的知识和经验。大数据时代让律师依靠的不仅仅是个人的能力，还能依靠大

数据的完善。

第一，依靠大数据能够完成的最重要的工作是检索。在大数据时代之前，律师往往通过询问相识的律师、法官，或者从相关的书丛中获取到有关案件的法律、裁判信息，但是那是滞后的、不全面的。在大数据时代，我们可以在中国裁判文书网公布的裁判文书中找到答案。中国裁判文书网的内容庞大，其中包括了现行有效的法律法规、行政文件、地方性法规规章、部委规章、司法解释等，更是包括了每年产生的判决、裁定等。在中国裁判文书网上检索，大大提升了律师能够检索到的范围和检索的准确度。

第二，大量的文书模板都已被整理好，可以直接采用，不再需要自己埋头苦写。以往律师在书写文书时，一是依靠自己的经验，二是依靠前辈的经验，但是那都不足以让每一位律师都能够顺畅地书写所有类型的文书。在大数据时代，大量的文书已经整理好，只需要通过搜索就能够得到自己工作需要的文书模板，大大节省了时间，提高了工作效率。

第三，利息、违约金等计算器的诞生节省了律师大量的工作时间。律师的工作，存在着大量的计算，尤其是违约金、利息等的计算，往往费时而且容易出现错误。利息、违约金计算器将相关的公式已经录入，律师只需要输入数字，即可得出答案，不再需要自己计算，避免了出错的同时，也节省了时间。

第四，企查查、启信宝等工商查询 APP 的出现也大量节省了律师的工作时间。从表面上看来，企查查、启信宝等工商查询类 APP 与律师工作没有太大关系，但是实际上律师的很多基础工作都依赖于工商查询。以往为了查询企业的工商登记信息，律师要不断地跑去各个工商局，有些甚至在外地，调取工商资料；在调取了工商资料后还要进行大量的分析，才能得到自己想要的结论。但是工商查询类 APP 解决了这个问题，只需要在计算机或者手机上操作，十分快捷地就可以得到企业的工商登记信息，并且已经附带了大量的分析，律师在大量的分析中截取自己需要的部分再进行加工，这样就节省了来回的路途时间和一部分的分析时间。

（二）大数据让律师的判断更准确

以往在办理一个案件时，大多凭律师个人的经验，但是那些经验往往是片面的，出错的概率非常大。当事人往往凭着对律师的信任委托了律师，但是当事人的判断是盲目的，因为当事人并不专业，当事人的很多想法其实并不能在诉讼中得到实现，而律师往往无法凭借有效的证据来说服当事人采用自己设计的诉讼策略。在大数据时代，律师可以通过检索相关案件的裁判结果，作出更为准确的判断，并且可以细致到每一个法院、每一个法官对案件中的某一个点的判断及观点，通过对这些数据的分析能够作出更准确的诉讼策略。如此得来的诉讼策略能够让当事人更信服，也能够增加当事人对律师的信任度，在案件代理的过程中能够得到更好的效果，也能让当事人少走弯路。

（三）更利于律师发掘新的领域、开拓新的案件

通过对大数据的分析，能够得到很多有效的信息，例如新的司法观点、新出现的争议案件、已经淘汰掉的司法观点等。开拓案源和确定执业的方向一直是律师执业的困难，也许感兴趣的执业方向无法开拓案源，也许对开拓案源根本无从着手。有了大数据，这些原本对律师来说非常困难的问题也可迎刃而解。律师可以通过对案件、司法观点的分析，发掘出新的领域，或者在自己感兴趣的领域开拓出新的案件。

三、大数据对律师工作的挑战

在律师法律服务中，“大数据”也提出了多方面的挑战，目

前突出地表现在以下几方面：

（一）“大数据”有待完善

1. 数据数量仍须补足

“大数据”时代，律师通过掌握某一事物的全部动态数据，就可以完成对证据真伪、案件事实、商务资信等的初步调查和判断。但目前“大数据”的数据量总体上仍然不够丰富，还未能达到全景式记录的标准，大数据的优势和信服力仍不能充分体现。造成这一现象的基础原因则在于整个社会用以记录数据的设备和技术等还不完善，导致大数据在有限的数据量之下不能充分发挥作用。如我国“中国裁判文书网”建立的时间不长，尽管已经积累了一定的裁判文书，但上网公布的裁判文书也只是近年的裁判文书，在进行法律服务时通过现有的这些裁判文书进行分析所得到的分析结果并不一定准确。再如我国的征信系统仍不完善，人们的许多信用问题并没有记录，以致一些人尽管实施了不良行为，却因未被记录，并不为人知，这为弄清被调查者征信带来了困难。

2. 大数据开发有待完善

“大数据开发就是从大量的、模糊的、随机的数据中，挖掘出事先不知的、隐含的、具有价值的信息的过程。”能否在巨量的、类型复杂的、价值密度低的数据现状下有针对性地进行数据开发和充分利用，决定了大数据开发的结果优劣以及可利用程度。在法律服务层面的“大数据”开发，既要符合法律服务的特定需要，又要具有较高的开发“大数据”的技术，最终通过这种技术对有关某一特定事物的数据进行分析，且分析结果还需达到技术与业务分析的一致性，在目前大数据分析的技术条件下难度仍旧很大，诸如数据量受限且不具备典型性，分析结果不具备信服力；专业律师不具备数据专业分析技术和能力，无法进行复杂的数据开发工作；法律服务“大数据”开发的相关经验不足，相关的人才也极为缺乏等问题的限制，导致目前“大数据”技术开发和发展现状仍不能符合法律服务的需要。

（二）“大数据”的正确使用仍待加强

律师在进行法律服务时正确、合理地使用“大数据”，能够促进“大数据”的价值实现，但在现实中，律师对“大数据”的使用仍然存在误区，影响律师法律服务的开展。

一方面是律师尚未掌握新兴的“大数据”相关技术，未能获得可利用的相关“大数据”的信息，且部分律师未能充分认识到利用“大数据”的作用，未能给予足够的重视而不用“大数据”进行法律服务。面对巨量的、多种结构性的、不断更新的数据，律师如果采用传统的方法，无论是在辨别证据的真伪、案件事实的厘清等诉讼方面的法律服务，还是在商务资信调查等非诉业务方面的法律服务，都将面临困难。

另一方面是由于律师认识不足，或是对大数据的使用不适当，不符合实际需要，无法通过大数据获得正确的分析结果。律师在利用“大数据”进行分析时，既要考虑同类事项的一般规则，同时也要考虑具体事项的实际情况，利用适合该特定事项的“大数据”进行法律服务，以满足客户个性化的需要。如若使用或分析不适当，就无法得到准确的结果，影响法律意见和结论。

（三）“大数据”透明带来的挑战

大数据不断公开透明，在为律师带来便利的同时，也意味着竞争的加剧。在法律服务过程中，不仅己方能够通过大数据获得方便，对立方也将凭此获得有利地位，加剧法律服务行业的竞争。而在法律服务行业尚未得到充分的市场化发展，同时缺乏宏观调控有效规制的情形下，就不可避免地会引起律师为了在法律服务竞争中取得有利地位开展恶性竞争的事件，甚至可能引起一些人利用“大数据”的特性实施不当行为甚至不法行为，最终影响法律服务行业良性发展。总之，恶意利用“大数据”可能影响证据的核查等诉讼法律服务，还可能影响资信调查等非诉法律服务。

四、结语

大数据确实给律师工作带来了很多帮助，节省了大量时间的同时还提高了办案的质量。但是无论何种事物的出现，都可能是一把双刃剑，大数据在带给律师方便的同时也给律师带来了很多挑战。大数据的分析是否能够完全代替律师？答案当然是不能的。虽然有大数据的分析作为基础，但是面对个案时还得依赖于律师的专业判断及办案经验，大数据只能让律师的判断更为准确、高效。我们有理由相信，大数据的分析日趋完善的将来，能在律师工作中发挥更大的作用。

【完稿时间 2018 年】

参考文献

[1] 蒋勇．以法律大数据构建法律职业的新型关系［J］．中国应用法学，2017（2）．
[2] 天同技术诉讼研发中心．小律所，大数据：诉讼的数据化时代［J］．中国律师，2014（5）．
[3] 楼宇广．科技大数据检索助推律师工作［J］．今日科技，2017（6）．
[4] 张力行，沈家欧．大数据时代给法律界带来的机遇与挑战［J］．中国远洋航务，2016（3）．
[5] 包运成．大数据对律师法律服务的影响和应对［J］．理论月刊，2018（4）．
[6] 杨泽明，等．数字取证研究现状与发展态势［J］．科研信息化技术与应用，2015（1）．

青年律师的成长与发展

思博译[1]

青年律师是律师队伍的重要力量，是律师业发展的根基。虽然新时代给青年律师带来了更多的发展机遇，但是由于社会司法环境、律师行业体制和青年律师自身的局限性等因素，当下，青年律师成长过程中依然要面对诸多困境。近年来，各地司法行政部门和律师协会日益重视青年律师队伍的建设和发展，积极探索青年律师的生存之道和发展之道，积极采取各种有效措施帮助青年律师摆脱生存和发展困境。但是，内因是事物发展的决定因素，青年律师只有加强职业规划和通过自身努力，才能寻得自身成长和发展的正确路径，为职业长远发展打下良好基础。

一、青年律师职业初期的发展困境

从青年律师的角度出发，笔者认为青年律师在职业生涯初期主要面对如下发展困境：

1. 缺乏案源，业务收入低，生存压力大

虽说中国人口众多，律师人均配比数低，但随着律师队伍日益壮大，业务竞争日趋激烈。加上任何行业都存在的“金字塔”现象，几乎80%的律师业务或者说80%的业务收入集中在20%

[1] 思博译，男，广西万益律师事务所专职律师，专业领域：合同纠纷、法律顾问、股权架构、民商事诉讼，联系电话：15177783231。

的律师手中。在如此激烈的竞争环境之下，青年律师的业务收入堪忧。同时，由于年龄的问题，青年律师不仅要面对个人的生存问题，还要面对结婚、生子、个人住房等家庭生活问题。业务收入微薄，生活负担过重，这是青年律师在职业生涯初期面对的最大困境。如果生存问题都解决不了，却去谈发展、谈理想，这是很虚假、很不现实的问题。

2. 业务技能欠缺，实务能力不高

青年律师虽然经过多年的寒窗苦读，通过了合格率只有10% 左右的司法考试，并经过至少 1 年的律所实习期，但是不得不承认，中国律师的准入制度在实务技能的考核方面，要求还是比较低的，甚至有人认为能否成为一名律师，全凭一张试卷。不像在英美国家，进入律所的前三四年，青年律师必须要做的工作是律师业务中最基础的案头工作。从实习律师到合伙人，至少要经历十年甚至更长的时间。这种准入制度的差异性，决定了我们的青年律师在业务技能上先天不足。而律师是一份非常注重实践的职业。从客观上来讲，没有大量的实务经历，根本谈不上业务技能的提升，业务技能不高，就很难承办好业务。当下，很多律所并没有建立起对青年律师业务技能培训的系统机制，青年律师基本上是“师父挂名进门，学艺靠自身”。所以，如何提升先天不足的业务技能，也是青年律师面对的一大困难。

3. 社会阅历不足，不能学以致用

有青年律师认为，缺乏案源、收入偏低，是因为没有人脉关系，甚至认为现在是人情社会，读书无用，与其去研究业务，还不如去混好关系。对这些说法不予置评，但是不难看出一些青年律师在复杂的社会法律生活中的困惑和无所适从。笔者把这种困惑归结为社会阅历不足。律师的定义是什么？律师就是为社会提供法律服务的职业。如果一名律师没有把心思放在钻研法律的工作上，做到学以致用，那么这样的律师是不合格的。这是最基本的社会阅历认知，如果把律师的成功与否归结为“混关系”，而不谈如何正确地与他人交流，不谈如何熟练地运用法律技能去维护当事人的合法权益，那么，这将是错误的社会认知，是社会阅历不足的表现。

4. 心浮气躁，沉不住气

现实与理想的偏差，让青年律师对职业有了更现实的认知。律师不再是一份带着金色光环的自由职业，而是夜以继日的操劳，反复循环的烦琐事务，长期电脑前的眉头紧锁，天南地北的出差，各种碰壁和压力，回过头来还解决不了吃饭的问题。于是，有些青年律师开始变得心浮气躁，应付了事，有的甚至半途放弃，中途改行。有人说律师是一份“古董”职业，做得越久越吃香。这种说法虽然有点物质，但也道出了一个行业的发展规律。在激烈的竞争压力和强大的生存压力之下，如何做到戒骄戒躁，以图职业生根结果，这也是青年律师在职业生涯初期需要克服的困境。

二、青年律师如何进行职业规划，突破初期困境

青年律师职业初期面对诸多成长和发展困境，这是客观存在的事情，也是长期以来无法有效解决的难题。这些困境的产生，有执业环境的原因，有律师行业体制的原因，也有青年律师自身的原因。在无法改变执业环境和现实行业体制的情况下，青年律师更应当做好自身的职业规划，以期更好、更快地发展。

所谓规划，简单来说就是“什么阶段该做什么，怎么做”的问题。律师是一份实践性的职业，需要通过大量的实务历练才能获取宝贵的经验财富。如果一名刚刚执业的青年律师其业务能力就能达到执业十几年、二十年的律师水平，那将是不正常的现象。所以，执业规划，首先要遵循职业发展的规律，循序渐进，厚积薄发，以求得发展。

下面笔者将从律师类型的角度，浅谈一下青年律师的成长规划，一家之谈，仅供借鉴：

1. “全能”类型

“全能律师”也有人称为“万金油律师”。“全能律师”，顾名思义就是能够处理所有类型业务的律师，民事、刑事、行政案件全部都可以办理，听听都厉害！但是，人的精力、能力、时间是有限的，“全能律师”是否真的全能，业务处理结果的优劣，有没有达到当事人的预期就褒贬不一了。但是，笔者认为“全能律师”应是青年律师成长的必经阶段。量变引起质变，青年律师刚刚踏入律师行业，案源欠缺本身就是头等问题，如果还挑三拣四，那么估计连吃饭的问题都解决不了。另外更重要的原因是，只有多承办不同的业务，多接触和处理各种类型的案件，青年律师才能得到丰富的历练，过程中才能了解自己的特长。在法律需求多元化的今天，客户很多时候不会只问你一个方面的法律问题。另外有些专业化很强的业务，也不见得只涉及一个方面的法律知识。在法律需求多元化的今天，对律师的综合业务能力要求更高！青年律师只有积累一定的办案数量，拥有不同的办案经历，才能获取属于自己的业务经验，才能形成自己的专业口碑，积累自己的客户资源，也才有属于自己的成长资本。如果没有足够的办案经历与独特的办案经验，就无法确立自己的专业方向，也无法找到自己的发展道路。可以说，“全能律师”阶段应是青年律师锻炼与磨炼的阶段，是经验积累与人生积淀的阶段。没有经历综合性的锻炼而去谈专业化发展，将会给自身的职业发展带来很多障碍。因为专不专业不是自己说了算，而是工作成果和客户的评价说了算。

2. 专业化类型

专业化律师，顾名思义就是业务专业化、尖端化的律师。当然，对外宣称是什么专业的律师，并不意味着就绝对不做其他领域的业务了，综合的业务能力毕竟是当下社会对律师提出的要求。所谓专业化是指通过长期的学习和实践，使得自己对某一领域的业务有了更深入、更全面的了解和研究，已基本成为该领域的专家，对该领域所涉及的各种法律、法规、司法解释、政策等了然于心，能够给当事人提供更细致、更专业、更优质的法律服务。专业化发展，对树立律师品牌有很大的帮助，能够让律师在某一业务领域产生极高的识别度。

3. 团队化类型

团队化执业，是指基于各自的业务专长组成一个执业团队，通过内部分工，法律服务流程化，实现人力资源互补、服务效率提升、资源共享的局面。团队化执业，可以更有效地发挥集体的智慧和能量，实现资源优化配置，为客户提供更加优质、更加专业的服务。同时，团队化执业，可以更好地承办专业、高端、大型的业务，增强律师业务的承载力。

笔者认为以上三种类型的律师形态并不矛盾，而是律师发展的一个循序渐进的过程。只有经历“万金油”阶段的磨砺，青年律师才会具备综合性的业务素质，也才能发现自己适合什么类型的业务领域。只有把某一领域的业务做专、做细，才会形成自身的职业优势。通过团队化合作，才能把自身的业务优势放大，更好地实现自身价值。专业无贵贱，术业有专攻，任何行业，要想把业务做精、做出名，都需要耐下心来沉入到这个领域去深耕、细耕，都需要比较长的时间才能见效。青年律师如果从“万金油”律师到专业化律师，再到团队化律师，每一个阶段都能沉得住气走稳走扎实了，那么所谓的困难和困境都将得到解决，至少会比没有做到的人成长得更快，发展得更好。

三、结语

青年律师在职业生涯初期要面对各种成长与发展的困境，这是当下无法解决的行业特征。青年律师唯有做好自己，踏踏实实地做好每一份工作，深入研究业务知识，机会才会垂青于你，你才会比别人成长得更快，发展得更好！

【完稿时间2018年】

青年律师如何做好职业规划

杨渭凯[1]

青年律师作为律师队伍的中坚力量，对律师行业的健康长足发展起着至关重要的作用。然而，刚步入律师职业的青年律师，由于缺乏人脉及案源，收入普遍较低，生存压力巨大；在办理案件过程中，由于缺乏司法实践经验及办案技能，代理结果并不如意。在此，青年律师不仅要清楚地认识到作为青年律师普遍面临的压力、困惑与迷茫，更要明确自己的专业方向与职业目标，做好职业规划，朝着预定的目标一步一步前行。

一、青年律师应当明确律师的职业定位

我国《律师法》所称律师，是指依法取得律师执业证书，接受委托或者指定，为当事人提供法律服务的执业人员。律师应当维护当事人的合法权益，维护法律正确实施，维护社会公平和正义。

首先，从《律师法》对律师职业的定位来看，不管青年律师多么特立独行或者崇尚自由执业，都应当了解律师职业所具有的政治性。律师随着国家和社会法律制度的健全和法治建设的发展而产生、存在和发展。律师的职责之一就是维护好国家法律的

[1] 杨渭凯，男，广西万益律师事务所专职律师，专业领域：刑事案件、人身损害纠纷、合同纠纷、离婚纠纷、劳动争议纠纷，联系电话：18775376429。

正确实施，促进国家的法治建设。没有对法治的追求、维护和实现，就不可能有律师职业的存在发展。因此，青年律师应当具有正确的政治方向，了解国家的政治背景与法治发展进程，坚决拥护宪法和法律，拥护社会主义制度，自觉接受中国共产党的领导，自觉贯彻执行党的路线、方针、政策，积极参政议政，参与立法、执法、政府决策等重大事项，这是广大律师进行社会主义法治建设的前提和基础，也是履行律师职责，促进律师行业健康发展的政治保证。其次，回到律师职业本身，律师作为中国特色社会主义法律工作者，这就意味着律师职业具有很强的社会属性。律师来源于社会也植根于社会，律师是面向社会提供法律服务的。因此，青年律师在开展业务活动时需要积极广泛地参与到社会生活中，主动融入社会大众，发现潜在的客户，拓展更多业务，在为当事人提供专业法律服务的同时也积极履行相应的社会职责，努力实现当事人利益、法律效果与社会效果的统一。再次，从我国的司法现状来看，律师作为提供专业法律服务的特殊人才，其执业活动具有独立性。这里所说的独立性并不是律师在开展执业活动时不受任何约束，而是指律师在职业道德和执业行为规范许可的范围内，本着尊重事实和法律的精神，运用自身的专业知识和技能，独立地进行辩护或代理以及独立地提出意见或建议，律师对于案件所涉及的所有专业问题的判断来自于本人对事实的掌握和对法律的理解，依赖自己的意志独立作出，律师自己对这种判断正确与否负责，对案件当事人负责。

综上所述，作为青年律师，在选择律师职业这条路时就应当明确律师的职业定位，明确律师是中国特色社会主义法律工作者，律师是凭借自身的法律知识与技能为当事人提供专业法律服务，尽最大努力维护当事人的合法权益，维护法律的正确实施，维护社会的公平和正义。

二、青年律师应当端正心态，树立正确的执业观

不可否认，每一名执业律师都有自己的执业理念与思维方式，在执业活动中也会时不时显现自身的个性与品格。尤其是青年律师，在入行初期由于对律师职业接触不深，面对各种各样的社会问题时往往都带着一些批判意识和比较激进的想法，在处理相关案件过程中也总是带着一些想当然的观点，即使自己不懂但是碍于面子或者避免被指导老师批评教育，时常会按照自己的思路去办理，导致代理的案件达不到理想的效果。因此，青年律师在开展业务活动时，懂得如何端正心态和树立正确的执业观，如何在利益面前坚守底线，在当事人合法权益与国家利益、社会利益、第三人利益交错或者冲突时寻找平衡点显得尤为重要。

（一）青年律师应端正心态，摆正位置

初入行业的青年律师，由于没有案源、缺乏经验，不知道自己每天要做些什么，怎么去开拓案源，未来怎么发展。面对巨大的生存压力，有些青年律师想到的已经不是怎么办好自己代理的案件，如何维护当事人的合法权益，而是这个案件能够收取多少代理费或者带来多大的经济效益。进而在执业过程中慢慢偏离律师道路，渐行渐远。

因此，青年律师要端正心态，摆正位置。在选择律师职业时起就要做好面临没有生活保障、没有案源、没有执业经验的心理准备，做好承受压力经受磨砺的准备。律师的发展是一个循序渐进厚积薄发的过程，青年律师执业过程中，要抱着学习的心态，积极主动地向指导老师或者同事学习请教，争取更多参与到案件中的机会，这样才能够学到其他律师接待委托人、商谈委托事项的方式方法。在参与案件办理时要认真分析案情，查找相关法律法规及司法解释，研究相关案件的审判观点，总结经验。同时，

青年律师不能挑肥拣瘦只做有利益分配的案件，而应该从最基础的做起，从最简单的、最烦琐的案件做起，在小案件中慢慢积累案源和办案经验。另外，青年律师在自己没有案源时，要耐得住寂寞，心甘情愿地帮助其他律师做力所能及的工作，并主动参与律师事务所的其他事务性工作，这样才能为自己的执业生涯打下良好的基础，赢得更多的锻炼机会。

（二）青年律师应重视职业道德的培养，严格遵守执业纪律

青年律师应当严格恪守职业道德与执业纪律，是因为职业道德与执业纪律会一直伴随律师执业的全过程，并且会对律师的执业品格与职业素养的形成产生重大影响。目前，法律服务市场竞争异常激烈，有些同行为了赢取客户而进行低价竞争或者对案件结果进行承诺，这些行为尤其应当引起青年律师的重视。青年律师执业初期的压力确实非常大，但是这并不能成为其违反职业道德和执业纪律的理由。既然选择做律师，就必须恪守执业纪律，具备基本的职业道德。具体来说，就是青年律师在接待当事人的过程中，要时刻受到职业道德和执业纪律的约束，按照法律法规等相关规定解答当事人的问题，不得就案件作虚假承诺；在与当事人达成委托意向后，也要依法依规严格收案收费，做好案件登记与委托手续的办理；在办理案件过程中，律师要坚守诚实信用，勤勉尽责地为委托人提供法律服务，尽最大努力维护好委托人的合法权益，严格履行保密义务；在处理与审判机关、检察机关、仲裁机关之间的关系时要严格遵守执业纪律，时刻牢记职业道德，根据法律赋予的执业权利，依法开展调查取证，参与庭审活动，律师不得为了自己案件的胜诉而与法官、检察官进行非正常的接触，更不能为了赢得官司采取罔顾事实、颠倒黑白、伪造证据等非法手段，致使审判、仲裁等出现错误。此外，青年律师在处理与同行关系时也要严格恪守职业道德与执业纪律，不得为

了取得案件的代理而诋毁同行律师，而应当以端正诚信的态度及方式处理与同行之间的关系，在案件审理过程中互相尊重事实，坚持以事实为依据，根据相关法律规定提出有利于己方当事人的主张，共同营造良好的庭审环境，维护司法权威。

（三）青年律师应当坚持以维护当事人合法权益为核心，理性处理好各方的利益冲突

律师的主要职责是接受民事、刑事、行政案件当事人的委托，担任代理人或辩护人参加诉讼，接受当事人的委托，参加调解、仲裁活动，为当事人提供法律服务等。单从律师执业的目的来看，律师就是以自身的专业法律知识和技能，最大限度地维护委托人的合法权益，这是律师执业最直接也是最核心的目的。然而，从更深层次的方面来看，律师接触到的大部分案件都是社会性的问题，涉及国家政治、社会经济、人民生活的各个方面，代理案件的结果不仅直接关系到各方当事人的切身利益，还关系到社会的和谐稳定与法治建设的进程。因此，就律师的职业特性而言，律师在代理案件过程中除了直接维护当事人的合法权益之外，还应寻求最合理的方式解决各方利益的冲突，尽量兼顾各方利益。也就是说，律师在代理案件时，绝不能为了达到己方当事人的目的而罔顾事实，甚至利用法律法规的不完善损害他方的利益或置他方利益于不顾，这样的行为即使为当事人赢得了利益最大化，但是却掺杂着杂质。而如果律师在代理案件过程中出现自身执业权利受到侵犯时，则应当根据法律法规的规定合法理性地维权，如侵害仍未消除或者困难仍未解决，则可向相关主管部门申诉或要求给予合理解释。毕竟，律师是法律专业人士，在代理案件过程中除了依法维护当事人的合法权益外，也应当学会在执业活动中准确把握并处理好与当事人、法院、检察院等各方之间的关系，明确律师的职业使命与社会责任，努力做到代理结果、

社会效果和法律效果的统一。

三、青年律师应明确专业方向，不断提升专业技能

由于历史文化、教育水平、经济及地理原因，西部地区的法律服务市场还是以一般的民事和刑事诉讼案件为主，青年律师仍以传统诉讼案件为主要业务领域，金融证券、股权转让、知识产权等非诉讼法律业务领域接触较少，而高端非诉讼业务，如IPO、公司海外上市、上市公司收购、境外公司投资并购等业务更是难以接触。可以说现在已经不是市场决定律师的专业方向，而是律师的专业方向决定未来的市场。

青年律师要走好专业化的路子，必须结合自身实际情况，在执业初期即确定发展方向，选择适合自己并且是自己感兴趣内心喜欢的法律业务类型，即所谓的专业化定位。这就需要考虑诸多主客观因素，主观因素有：原有专业法律知识及法律实践能力、其他行业的专业知识、已有的社会关系领域及本所专业案源来源情况等。客观因素有：本地区法律服务市场的需求、本地区的旅游、矿产等资源优势、国家法律、政策的规定等。比如，广西的青年律师在制订职业规划时，必须考虑清楚自身的专业优势及所处的地缘环境。不能一开始就抛开传统诉讼业务不做，盲目选择高端业务方向，毕竟全广西高端的非诉业务还是相当有限的，而且这些业务对专业能力及团队配合的要求非常高，绝不是一般人可以做下来的。随着经济社会的发展，西部地区产生了大量区别于传统诉讼业务的专业化服务需求。而要满足这些需求，没有专业化的知识体系和服务能力，仅凭传统的民商事诉讼知识和经验，是根本不可能适应的。因此，青年律师应根据自己的特长，除了巩固原有的专业理论知识外，还应最大限度地对原有的专业理论知识进一步拓宽。例如，以金融证券、保险、房地产、知识产权保护等方面的法律业务为职业目标的青年律师，应利用业余

时间增加自己对这些领域的理论知识和实务操作的认知程度。又如，以从事涉外法律业务为职业目标的青年律师应充分提高运用外语的能力，全面了解外国法及国际法律法学知识，争取熟练掌握多种语言，以便进一步与外国客户沟通，拓展更多的国外客户。同时，不断提高法律业务的实践能力。律师的任何业务工作都离不开实践，青年律师的成功之路也必须以实践作为基石。总之，青年律师只有精通某个领域或者某个专业的法学知识，熟悉该方面的法律法规，并不断学习发达地区律师的相关办案经验和技巧，才能更好地开拓思路，跟上时代步伐，在激烈的法律服务竞争中开拓出自己的市场，才能为当事人提供更具有专业性层次的法律服务，成为处理某个专业领域法律问题的专家。

四、青年律师不仅要有法律思维，还要有互联网思维

从执业律师的角度来说，法律思维即根据案件的情况，按照法律的逻辑归纳问题、分析问题和解决问题的思维方法。法律思维很大程度上要求律师在接触案件时要学会透过案件的表象发现其内在的问题，不能只看到一方的损失及伤害就感性地作出片面结论，而应当将法律事实从感情与混乱的表象中剥离出来，通过理性的思考，作出正确的判断。对于青年律师来说，法律思维的培养显得尤为重要，特别是坚定的规则思维、理性的逻辑思维、严密的证据思维，这些思维方式将会伴随着青年律师的一生，并且在执业活动中发挥至关重要的作用。

然而，法律思维主要还是体现在律师处理案件及解答法律问题的过程中，它对于律师专业品牌和形象的推广作用仍然非常有限。随着我国网络信息的高速发展，“互联网思维”已成为各行各业追捧的热词。在这个“互联网 +”的时代，律师的工作环境已经完全被改变，律师的工作地点已不局限于律所，而可能在家里、车上、咖啡厅等地方；律师的工作方式已不局限于电话或

者面谈，而是可以通过网站留言、微信聊天、语音或视频聊天等方式。律师的案件来源也不再只是熟人介绍或口碑相传，而是只要有互联网思维和法律需求的客户随时随地都可能成为你的客户。因此，律师尤其是青年律师更应该与时俱进，积极发现互联网带来的技术革新，不断培养互联网思维，准确定位自己在市场中的位置和自己的客户，努力塑造专业品牌和形象，不断更新执业技能，借助互联网宣传推广自己，以赢得自己在法律服务市场中的一席之地。

五、结语

总的来说，青年律师是律师行业的希望和未来，青年律师的发展不仅需要自身努力，还需要全行业的关心和帮助。因此，对青年律师个人而言，要做好职业规划，准确把握律师的职业定位，对行业的发展趋势及自身的专业优势有充分了解，进而更好地选择专业方向，不断提升专业技能和执业水平，塑造良好的专业形象。对于律师事务所与律师协会而言，要重视青年律师的职业道德和执业纪律教育，积极与公、检、法等部门进行有效沟通与联动，为青年律师营造良好的执业环境，依法保障青年律师的执业权利。只有这样，青年律师才能在促进律师行业健康长足发展，在维护社会和谐稳定，在推进依法治国建设中发挥出更大的作用。

【完稿时间 2017 年】

参考文献

刘桂明．法律人的思维方法（一）［R/OL］．（2010－12－24）．blog. sina. com. cn/s/blog_ 4a47cd2001000erm. html.

律师如何应对 AI 法律时代的挑战

丘金泉[1]

AI，即 Artificial Intelligence 的缩写，中文为“人工智能”。AI 是我国乃至全世界的热点，无论是现在的智能手机 AI 功能，还是在无人机、无人驾驶等方面，都表现得尤为突出。从 2017 年的“阿法狗”，到世界第一位取得公民身份的机器人，AI 毫无疑问已经深入我们的生活。

一、AI 法律时代现状

2017 年 7 月 8 日，国务院出台《新一代人工智能发展规划》，进一步将人工智能纳入国家发展战略，该文多次提到人工智能的法律发展问题。其实，近年来智能化高科技应用于我国多地的司法系统的新闻报道已经屡见不鲜：2016 年 12 月，名为“睿法官”的北京法院智能研判系统上线；2017 年 5 月，全国首个“刑事案件智能辅助办案系统”在上海诞生；2017 年 5 月，广西壮族自治区第一个智能机器人导诉员在南宁市兴宁区人民法院正式上岗执行服务……在搜索引擎中输入“AI 法律”关键字，我国司法部创建的中国法律服务网俨然出现在搜索首列，其网址为“ai. 12348. gov. cn”，很明显，司法部也直接以“AI”命名域

[1] 丘金泉，男，广西万益律师事务所专职律师，专业领域：民商法，联系电话：15678183165。

名，能极其快速地出具常见法律意见书，旨在便捷地为市民提供智能法律咨询等服务。西南政法大学更是敏锐地察觉到 AI 法律时代的到来，在全国率先成立“人工智能法学院”。

从上列 AI 法律圈热点事项可以看出，公检法甚至法学高校都已经响应国家号召，响应司法改革中关于人工智能方面的发展导向，开始逐渐将 AI 应用于司法工作、法学教育当中。当然，在我们律师行业也已经有不少 AI 法律的适用，特别是阿尔法、无讼、大数据、区块链等，各种热门的词汇不绝于耳，直接用法律机器人生成案件分析报告也早已司空见惯。律师等法律人行业是否会逐渐消失？

当然，不可否认 AI 法律目前还不成熟、完善，仅仅是处于起步阶段，能提供的法律服务也仅限于一些简单的、内部设定的流程化工作。但是随着高科技的迅猛发展，未来的 AI 法律服务肯定会随之进步，未来深不可测！

二、律师在 AI 法律时代面前面临的挑战

律师将面临两方面的挑战：一方面是如何应对 AI 法律对自己法律服务能力的挑战；另一方面是如何应对 AI 行为与人类行为规范发生冲突时的法律挑战。

（一）AI 法律对律师法律服务的挑战

（1）部分律师固执于法律，疏于跟随科技进步，在思维和行动上无法跟上智能高科技的步伐。

不少律师认为高科技是科技行业的事情，与法律关系不大。甚至有些律师对信息科技方面是“拒绝成长”的态度，故步自封。不少律师认为，机器人肯定无法像人一样判案，只能作为辅助性方式增加司法的便捷性、效率性。世界上没有两个完全相同的案件，每个案件都有其特殊性。特别是很多案件的事实较为繁

冗，法律主体、法律关系较为复杂，其中还可能掺杂着惯例、常识、伦理、感情等不同因素，这时需要我们运用法律、法理、情感、常识等多方面内容进行综合评判，兼顾各方利益，理性裁定。这是人工智能高科技暂时无法替代完成的任务，如果仅仅运用人工智能进行判断，结果并不一定能令人满意。

（2）部分律师认为AI法律也只是人类发明出来的科技产品，而并未认识到当事人可以便捷地使用AI法律工具，律师某些业务将会被AI法律取代。

有人认为AI法律也只是人类发明出来的科技产品，无需大惊小怪，无论AI如何，终究还是人为的世界。毋庸置疑，上述观点具有一定的代表性，人工智能确实是人类发明出来的科技产品，也确实无法取代人类。同样地，AI法律产品也不可能取代法律人，毕竟法律的运用不仅仅是法条的生搬硬套，还涉及运用法律解决纠纷的方方面面的法理问题。

但我们应该看到的是，AI法律服务不仅仅如此简单。在大数据、AI加持的高科技背景下，律师现阶段的角色可能会发生重大移位，律师原有的一些角色可能会被AI法律机器人所取代。譬如一些常规性搜索任务、重复性信息摘取任务，在譬如案件分析报告的出具、案件结果的预测、法律文书方面的写作等。还有，随之而来的是当事人咨询律师的数量及频率可能会逐渐降低。

（3）基于海量大数据形成的AI法律应用将深刻影响各方的诉讼行为、诉讼结果及纠纷的解决。

如前诉讼，从诉讼或仲裁案件结果的预测甚至是犯罪刑期的预测，基于大数据加持的AI法律应用会越来越多，经过官方、媒体等宣传后会逐渐被当事人所熟知。比如，AI法律可以从中国裁判文书网中自动识别、筛选与需要被预测案件相关的类似案件、裁判信息、各方观点等，甚至能分析法官的判案导向，分析代理或辩护律师的代理或辩护水准。甚至可能基于上述信息帮助当事人形成相应的诉讼策略，帮助当事人针对案涉法院或者案涉法官形成最有效的诉讼思路、法律分析，从而起到节约诉讼成本、增加胜诉率的目的。

基于海量大数据形成的AI法律应用将深刻影响各方的诉讼行为、诉讼结果及纠纷的解决。诉讼活动中可能产生的高昂成本，会一定程度上影响当事人的选择，即是否起诉、上诉、应诉，是否需要聘请律师。正因如此，当事人一般都会在启动一个案件前对案件进行自我评估或咨询律师评估其胜诉率。假如能较为准确地预判诉讼后果，当事人可能就会据此综合诉讼成本选择诉与不诉，或选择其他纠纷解决策略。即使作为相关专业领域的专业律师，也是普通人，也会受限于人类大脑自身的信息处理能力。在AI法律计算机强大的算法及大数据加持下，运用先进的AI处理芯片，短时间内处理AI机器人可以获取到的法律大数据，可能会使得案件分析结果胜于律师。基于逻辑经验主义为吃饭工具并引以为傲的专业律师，可能会受到AI法律的巨大冲击。

（二）人工智能高科技带来的新的法律问题的挑战

人工智能高科技发展的不确定性势必会给法律本身带来新的挑战。人工智能高科技带来的新的法律问题的挑战将会非常多，也将涉及各个行业、各个领域。正如国务院《新一代人工智能发展规划》提到的，AI是影响面极广的颠覆性技术，不排除这一技术会突破现有的法律、道德、伦理限制，不排除这一技术会侵犯自然人隐私，不排除影响国家治理及经济社会稳定。譬如“怎么认定人工智能的侵权责任?”再比如“人工智能生成的物是否具有知识产权?”等问题。

三、律师如何应对AI法律时代的挑战

新业态、新思维、新发展，“未来已来”，我们没有办法逃

避或者拒绝，只能积极迎头面对并主动驾驭它，让 AI 为我们的律师工作甚至是生活提供更多的便利。

（一）开放新思想，适应新思维，主动学习 AI 法律新技能

法学，作为社会科学领域最古老的学科之一，由于法律的特殊性及产生的历史根源性，导致法学有一定程度上的保守。虽然 AI 持续发展壮大，但法官、检察官、律师、法学家等作为职业不会消失，被“革命”掉的可能是法律人的傲慢与自我。律师要扭转 AI 仅仅作为工具使用的旧有思维。比如有些律师在遇到税务问题时惯用粗犷式的工具，不了解、不重视高科技，倾向于以非法途径解决税务问题。税务问题也是法律问题，大部分律师对税务问题并不了解熟悉，如果有了 AI 税务法律，将能为律师提供所遇问题的相关解决途径，为律师的决策提供重要参考。

思想、思维可以称为律师的助推器，也能成为律师的绊脚石。面对人工智能的挑战，律师唯有加强深度学习，开放新思想，适应新思维，主动学习 AI 法律新技能，才能不被 AI 时代所抛弃。

（二）在法律制度的研究方面未雨绸缪，为以后的法律法规制定、司法实践运用赢得主动

AI 的核心是大数据的集合推演、计算，机器人可以据此自动决策并予以执行，AI 的自动决策与法律的民主决策在规则的产生适用上存在冲突。由于相关法律暂时的缺位、不完善，还由于监管的缺失，一定程度上有可能使人工智能高科技的研发及应用进入法律空白地带。在享受人工智能高科技给人类带来便捷、精准和优质服务的时候，律师作为法治的推动者、践行者绝不能对上述风险问题袖手旁观，应当敢于站出来承担预防风险，使 AI 真正造福人类。

在大力发展 AI 法律的同时，法律界必须高度重视 AI 法律可能带来的安全风险的挑战。法律界需要加强前瞻的法律风险预防，最大限度降低 AI 法律风险，确保 AI 法律安全、可靠、可控发展。因此，AI 的法律风险防控需要法律、法治的保障。律师在法律法规建设方面有着不可替代的优势，因此律师在 AI 法律时代面前不仅仅要独善其身，而且要兼济天下。律师在日常办案或工作中，都会遇到很多的新型法律问题。特别是 AI 法律加入后，律师应该有高屋建瓴的立法视角，及时向立法部门提出相关法律法规的起草、修改意见。在法律制度的研究方面未雨绸缪，为以后的法律法规制定、司法实践运用赢得主动，切勿等到问题频繁出现了方才去讨论如何运用法律解决问题，才去想如何完善立法。“摸着石头过河”当然是一种办法，但如果能预判河流的风险情况岂不是更容易过河？

（三）将 AI 法律应用于律师法律实务，开拓 AI 法律时代的律师法律服务新业态

既然 AI 法律的前景如此广阔，律师应当仁不让地将 AI 法律应用于律师法律实务，开拓 AI 法律时代的律师法律服务新业态。律师其实和医生在很多方面都有相似之处，医生治病，律师治理社会纠纷。未来的法律实践，譬如案件搜索、法律查询、当事人管理、案件维护、相关文书写作等，将可能主要通过 AI 法律机器人来配合完成，类似于现在的医生借助各种复杂的医疗器械进行诊疗活动。

在 AI 法律时代的法律实务方面，律师可围绕探讨研究人工智能技术在法律实务中的应用方向，分析 AI 对法律实务技能的影响及改进。比如，律师名片和法律咨询可以通过 AI 法律定向展示，让当事人更为便捷地找到更为专业的律师；比如法律专业检索，AI 法律可以综合搜索，而不用律师分门别类一一搜索；

比如大数据报告，AI 法律可以直接自我读取大数据并自我演算推理生成；再比如律所管理和律师办公，AI 法律将能全面提升律所的管理和律师的办公效率，节省律所行政人力资源部成本；还比如机器人律师，可以直接为当事人提供常见的、简易的法律服务。除此之外，在律师诸多工作方式方面，比如法律咨询、客户沟通、出庭应诉、尽职调查、合同审阅、法律研究和案件取证等，AI 法律都能提供大量帮助。

专家经验、模型算法、海量数据是 AI 法律最重要的三个环节，有了这些，我们就可以运用机器来学习人类的法律思维，学习法官，学习检察官、学习律师……例如，现在的电信网络诈骗，犯罪手段时时翻新，犯罪分子花样百出，老百姓经常上当受骗，所以我们建立证据模型的难度非常大。通过人工智能，我们可以把信息技术细分为电话、电子文件、电子邮件、计算机日志、聊天记录、网页、IP 地址、手机录音、网络支付平台交易信息等多种形式来相互印证！

四、结语

诚如前文所述，并不是说将来法院判案就靠 AI 法律机器而不需要法官了，也不是说当事人诉讼只靠 AI 法律机器人而不需要律师了。AI 法律非常适合辅助办案，法官可以借用 AI 法律的技术手段，帮助自己研判法律、分析案件；律师可以借助 AI 法律使自己的工作更为高效、便捷、有力。是的，审判、代理、辩护都是一门艺术，世界上没有两片相同的树叶，也没有两个完全相同的案子。AI 法律可以提供给法官、律师或者其他法律人一些提示、一些参考，但是最终的决定权一定是在法官手里，最终的代理意见、辩护思维还是在律师手里。总之在 AI 法律时代的立法、执法、司法三大方面，律师都可以发挥积极作用。在立法方面，可以对立法提出自己的建设性意见。在执法方面，也可以发挥律师的建设、监督作用，建议完善行业技术标准规范，为行政执法提供规范支撑。在司法方面，积极发挥律师的代理或辩护作用，分析新型法律问题，为司法审判提供律师分析法律的智慧。

大数据、云计算、移动网络、智能语音等 AI 法律实用高科技，如何与司法体制改革相结合，又怎样运用到我们律师工作及法律服务上等问题，已经摆在法律人特别是律师面前。AI 法律的未来已来：物竞天择，适者生存！

【完稿时间 2018 年】

参考文献

[1] 李大进．高科技应用：法律不能缺位［N］．人民政协报，2018 - 6 - 14（3）．

[2] 税兵．人工智能时代的法学技艺［N］．检察日报，2018 - 6 - 14（3）．

[3] 李奋飞，朱梦妮．大数据时代的智慧辩护［J］．浙江工商大学学报，2018（3）．